高等学校"十三五"规划教材

不动产估价

闵　捷　主编
蔡为民　吴云青　副主编

化学工业出版社
·北京·

《不动产估价》具体包括不动产和不动产估价、不动产价格及其影响因素、不动产估价原则、市场法、成本法、收益法、假设开发法、长期趋势法及其应用、路线价法、其他地价评估、不动产估价制度、不动产估价程序,书后附有附录。

《不动产估价》可作为高等院校土地资源管理、房地产经营管理、资源环境与城乡规划管理、地理信息系统、城市规划、工商管理以及农林经济管理相关专业的本科生教材和研究生教学参考书,亦可作为从事不动产估价业内人士的参考用书。

图书在版编目(CIP)数据

不动产估价/闵捷主编. —北京:化学工业出版社,
2018.3
ISBN 978-7-122-31503-8

Ⅰ.①不… Ⅱ.①闵… Ⅲ.①不动产-资产评估-高等学校-教材 Ⅳ.①F293.3

中国版本图书馆 CIP 数据核字(2018)第 025973 号

责任编辑:李 琰　　　　　　　　　　装帧设计:关 飞
责任校对:王素芹

出版发行:化学工业出版社(北京市东城区青年湖南街 13 号　邮政编码 100011)
印　　刷:三河市航远印刷有限公司
装　　订:三河市瓯发装订厂
787mm×1092mm　1/16　印张 13½　字数 331 千字　2018 年 7 月北京第 1 版第 1 次印刷

购书咨询:010-64518888(传真:010-64519686)　售后服务:010-64518899
网　　址:http://www.cip.com.cn
凡购买本书,如有缺损质量问题,本社销售中心负责调换。

定　价:39.80元　　　　　　　　　　　　　　　　　　　版权所有　违者必究

PREFACE 前言

随着经济的日益发展，不动产业也不断发展壮大，不动产业已成为国民经济的支柱行业。为进一步完善不动产市场、推动市场发展，不动产估价行业作为社会主义市场经济中的一个重要的服务行业，越来越受到人们的重视。然而，我国的不动产市场尚处于起步阶段，建立科学的不动产评估与收益分配制度，是优化不动产资源配置从而使不动产持续发展的必要前提。不动产的资产清算、抵押融资、税收、买卖以及投资项目分析等，都是以不动产估价为基础的。社会对不动产估价的重视促使不动产估价机构与从业人员更加明确其责任，促使不动产估价的专业人员更重视提高自己的专业基础。

教育部《面向 21 世纪教育振兴行动计划》中明确提出："要瞄准国家创新体系的目标，培养造就一批高水平的具有创新能力的人才"。《关于实施高校本科教学质量与教学改革工程的意见》中明确指出，学生的实践能力和创新精神亟待加强，人才培养模式、教学内容和方法需要进一步转变。在此背景下，我国高校进行以"厚基础、宽口径、高素质、强能力"为理念、以鼓励个性与创新，加强素质教育为目的的人才培养模式改革。因此，根据新形势下社会经济发展对人才培养需求的变化和教育教学环境的改变，本书在编写过程中，在重视理论分析的同时，结合相应的知识点，配备了大量的实例分析，这有益于解决教学过程中重理论轻实战的问题。另外，本书在每一章都附有练习题，这有助于学生对课堂知识的进一步吸收和提高。

不动产经营与管理是土地资源管理专业的一个重要学习方向，不动产估价是其中一门核心课程，同时它也是房地产估价师执业资格考试中的一门核心课程。《不动产估价》以现有的不动产估价书籍作为借鉴，密切结合《房地产估价理论与方法》一书和实际教学过程中学生的反馈意见，从理论和实践两个层面分析阐释不动产估价的原则、估价方法、估价程序等内容。

《不动产估价》作者长期从事不动产估价的理论教学和研究工作，在编写过程中，广泛参考了国内外学者的研究成果，总结了多年教学的实践经验，由浅至深，结合大量例题，力求使入门者能够了解到更多、更新、更准确、更全面的不动产估价知识，进而指导其在今后的有关不动产估价方面的考试、从业与研究。

《不动产估价》由闵捷主编，蔡为民、吴云青副主编，编写小组共同拟定写作提纲，具体撰写分工如下：蔡为民（第一章～第三章、第八章、第九章），闵捷（第四章～第七章），吴云青（第十章），张晓娜（第十一章、第十二章）。全书最后由闵捷、蔡为民修改定稿。

感谢在编写过程中，给予帮助与关心的同事和朋友。不动产估价是一门较为年轻的学科，其中有许多问题值得我们进一步深入研究和讨论。由于编者的水平有限和编写时间的仓促，书中不足与疏漏之处在所难免，恳请广大读者批评指正，以便今后修订。

编　者
2017 年 10 月

目录 CONTENTS

第一章　不动产和不动产估价 ... 1

【学习目标】 ... 1
第一节　不动产的含义 ... 1
　一、不动产的定义 ... 1
　二、不动产中的土地、建筑物和其他土地定着物的含义 ... 2
　三、不动产实物、权益和区位的含义 ... 5
　四、不动产的其他名称 ... 6
　五、不动产的存在形态 ... 7
　六、不动产的特性 ... 7
第二节　不动产的类型 ... 9
　一、按用途划分的类型 ... 9
　二、按开发程度划分的类型 ... 10
　三、按实物形态划分的类型 ... 10
　四、按权益状况划分的类型 ... 11
　五、按是否产生收益划分的类型 ... 12
　六、按经营使用方式划分的类型 ... 12
第三节　不动产估价的概念 ... 12
　一、不动产估价的概念 ... 12
　二、不动产估价概念中的关键术语 ... 13
　三、不动产估价的意义 ... 14
【思考题】 ... 16
【练习题】 ... 16
【答案】 ... 18
【本章小结】 ... 19

第二章　不动产价格及其影响因素 ... 20

【学习目标】 ... 20
第一节　不动产价格的含义和形成条件 ... 20
　一、不动产价格的含义 ... 20

二、不动产价格的形成条件 ··· 21
第二节　不动产价格的特征 ··· 21
　　一、不动产价格对区位的敏感性 ····································· 22
　　二、不动产价格实质上是不动产权益的价格 ··························· 23
　　三、不动产价格的形成时间较长 ····································· 23
　　四、不动产价格易受交易者的个别情况的影响 ························· 23
　　五、不动产价格既有买卖价格，也有租赁价格 ························· 23
第三节　不动产价格的影响因素 ··· 24
　　一、不动产自身因素 ··· 24
　　二、人口因素 ··· 26
　　三、制度政策因素 ··· 26
　　四、经济因素 ··· 28
　　五、社会因素 ··· 28
　　六、国际因素 ··· 29
　　七、其他因素 ··· 30
【思考题】 ··· 30
【练习题】 ··· 31
【答案】 ··· 34
【本章小结】 ··· 34

第三章　不动产估价原则　　35

【学习目标】 ··· 35
第一节　不动产估价原则概述 ··· 35
　　一、不动产估价原则的含义 ··· 35
　　二、不动产估价原则的内容 ··· 35
　　三、不动产估价原则的作用 ··· 36
第二节　独立、客观、公正原则 ··· 36
　　一、独立、客观、公正原则的含义 ··································· 36
　　二、独立、客观、公正原则的作用 ··································· 37
　　三、使用独立、客观、公正原则应注意的事项 ························· 37
第三节　合法原则 ··· 37
　　一、合法原则的含义 ··· 37
　　二、合法原则的作用 ··· 38
　　三、使用合法原则应注意的事项 ····································· 38
第四节　最高最佳利用原则 ··· 39
　　一、最高最佳利用原则的含义 ······································· 39
　　二、最高最佳利用原则的作用 ······································· 40
　　三、使用最高最佳利用原则应注意的事项 ····························· 41
第五节　估价时点原则 ··· 42
　　一、估价时点原则的含义 ··· 42
　　二、估价时点原则的作用 ··· 42

三、使用估价时点原则应注意的事项 ·· 42
第六节　替代原则 ·· 43
　　一、替代原则的含义 ·· 43
　　二、替代原则的作用 ·· 43
　　三、使用替代原则应注意的事项 ·· 44
【思考题】 ·· 44
【练习题】 ·· 44
【答案】 ·· 47
【本章小结】 ·· 47

第四章　市场法　　　　　　　　　　　　　　　　　　　　　　　48

【学习目标】 ·· 48
第一节　市场法概述 ·· 48
　　一、市场法的概念 ·· 48
　　二、市场法的理论依据 ·· 49
　　三、市场法适用的范围与条件 ·· 49
　　四、市场法估价的操作步骤 ·· 50
第二节　市场法的应用 ·· 50
　　一、搜集交易实例 ·· 50
　　二、选取可比实例 ·· 51
　　三、建立比较基准 ·· 52
　　四、交易情况修正 ·· 54
　　五、交易日期调整 ·· 56
　　六、不动产状况调整 ·· 57
　　七、求取比准价格 ·· 58
第三节　市场法总结和应用举例 ·· 59
　　一、市场法总结 ·· 59
　　二、应用举例 ·· 60
【思考题】 ·· 61
【练习题】 ·· 61
【答案】 ·· 65
【本章小结】 ·· 66

第五章　成本法　　　　　　　　　　　　　　　　　　　　　　　67

【学习目标】 ·· 67
第一节　成本法概述 ·· 67
　　一、成本法的含义 ·· 67
　　二、成本法的理论依据 ·· 67
　　三、成本法适用的估价对象和条件 ·· 68
　　四、成本法估价的操作步骤 ·· 68

第二节　成本法的基本公式 ··· 69
一、成本法最基本的公式 ··· 69
二、适用于新开发土地的基本公式 ··· 69
三、适用于旧的不动产的基本公式 ··· 72
第三节　建筑物的重新购建价格的求取 ··· 72
一、重新购建价格的含义 ··· 72
二、建筑物重新购建价格的分类和求取思路 ··· 72
三、建筑物重新购建价格的求取方法 ··· 73
第四节　建筑物折旧的求取 ··· 75
一、建筑物折旧的含义和原因 ··· 75
二、建筑物折旧的求取方法 ··· 76
三、求取建筑物折旧应注意的问题 ··· 77
四、应用举例 ··· 78
第五节　应用成本法涉及的有关规定 ··· 79
一、房屋完损等级评定的有关规定 ··· 79
二、房屋折旧的有关规定 ··· 81
第六节　成本法总结和应用举例 ··· 81
一、成本法总结 ··· 81
二、应用举例 ··· 82

【思考题】 ··· 82
【练习题】 ··· 83
【答案】 ··· 86
【本章小结】 ··· 86

第六章　收益法　87

【学习目标】 ··· 87
第一节　收益法概述 ··· 87
一、收益法的含义 ··· 87
二、收益法的理论依据 ··· 87
三、收益法适用的估价对象和条件 ··· 88
四、收益法估价的操作步骤 ··· 88
第二节　收益法的公式 ··· 88
一、报酬资本化法的公式 ··· 88
二、直接资本化法的公式 ··· 92
三、报酬资本化法与直接资本化法的比较 ··· 93
第三节　收益法公式中相关变量的求取 ··· 94
一、收益期限的确定 ··· 94
二、净收益的求取 ··· 94
三、报酬率的求取 ··· 97
四、资本化率和收益乘数的求取 ··· 98
第四节　投资组合技术和剩余技术 ··· 98

	一、投资组合技术	98
	二、剩余技术	99
第五节	收益法总结和应用举例	100
	一、收益法总结	100
	二、应用举例	101

【思考题】 102
【练习题】 103
【答案】 106
【本章小结】 106

第七章 假设开发法 108

【学习目标】 108
第一节 假设开发法概述 108
  一、假设开发法的含义 108
  二、假设开发法的理论依据 108
  三、假设开发法适用的估价对象和条件 109
  四、假设开发法估价的操作步骤 110
第二节 假设开发法的基本公式 110
  一、假设开发法最基本的公式 110
  二、按估价对象和开发完成后的不动产状况细化的公式 111
  三、按开发完成后的不动产经营方式细化的公式 112
第三节 假设开发法的方法 112
  一、假设开发法的方法 112
  二、假设开发法计算中各参数的确定 113
第四节 假设开发法总结和应用举例 115
  一、假设开发法总结 115
  二、应用举例 115

【思考题】 117
【练习题】 117
【答案】 121
【本章小结】 121

第八章 长期趋势法及其应用 122

【学习目标】 122
第一节 长期趋势法的概述 122
  一、长期趋势法的含义 122
  二、长期趋势法的理论依据 122
  三、长期趋势法适用的估价对象和条件 122
  四、长期趋势法估价的操作步骤 123
第二节 数学曲线拟合法 123

第三节　平均增减量法	124

第三节　平均增减量法 124
第四节　平均发展速度法 125
第五节　移动平均法 126
　　一、简单移动平均法 126
　　二、加权移动平均法 127
第六节　指数修匀法 127
【思考题】 128
【练习题】 128
【答案】 131
【本章小结】 131

第九章　路线价法　　　132

【学习目标】 132
第一节　路线价法概述 132
　　一、路线价法的含义 132
　　二、路线价法的理论依据 132
　　三、路线价法的估价对象和条件 133
　　四、路线价法的操作步骤 134
第二节　路线价的应用 134
　　一、划分路线价区段 134
　　二、设定标准临街深度 134
　　三、选取标准临街宗地 135
　　四、调查评估路线价 135
　　五、制作临街深度价格修正率表 135
　　六、制作其他宗地条件修正系数表 136
　　七、计算临街土地的价值 136
【思考题】 137
【练习题】 137
【答案】 138
【本章小结】 139

第十章　其他地价评估　　　140

【学习目标】 140
第一节　城镇基准地价评价 140
第二节　补地价的测算 141
第三节　高层建筑地价分摊 142
【思考题】 143
【练习题】 143
【答案】 145

【本章小结】 145

第十一章 不动产估价制度   146

【学习目标】 146
第一节 国内不动产估价的制度 146
　　一、不动产估价制度的概念 146
　　二、制度产生的背景 146
　　三、制度的主要内容 147
　　四、我国不动产估价制度 148
第二节 国外不动产估价制度 150
　　一、英国不动产估价制度 151
　　二、美国不动产估价制度 153
　　三、德国不动产估价制度 156
第三节 国际评估准则 157
　　一、国际评估标准委员会产生背景及其宗旨 157
　　二、国际评估准则的内容体系 158
　　三、国际评估准则的职业道德 159
【思考题】 159
【本章小结】 159

第十二章 不动产估价程序   160

【学习目标】 160
第一节 不动产估价程序概述 160
　　一、不动产估价程序的含义 160
　　二、不动产估价程序的作用 160
第二节 获取估价业务 161
　　一、估价业务来源渠道 161
　　二、不应承接估价业务的情形 162
第三节 受理估价委托 163
　　一、受理估价委托概述 163
　　二、明确估价基本事项 164
　　三、估价委托书和估价委托合同 165
第四节 制定估价作业方案 166
　　一、估价作业方案的含义和内容 166
　　二、制定估价作业方案的思路 166
第五节 搜集估价所需资料 168
第六节 实地查勘估价对象 169
第七节 分析估价对象价值 170
第八节 测算估价对象价值 170
第九节 判断估价对象价值 170

第十节　撰写估价报告 ··· 171
　　一、估价报告的含义 ·· 171
　　二、估价报告的质量 ·· 171
　　三、估价报告的形式 ·· 171
　　四、估价报告的组成 ·· 171
第十一节　内部审核估价报告 ··· 174
第十二节　交付估价报告 ··· 174
第十三节　估价资料归档 ··· 175
【思考题】 ·· 175
【练习题】 ·· 176
【答案】 ·· 178
【本章小结】 ··· 178

附录　179

附录一　房地产估价机构管理办法 ·· 179
附录二　城市房屋拆迁估价指导意见 ··· 185
附录三　《房地产估价基本术语标准》节选［条文说明］GB/T 50899—2013 ········ 187
附录四　房地产抵押估价指导意见 ·· 199

参考文献　202

第一章 不动产和不动产估价

【学习目标】

本章为不动产的基本概念部分。重点介绍了不动产和不动产估价的定义、特性。通过对本章的学习，应掌握不动产、不动产估价等相关的基本概念，熟悉不动产的类型。

第一节 不动产的含义

一、不动产的定义

不动产，英文称"real estate"、"real property"或"immovable property"，它是"动产"的对称。当下，各国对不动产的定义各不相同。日本《民法》（第86条）规定，"土地及其定着物为不动产"。《法国民法典》规定，"不动产是其性质不能移动，其用途不能移动，其权利客体不能移动，法律规定不能移动的财产"。中国的有关法律中也有不动产的相关概念，如：《中华人民共和国担保法》（第92条）规定，"本法所称不动产指土地以及房屋、林木等地上定着物"。

从经济学角度上看，动产是指能够移动而不损害其经济用途和经济价值的物，一般指金钱、器物等，如：计算机、手机、手表等。不动产是指不能移动或如移动即会损害其经济效用和经济价值的物，如土地及固定在土地上的建筑物、桥梁、树木等。例如，钢材、水泥等是动产，但是用其做成了房屋，就变成了不动产。所以，动产与不动产的划分，是以物是否能够移动并且是否因移动而损坏其价值作为划分标准的。

在本书中，我们将不动产的概念界定为：土地、建筑物及其他土地定着物，以及衍生的全部权利、利益和收益的总和。不动产涉及实物、权益、区位三部分。不动产不一定是实物形态的，如探矿权和采矿权。依自然性质或法律规定不可移动的土地、土地定着物、与土地尚未脱离的土地生成物、因自然或者人力添附于土地并且不能分离的其他物均属于不动产，如建筑物及土地上生长的植物。所以，不动产包括物质实体和依托于物质实体上的权益。

在各种物权客体中，不动产对人们的生活影响重大，是人们立身的物质前提，且具有耐久性、稀缺性、不可隐匿性、不可移动性和价值大等特点，具有作为财产的基础性作用。因此，各个国家十分重视对不动产权益的保护。

有学者依据不动产的不动性，认为不动产即地产，这种观点在中国香港、加拿大很多著作中较为多见。由于地产是一切不动产的基础，所以不动产可以视为广义上的地产。除却土地本身之外，土地的附着物及附属设施，诸如房屋、输电电缆、通信设施、水管等均属于不动产的范畴，所以，从严格意义上说，不动产即地产欠妥当。

同时，有些学者认为不动产即房地产，这种观点也不正确。"不动产"不仅指房屋建筑及其所在地块，还包括林地、水系、草地等，而"房地产"是对开发性土地、建筑物的称谓。相对而言，不动产是一个大概念，房地产是一个相对小的概念，但是房地产是不动产的主要组成部分。

二、不动产中的土地、建筑物和其他土地定着物的含义

1. 土地

土地是不动产最为主要的组成部分，是不动产的基础。

一般来说，可以将土地的定义大体划分为狭义和广义的概念。狭义的土地，仅指陆地部分，较有代表性的是土地规划学家的观点。土地规划学家认为："土地是指地球陆地表层，它是自然历史的产物，是由土壤、植被、地表水及表层的岩石和地下水等诸多要素组成的自然综合体……"广义的土地，不但包括陆地部分，而且包括光、热、空气、海洋等。经济学家对土地所做的解释多为广义的概念。英国经济学家马歇尔（Marshall）认为："土地是指大自然为了帮助人类，在陆地、海上、空气、光和热各方面所赠与的物质和力量。"

因为土地概念涉及面大，影响范围广，所以，在1975年联合国发表的《土地评价纲要》中指出，"一片土地的地理学定义是指地球表面的一个特定地区，其特性包含着此地面以上和以下垂直的生物圈中一切比较稳定或者周期循环的要素，如大气、土壤、水文、动植物密度，人类过去和现在的活动及相互作用的结果，对人类和将来的土地利用都会产生深远的影响。"分析此定义我们可知这是一个广义上的土地的定义。

在不动产估价中我们必须采用土地的广义定义。在不动产估价中，土地不再单纯地指陆地部分，而是指地球陆地表面及其上下一定范围内的空间，即土地是由地球陆地部分的一定高度和深度的岩石、矿藏、土壤、水文、大气和植被等要素组成的历史自然综合体。

严格地说，不动产估价评估的是地产而不是土地。地产与土地既有联系，又有区别。地产是指作为财产的土地，其中既包括纯自然土地，也包括经过人类开发、改造的土地，但一个重要的特点是能够被人们当作财产占有。地产不仅包括特定范围的土地物质形态，而且包括土地权利，如所有权、使用权、经营权等。地产必然属于土地，但是土地不一定属于地产。地产具有商品属性，具有使用价值和价值，可以像其他商品一样进行交换。但是，还有许多土地不具有使用价值和价值，它们不是地产，没有估价的必要。

从不动产估价的角度来看，对一宗土地的基本认识，主要考虑以下几点。

（1）位置（或坐落）包含所处的区位（宏观区位）和具体地点，可以从国家、地区、邻里、地点这些从宏观到具体的表现来认识。

（2）面积 依法确认的面积，通常以平方米（m²）来表示，面积较大的土地常以公顷表示。

（3）四至 土地四邻的名称或界定，如"东至××，南至××，西至××，北至××"。

（4）形状 通常用图（如规划图或宗地图、建筑总平面图）来说明。

(5) 地形、地势　指土地表面高低起伏的状态或格局，包括与相邻土地、道路的高低关系，自然排水状况，被洪水淹没的可能性等。

(6) 周围环境　例如，环境优美、整洁程度，有无废气、噪声、土壤、水体、固体废物、辐射等污染，是否为垃圾填埋场、化工厂原址，周围有无高压输电线路、无线电发射塔、垃圾站等。这些通常用文字加照片来描述。

(7) 利用状况　主要指其法定用途和实际用途，如对城市规划区内土地来说，需要了解其法定用途，土地上有无建筑物、其他附着物等。如有建筑物、其他附着物，还要进一步了解该建筑物、其他附着物对土地利用情况的影响。

(8) 产权状况　因为土地权利的种类和内容对土地价值有很大的影响，所以进行不动产估价要特别注重调查、了解土地的权利状况。在我国目前的土地制度下，应了解待估价土地是国有土地还是集体土地，土地取得途径是出让土地使用权还是划拨土地使用权，属于出让土地使用权的，应了解土地使用年限（起止年月日）和剩余土地使用年限及可否续期。要了解取得土地的有关手续是否齐全，土地是否抵押、是否典当、是否出租、是否涉案、权属是否具有争议、是否为临时用地、是否属于违法占地等。此外，还要了解土地所有权或土地使用权是否为共有。

(9) 土地使用管制　对城市建设用地来说，土地使用管制主要是指城市规划设定的限制条件，包括用途、建筑高度、容积率、建筑后退红线距离（指建筑控制线与道路红线或道路边界、地块边界的距离）、建筑间距、绿地率（指一定地块内各类绿地面积的总和占该地块总面积的比率）、交通出入口方位、停车泊位、建筑体量、体型、色彩及其他要求，规定设计方案应符合环境保护、消防安全、文物保护、卫生防疫等有关法律、行政法规的规定。

(10) 地质条件　包括地基的承载力和稳定性、地下水位和水质、不良地质现象等。

(11) 基础设施完备程度和土地平整程度　指"三通一平（一般指路通、水通、电通和场地平整）"、"五通一平（指具有了道路、供水、排水、供电、通信等基础设施或条件以及场地平整）"、"七通一平（一般是指具有了道路、供水、排水、供电、通信、燃气、热力等基础设施或条件以及场地平整）"。

(12) 其他　例如，临街商业用地还需要了解其临街宽度和临街深度，农用地还需要了解其土壤情况、排水与灌溉情况。

一般的土地了解前八项既可；对于待开发或在开发的土地，还需要了解后几项。

从不动产估价的角度而言，还要了解城市规划对土地使用管制设定的两个指标。

① 建筑密度　建筑密度（建筑覆盖率），是指一定地块内所有建筑物的基地总面积占建筑用地面积的比率，即：

$$建筑密度 = (建筑物基地总面积/土地总面积) \times 100\% \tag{1-1}$$

例如：某宗土地面积为 1000m^2，其上建筑物的基地面积为 700m^2，则建筑密度为 70%。

② 容积率　容积率是反映和衡量地块开发强度的一项重要指标，是指一定地块内总建筑面积与建筑用地面积的比值。

$$容积率 = 总建筑面积/建筑用地面积 \tag{1-2}$$

例如：某宗土地的总面积为 1000m^2，其上建筑物的总建筑面积为 4000m^2，则容积率为 4。

在某一宗地块内，如果建筑物的各层建筑面积均相同，则总建筑面积为：

$$总建筑面积 = 土地总面积 \times 建筑密度 \times 建筑层数 \tag{1-3}$$

将式(1-3)两边同时除以土地总面积,可得容积率与建筑密度、建筑层数之间的关系为:

$$容积率＝建筑密度×建筑层数 \quad (1-4)$$

注意:在城市规划上,地下建筑面积通常不计容积率。

2. 建筑物

建筑物的概念有广义和狭义之分。

狭义的建筑物仅包含房屋,不包括构筑物。而广义的建筑物是指人工建筑而成的所有整体物,既包括房屋又含有构筑物。在不动产估价中通常将建筑物作广义理解。

广义的建筑物的概念中,房屋和构筑物是同一个层次的。房屋是指有基础、墙、顶、门、窗,能够遮风避雨,供人在内居住、工作、学习、娱乐、储存物品或进行其他活动的空间场所。构筑物是指房屋以外的建筑物,人们一般不直接在内进行生产和生活活动,如:纪念碑、水坝、道路、烟囱、隧道等。

虽然,房屋和构筑物是同一个层次的,两者之间存在以下两个区别:①人们是否直接在其内进行生产或生活活动;②是否有门、窗、顶盖。

从不动产估价的角度来看,对建筑物的认识主要包括以下几方面。

(1) 位置(或坐落) 包含所处的区位(宏观区位)和具体地点,可以从国家、地区、邻里、地点这些宏观到具体的表现来认识。

(2) 面积 不动产的价值计量单位一般以面积为常用单位,建筑物的面积一般包括建筑面积、成套房屋的套内建筑面积、使用面积等。

(3) 层数和高度 层数包括地上层数和地下层数。建筑物通常根据层数或总高度分为低层建筑、多层建筑、高层建筑和超高层建筑。住宅通常按照层数来划分:1~3层为低层住宅,4~6层为多层住宅,7~9层为中高层住宅,10层以上(含10层)为高层住宅。公共建筑及综合性建筑通常是按照建筑总高度来划分的,总高度超过24m为高层,但不包含总高度超过24m的单层建筑。建筑总高度超过100m的,不论住宅还是公共建筑、综合型建筑,均称为超高层建筑。

(4) 结构 结构是指建筑物中由承重构件(基础、墙体、柱、梁、楼板、屋架等)组成的体系。一般分为钢结构、钢筋混凝土结构、砖混结构、砖木结构、简易结构。

(5) 设备 包括排水、卫生、电气、照明、空调、电梯、通信、防灾等设备。

(6) 层高或净层高 层高是指上下两层楼面或楼面与地面之间的垂直距离。净层高是指楼面或地面至上部楼板底面或吊顶底面之间的垂直距离。

(7) 空间布局 包括平面图、户型图等。

(8) 装饰装修 包括外墙面、内墙面、顶棚、室内地面、门窗等。

(9) 外观 包括外观图片等。

(10) 建成日期 包括开工日期和竣工日期。

(11) 利用状况 包括用途(法定用途和实际用途),多用途的还需要了解不同用途的位置或楼层分布及其面积。

(12) 维修养护情况及完备程度 包括地基的稳定性、沉降情况(沉降是否均匀及其程度)等。

(13) 产权状况 要了解是独有、共有还是建筑物区分所有权,是完全产权还是部分产权,是否抵押、典当、出租,是否涉案,权属是否有争议,是否为临时建筑,是否属于违章建筑,还要了解所坐落土地的权利状况。

（14）公共服务设施完备程度 对住宅而言，公共服务设施主要是指教育、医疗卫生、文化体育、商业服务、金融邮电等公共建筑的完备程度，写字楼、工业厂房等也要求有相应的公共服务设施。

（15）其他 例如，通风、采光、隔音、隔震、隔热、物业管理等。

3. 其他土地定着物

其他土地定着物是指附属于或结合于土地或建筑物，从而成为土地或建筑物的从物，应在不动产交易中随着土地或建筑物的转让而转让的物，但当事人另有约定的除外。其他土地定着物与土地、建筑物不能分离或虽然可以分离，但分离后不经济或移动后会对土地、建筑物造成很大的使用不便及价值损害的，如：花园、假山、设施等。

美国有关法律规定，一旦某动产被视作附着物，则该动产在法律上将被看做土地的一部分，无论该动产原来属于谁，都将归土地所有者所有。例如，土地所有者和承租人在契约中约定，承租者在所承租的土地上建造的工具棚，若契约约定不能拆除，则该工具棚被视为附着物而为土地所有者拥有；反之，若可以在契约到期前拆除移走，则该工具棚为承租人的动产而不属于附着物。

某些固定在土地或建筑物上的动产，与土地、建筑物不能分离或虽然可以分离，但分离后不经济或移动后会对土地、建筑物或该动产本身造成很大的价值损害，则该动产都将自动被视为附着物，如：排水管道、电力、热力系统等。

三、不动产实物、权益和区位的含义

1. 实物

不动产实物是指不动产中看得见、摸得着的部分，例如，不动产建筑物的外观、建筑结构、设施设备、装饰装修新旧程度等，土地的形状、地势、地质、平整程度等。

在现实的不动产估价当中，对于不动产实物的分析，应包含对有形实体、实体质量以及二者组合所能达到的功能三方面的分析。

2. 权益

不动产权益是指不动产中无形的、不可触摸的部分，包括权利、利益和收益。不动产交易既是实物交易，更是权益交易。所以，不动产不同于一般性的有形资产，实物的品质决定着价值的高低，如钟表、珠宝、家具等；也不同于一般性的无形资产，权益多少决定了价值的高低，如专利权、商标权、著作权、有价证券（股票、债券）等。不动产的实物质量和权益状况都会影响不动产价值的确定。

不动产的权益以不动产权利为基础，中国目前主要的不动产权利有：所有权、使用权、租赁权、抵押权、典权、地役权、空间利用权等。同一宗不动产可以同时设置多项权利。

不动产所有权指房地产所有权人对自己的不动产，依照法律规定享有占有、使用、收益和处分的权利。不动产所有权按照占有状态可分为：独有、共有和建筑物区分所有权。独有是指不动产由一个所有人（自然人或法人）所有。共有是指不动产由两个以上的所有人（自然人或法人）所有。建筑物区分所有权是以建筑物的某一特定部分为客体而成立的房地产所有权形式，是一种复合性的权利，由专有部分的所有权、共有部分持有权和因共同关系所产生的成员权（表决权、参与制定规约、选举及卸任管理者等）构成。

土地使用权是指土地使用权人依法对国有土地或者集体土地享有占有、使用、收益和部分处分的权利。按照所有权性质可将土地使用权划分为国有土地使用权和集体土地使用权两部分。按照获取方式可将国有土地使用权划分为：有偿取得（出让、国有土地租赁、作价出资或入股）的土地使用权、无偿取得的划拨土地使用权。集体土地使用权包括：农用土地使用权（主要是土地承包经营权）、农村居民宅基地使用权、乡村企事业建设用地使用权。此外还包括临时用地的临时用地土地使用权。

不动产租赁权在我国是指以支付租金的方式从房屋所有权人或土地使用权人那里获得的占有和使用房地产的权利。土地使用权的租赁获得的是土地租赁权，国有土地租赁获得的是土地使用权，二者存在很大的区别。

不动产抵押权是指债务人或者第三人不转移房地产的占有，将该房地产作为债权的担保，债务人不履行债务时，债权人有权依法将该房地产折价或者以拍卖、变卖该房地产的价款优先受偿。在我国，土地抵押权仅指土地使用权抵押。

不动产典权是指支付典价占有他人房地产而为自己使用、收益的权利。

不动产地役权是指土地所有权人或土地使用权人为使用自己土地的便利而使用他人土地的权利（典型的通行权）。

空间利用权是指在土地使用权及其效力所及空间之外，对地表上下一定范围内的空间所享有的排他使用权。

3. 区位

不动产区位是指不动产的空间位置，可以分为位置（或坐落）、交通、环境（包括自然环境、人工环境、社会环境、景观等）和配套设施（基础设施和公共服务设施等）四个方面。

具体地说，一宗不动产的区位是该宗不动产与其他不动产或事物在空间方位和距离上的关系。除了其地理坐标位置，还包括不动产与重要场所的距离，从其他地方到达该宗不动产的可及性，从该宗不动产去往其他地方的便捷性，以及该宗不动产的周围环境、景观、配套设施等，包括所在地区的人口状况、该地区的声誉、政府提供的服务设施、学校的教学质量、犯罪率等，最常见、最简单衡量区位好坏的方法是距离。距离分为空间直线距离、交通路线距离和交通时间距离三种。当下，人们对交通时间距离的重视远胜于前两者。

不动产的区位具有固定性，所以区位对不动产价值的影响十分重要，对两宗实物和权益相同的不动产，如果所处的位置、周围环境、景观、公共服务设施等区位状况不同，价值很可能就会有很大的差异。

四、不动产的其他名称

不动产有房地产、物业等不同的称呼。

房地产（real estate 或 real property）：real estate 是指 land 加上永久定着在其中、其上、其下的人工改良物，如构筑物和房屋；real property 是指 real estate 加上与其有关的各种权益，包括权利、利益和收益。Land 是指地球的表面及下达地心、上达无限天空的空间，包括永久定着在地球表面之中、之上、之下的自然物，如树和水。

物业（real estate property）：港澳地区对房地产的专门用语。如李宗锷先生对物业的解释是："物业是单元性地产。一住宅单位是一物业，一工厂楼宇是一物业，一农庄也是一物业。故一物业可大可小，大物业可分割为小物业。"

五、不动产的存在形态

不动产包括土地和建筑物两部分，房依地建、地为房载、房地不可分离，但并不是只有土地和建筑物合为一体时才能被称为不动产，单纯的土地或者单纯的建筑物都属于不动产，它们都是不动产的一种存在形态。归纳起来，不动产有单纯的土地、单纯的建筑物和房地结合的不动产三种存在形态。

单纯的土地：①城市中无建筑物的空地；②地上有建筑物，但根据需要仍要把土地单独看待，并评估其价值。此时既可假想建筑物不存在，也可在土地评估中考虑建筑物的存在对土地价值的影响。

单纯的建筑物：脱离土地的建筑物是不存在的，但是在有些情况下，需要将建筑物单独看待，仅评估建筑物的价值。在单独评估建筑物时，既可假想土地不存在，也可考虑土地的存在对建筑物价值的影响。

房地合一的不动产：土地与建筑物合为一体时，是不动产的完整实物形态。

六、不动产的特性

不动产具有以土地特性为基础的特殊属性，决定了其价格与其他商品的价格有许多差异。对不动产估价人员来说，全面、准确地认识不动产的特点是正确评估不动产价格必备的前提条件之一。

（一）自然特性

1. 不可移动性

不动产的一个重要特点是位置的不可移动性或者固定性。由于其不可移动性，每宗不动产的交通、周围环境、景观、与市中心的距离等均有一定的状态，从而形成其独特的自然地理位置和社会经济位置，使其位置具有优劣之分。不动产的不可移动主要是其自然地理位置固定不变，地块之间不能互相调换位置。随着城市建设和发展，对外交通、外部配套设施均会发生不同程度的变化，进而影响不动产的社会经济位置。不动产的社会经济位置的不同会影响不动产价格的形成。

不动产的不可移动性决定了其固定或依附于土地的建筑物和其他附着物也不能移动。所以，不动产市场不是一个全国性市场，更不是一个全球性市场，而是一个地区性市场，其供求状况、价格水平和价格走势等都是地区性的，在不同地区之间可能不同，甚至其变动是反方向的。

2. 独一无二

不动产不像其他产品一样整齐划一，可以说没有两宗不动产是完全相同的。即使两处的建筑物外观一模一样，但其坐落的位置不同，环境不同，这两宗不动产实质上是不同的。不动产具有异质性，没有相同不动产的大量供给。不动产的独一无二的特性使得不动产之间不能实现完全替代。从而，不动产市场不能实现完全竞争，不动产价格千差万别并容易受交易者个别行为的影响。但很多不动产之间仍然有一定程度的替代性。

3. 寿命长久

寿命长久性是指不动产的耐久性，对土地而言，也称为不可毁灭性、永续性。对建筑物而言,也称为长期使用,在使用过程中会产生磨损、折旧乃至报废,其使用寿命主要受经济寿命的制约。

由于寿命长久性,不动产可以给产权人带来持续的收益,但是产权人所能获得的未来持续收益受到有关法律制约。根据我国《土地管理法》,土地使用者通过出让方式获得土地使用权,必须根据用途确定其使用年限,居住用地为70年,工业用地为50年,教育、科技、文化、卫生、体育用地为50年,商业、旅游、娱乐用地为40年,综合或者其他用地为50年。以出让方式取得土地使用权的,只能在出让合同约定的使用年限内获得土地收益;转让不动产时,土地使用权年限为原合同约定的使用年限减去原土地使用者已使用年限后的剩余年限。因此,在不动产估价时必须考虑土地使用权年限的限制。

4. 自然供给有限

土地是自然的产物,土地的面积为地球表面积所限定。地壳运动、人类的生产活动不断改变着地球表面的形态,但土地的总面积不会改变。在现有的科学技术条件下,人力不可能创造土地、消灭土地或用其他生产资料来代替。由于土地不能增加,同时土地具有不可移动性,区位较好的土地具有供给有限性,导致了建筑物特别是区位较好的建筑物数量也是有限的。

(二) 经济特性

1. 价值量大

价值量大,是指不动产与一般的物品相比,不仅单价高,而且总价大。不动产在形成过程中,从土地开发、建设到装修等,经过开发和再开发的过程,凝聚了大量的社会劳动力,因此单位产品的价格较高,整体价值较大。

2. 用途多样性

土地本身的用途多种多样,如用于商业、办公、居住、农业、林业等。在不同的用途中还可以选择不同的利用方式,如居住用途有公寓、普通住宅等。不动产的用途多样性决定了不动产在不同的用途及利用方式之间出现了竞争和优选的问题。从经济学的视角来看,土地利用的一般顺序是商业、办公、居住、工业、耕地、牧场、森林、不毛荒地。

3. 相互影响性

由于可以移动,一般商品的交易既包括实物的交易,又包括权益的交易。而不动产由于不可移动,其用途、建筑高度、外观等利用状况通常会对其他不动产甚至社会公众利益产生影响;同时,周围其他不动产的利用状况也会对该不动产产生影响。例如,在一个住宅小区附近建一个工厂将会导致该小区的价值降低,而如果在该小区附近建一个公园,则可使其价值升高。

4. 难以变现性

不动产的价值相对较高,加上其不可移动性和独一无二性,使得同一宗不动产的交易不可能太过频繁,一旦需要买卖需要花费很长时间来寻找合适的买者。

当急需资金或者有其他急需时,不易将不动产变现,如若快速变现需进行适当幅度的降价。替代变卖不动产遇到的难以变现问题的办法,是将不动产抵押或典当来获得现金。

5. 保值增值性

一般的商品价格随时间推移呈下降趋势,一方面是由于科学技术的进步,重新生产该商品的生产成本下降了，另一方面是由于商品在使用过程中发生了磨损。而不动产不同，它既是一种财富，又是一种商品；它是消费资料，又是生产资料；它本身不可移动，但其权益可以流通。不动产的寿命长久、供给有限特性，使得其价值通常可以得到保持，甚至随着时间的推移，价值会自然增加。当然，处在不同的经济周期和不动产发展的不同阶段，这种保值增值性有不同的表现，甚至还会出现阶段性价格下降。

引起不动产价格上升的原因主要有 4 个方面：①不动产本身进行投资改良，如装修改造，更新或添加设施设备，改进物业管理；②通货膨胀；③需求增加导致稀缺性增加，如经济发展和人口增长带动不动产需求增加；④外部经济，如周围环境或交通条件改善。

（三）制度和政策限制性

政府对不动产的限制通过下列 4 种特权来实现的。

1. 管制权

政府为了增进公众安全、健康、道德和一般福利，可以直接对不动产的使用作出限制，例如通过城市规划对建筑高度、土地用途、容积率、建筑密度和绿地率等作出规定。

2. 征税权

政府为了提高财政收入，可以对不动产征税或提高不动产税收，只要这些税收是公平课征的。

3. 征收权

政府为了社会公共利益的需要（修公路、建学校等），即使违反了这些被征收人的意图，可以强制取得公民和法人的不动产，但要对被征收的公民和法人给予公正补偿。

4. 充公权

政府可以在不动产业主死亡或消失而无继承人或亲属的情况下，无偿收回不动产。此外，不动产由于不可搬走，也不可隐藏，因此无法摆脱未来制度、政策变化的影响。这一点既说明了不动产投资的风险性，也说明了政府制定长远不动产政策的重要性。

第二节　不动产的类型

可以根据不同的需要，按照不同的标准，从不同的角度对不动产进行分类。弄清楚不动产的类型，在某种程度上就了解了估价对象的种类。

一、按用途划分的类型

按照用途划分，不动产可以分为居住不动产和非居住不动产两大类，非居住不动产还可以按照用途进行细分。

（1）居住不动产　包括普通住宅、高档公寓、别墅、集体宿舍（单身职工宿舍、学生宿舍）等。

（2）商业不动产　包括商业店铺、超级市场、批发市场、购物中心等。

(3) 办公不动产　包括商业办公楼（写字楼）、政府办公楼等。
(4) 工业和仓储不动产　包括工业厂房和仓库等。
(5) 农业不动产　包括农地、农场、林地、牧地、果园、种子库、拖拉机站、饲养畜生用地等。
(6) 特殊用途不动产　包括车站、机场、医院、学校、教堂等。
(7) 旅馆不动产　包括饭店、酒店、宾馆、招待所、度假村等。
(8) 餐饮不动产　包括酒楼、美食城、快餐店等。
(9) 娱乐不动产　包括游乐场、娱乐城、夜总会、影剧院等。
(10) 综合不动产　是指具有上述两种以上（含两种）用途的综合不动产，如商业办公居住综合不动产等。

二、按开发程度划分的类型

不动产按照开发程度划分为五大类。
(1) 生地　不具有城市基础设施的土地，如荒地、农地。
(2) 毛地　具有一定城市基础设施，但地上有待拆迁房屋的土地。
(3) 熟地　具有完善的城市基础设施、土地平整，能直接在其上进行房屋建设的土地。
(4) 在建工程　是指建筑物已经开始建设但尚未建成，不具备使用功能条件的不动产。该不动产不一定是正在建设，也可能是停工多年。
(5) 现房（含土地）　地上建筑物已建成，可以直接使用的不动产。它可能是新的，也可能是旧的。

三、按实物形态划分的类型

按照不动产的实物形态，可把不动产分为以下几类。
(1) 土地　包括无建筑物的土地（空地）和有建筑物的土地两类。
(2) 建筑物　包括已建造完成的建筑物和尚未建造完成的建筑物两类。已建造完成的建筑物包括新的建筑物和旧的建筑物。尚未建造完成的建筑物包含正在建造的建筑物和停缓建的建筑物（如烂尾楼等）。
(3) 土地与建筑物的综合体　包含土地与已建造完成的建筑物的综合体（现房）和土地与尚未建造完成的建筑物的综合体（在建工程或房地产开发项目）。
(4) 不动产的局部　不是整幢房屋，而是其中的某层或者某套。
(5) 未来状况下的不动产　最普遍的情形是期房。
(6) 已经灭失的不动产　主要包含已被拆除的房屋和已被火灾、地震等灾害完全损毁的房屋两大类。
(7) 现在状况下的不动产与过去状况下的不动产的差异部分　多指建筑物的装饰装修部分，不动产受损状况与完好状况的差异部分。
(8) 以不动产为主的整体资产或者包含其他资产的不动产　主要是指，正在运营、使用的宾馆、餐馆、商城等。通常既包含土地、房屋、构筑物等房地产，还包含家具、机器设备、债权债务、特许经营权等其他资产。
(9) 整体资产中的不动产　一个企业中的土地或房屋。

四、按权益状况划分的类型

(1) 共有的不动产　又可分为按份共有的不动产和共同共有的不动产。共有与单独所有相比，是单个共有人不能自作主张，其权利要受其他共有人的制约，包括：①处分共有的不动产，应当经占份额2/3以上的按份共有人或者全体共同共有人同意，除非共有人之间另有约定；②按份共有人可以转让其享有的共有的不动产份额，但其他共有人在同等条件下享有优先购买的权利；③因共有的不动产产生的债务，在对外关系上，共有人承担连带债务，除非法律另有规定或者第三人知道共有人不具有连带债务关系；④对共有的不动地产作重大修缮，应当经占份额2/3以上的按份共有人或者全体共同共有人同意，除非共有人之间另有约定；⑤共有人按照约定管理共有的不动产；没有约定或者约定不明确的，各共有人都有管理的权利和义务。

(2) 权利充分的不动产　权利充分的不动产是指房屋所有权和建设用地使用权为单独所有，没有出租，未设立地役权、抵押权或其他任何形式的它项权利，不存在发包人拖欠承包人的建设工程价款，未被查封，不动产开发建设过程中的立项、规划、用地审批、施工许可、竣工验收等手续齐全，产权明确等。包括：①权利充分的房屋所有权和出让的建设用地使用权的不动产；②权利充分的房屋所有权和划拨的建设用地使用权的不动产；③权利充分的房屋所有权和集体土地的不动产。

(3) 部分产权或有限产权的不动产　典型的是以房改标准价购买的公有住房。这种产权的住房可以继承和出售，但出售时原产权单位有优先购买权，售房的收入在扣除有关税费后，按个人和单位所占的产权比例进行分配。现在提倡原按房改标准价购买的公有住房补足到房改成本价转为完全产权。

(4) 设立了地役权的不动产　即该不动产为他人提供了有限的使用权，如允许他人通行，《物权法》称之为"供役地"。

(5) 设立了抵押权的不动产（抵押不动产）　抵押人在通知抵押权人并告知受让人的情况下，可以将已抵押的不动产转让给他人。抵押人将已抵押的不动产转让给他人的，不影响抵押权，受让人处于抵押人的地位。

(6) 有拖欠建设工程价款的不动产　《合同法》第二百八十六条规定："发包人未按照约定支付价款的，承包人可以催告发包人在合理期限内支付价款。发包人逾期不支付的，除按照建设工程的性质不宜折价、拍卖的以外，承包人可以与发包人协议将该工程折价，也可以申请人民法院将该工程依法拍卖。建设工程的价款就该工程折价或者拍卖的价款优先受偿。"

(7) 已依法公告列入征收、征用范围的不动产　《国有土地上房屋征收与补偿条例》第十六条规定："房屋征收范围确定后，不得在房屋征收范围内实施新建、扩建、改建房屋和改变房屋用途等不当增加补偿费用的行为；违反规定实施的，不予补偿。"

(8) 被依法查封、采取财产保全措施或以其他形式限制的不动产。

(9) 手续不齐全的不动产　例如，没有建设用地规划许可证或建设工程规划许可证、施工许可证的不动产。

(10) 房屋所有权、建设用地使用权不明确或归属有争议的不动产。

(11) 临时用地或临时建筑的不动产　包括未超过批准期限的临时用地、临时建筑和超过批准期限的临时用地、临时建筑。

(12) 不动产中的无形资产　某些包含无形资产的不动产，如包含特许经营权的汽车加油站，根据估价目的，有时需要评估其包含无形资产在内的价值，有时需要评估不包含无形资产的价值，或者将其中无形资产价值从不动产价值中分离出来。

五、按是否产生收益划分的类型

不动产按照其是否产生收益来划分，分为：收益性不动产和非收益性不动产。

（1）收益性不动产　是指能直接产生租赁或者其他经济收益的不动产，包括商店、商务办公楼、公寓、旅馆、游乐场、厂房、农地等。

（2）非收益性不动产　是指不能直接产生收益的不动产，如私人宅邸、未开发的土地、政府办公楼、教堂等。

六、按经营使用方式划分的类型

不动产按照经营使用方式划分为以下四大类。
（1）出售型不动产。
（2）出租型不动产。
（3）营业型不动产。
（4）自用型不动产。

第三节　不动产估价的概念

一、不动产估价的概念

不动产估价的全称为不动产价格评估。日本、韩国称为"不动产鉴定评价"；中国香港特别行政区称其为"物业估价"，中国台湾地区称为不动产估价，一般把不动产估价定义为"依据影响不动产价值之各种资料，判定对象不动产之经济价值，并以货币额表示之。换言之，是在社会上之一连串价格秩序中，指出估价对象不动产之价格或租金额之行为"。大陆的广义房地产估价就是不动产估价。

不动产估价，是指不动产专业估价人员和估价机构接受他人委托，为了特定目的，遵循公认的原则，按照严谨的程序，依据有关法律法规和标准，在合理的假设下，运用科学的方法，对特定不动产在特定时间的特定价值进行分析、测算和判断，并提供相关专业意见的活动。

对不动产估价概念的理解应注意以下三点。①估价目的影响估价结果。估价目的，是指一个不动产估价项目的估价结果的期望用途，来源于对估价的不同需要。例如：同一幢房用于抵押、买卖、征收、课税、资产清算等不同目的作估价，考虑的估价原则和采用的估价方法可能就不同，结果就不一样。估价目的不同，具体落实到估价的价格类型也不同。不动产的价格类型有：买卖价格、租赁价格、入股价格、抵押价格、课税价格、投保价格、征收价格、典当价格等。②不同的权益对应不同的客观合理价格。由于不动产的地理位置有固定性，其可以转移的并非是不动产的实物本身，而是关于不动产的所有权、使用权及其他权益，所以不动产价格实质上是这些无形的权益的价格。转移的权益越大，价格就越高，因此不动产估价与不动产权益分析之间有着密切关系是必然的。由于每种权益均能形成相应的价格，同一宗不动产，转移的权益不同，价格也就不相同。③时间对不动产的价格影响很大。不动产市场是动态变化的市场，其价格随着时间变化而变化。因此在进行估价时，一般都假定市场情况停止在某一时间，如勘估日期或待定日期，既作为价格分析时的时间差异修正系数和资料取舍的截止日期，也是估价额具体对应的时间，通常称之为估价基准日或基准时点。

不动产估价既是一门科学也是一门艺术。正确的不动产价格的推测与判断，必须基于一套严谨的不动产估价理论和方法，但又不能完全拘泥于有关的理论和方法，还必须依赖估价人员的经验，因为不动产价格形成的因素复杂多变，不是任何人用某些公式就能够计算出的。评估时应考虑该不动产的特性及不动产市场的所有潜在的影响因素。

随着我国土地使用制度、住房制度，以及其他相关领域的经济体制改革的不断深入和完善，不动产估价的作用越来越大，服务的领域越来越广，不动产估价行业日趋成熟并在各项经济活动中渐现其地位和重要性。之所以要对不动产进行价格评估，是源于理论上和现实中的需要。

二、不动产估价概念中的关键术语

1. 专业不动产估价人员

专业房地产估价人员，是指经过房地产估价人员职业资格考试合格或者资格认定、资格互认，取得相应资格并注册生效，从事房地产估价活动的人员。目前，中国房地产估价人员职业资格有房地产估价师执业资格和房地产估价员从业资格两种。

2. 估价目的

估价目的，是指一个不动产估价项目的估价结果的期望用途，或者通俗一点讲，委托人将未来完成后的估价报告拿去做什么用，是为了满足何种涉及不动产的经济活动或者民事行为。

不同的估价目的来源于对估价的不同需要。估价目的具体可以划分为：土地使用权出让、房地产转让、作价入股、租赁、抵押、典当、保险、税收、征收和征用补偿、损害赔偿、纠纷调处、司法鉴定、企业有关经济行为、房地产估价纠纷调处中的房地产估价复核或鉴定等。

不同的估价目的，将影响估价结果。因为估价目的不同，估价的依据和应考虑的因素以及采用的价值标准、估价方法就有可能不同，甚至估价对象的范围也不相同。在价值构成的各要素，即成本、费用、税金、利润等取舍上，也必须服从于估价目的。而不同的估价目的，限制了估价报告的用途。由于上述原因，针对不同的估价目的得出的估价结果可能不同，因此，不能将估价报告盲目地套用于与其不相符的用途。

3. 估价原则

估价原则，是指人们在不动产估价的反复实践和理论探索中，在认识不动产价格形成和运行客观规律的基础上，总结出的一些简明扼要的进行不动产估价所依据的法则或标准。不动产估价中的主要原则有：公平原则、合法原则、最高最佳使用原则、替代原则、估价时点原则等。

4. 估价程序

估价程序，是指一个不动产估价项目运作全过程中的各项具体工作，按照其内在的相互联系排列出的先后次序。

5. 估价方法

不动产估价不能单纯依靠估价人员的经验进行主观判断，还必须采用科学的估价方法进行测算。不动产主要的估价方法有：比较法、收益法、成本法。由于估价对象、估价目的以及估价时点等的不同，估价方法还可以采用：假设开发法、路线价法、长期趋势法等。

一宗不动产的价值获取的途径主要有以下几种：①近期市场上类似的不动产的交易价格；②重新开发建设一宗类似的不动产所需要的经费；③将该宗不动产出租或营业预计可以获得的收益。

6. 估价对象

估价对象，是指一个不动产估价项目中需要评估其价值的具体不动产。

理论上不动产的存在形态只有土地、建筑物和房地合一三种，但现实中对不动产估价时要明确需要评估的不动产指的是土地还是建筑物，或者是房地合一，又或是其中权益的一部分。总之，现实中的估价对象是丰富多彩、复杂多样的。

7. 影响估价对象价值的因素

影响不动产价值的因素多种多样，这些影响因素往往具有动态性，因此其对不动产价值的影响也具有动态性。通常情况下，影响不动产价值的主要因素有环境、人口、经济、社会、行政、心理、国际等方面。

在不同的时期、不同的地区，对于不同类型的不动产，各种影响因素所引起的不动产价格变动的方向、程度等不尽相同。

8. 估价时点

估价时点，是指估价结果所对应的日期，即在该日期上估价对象才有不动产价格或价值。由于同一宗不动产在不同的时间价值会有所不同，所以，估价通常是对估价对象在某个特定时间的价值作出估计。

9. 价值的测算和判定

价值的测算和判定建立在估价人员对估价对象不动产所在的房地产分市场的运行规律的掌握，以及对相关经济、法律、社会、自然因素的变化对估价对象价值影响的判断。

价值是估价对象在某种估价目的特定条件下形成的正常值，它能为当事人或社会一般人所信服和接受。但是，此处的估价不同于定价。

三、不动产估价的意义

虽然任何资产在交易中都需要衡量和确定价格，估价行业希望所有的资产都要估价的心情也是可以理解的，但并不是所有的资产都需要专业估价。对于价值量较小或者价格依照通常方法容易确定的资产，通常不需要专业估价。例如，2004年11月25日发布的《最高人民法院关于人民法院民事执行中拍卖、变卖财产的规定》（法释〔2004〕16号）第四条规定

"对拟拍卖的财产,人民法院应当委托具有相应资质的评估机构进行价格评估。对于财产价值较低或者价格依照通常方法容易确定的,可以不进行评估。"可见,一种资产只有同时具有"独一无二"和"价值量大"两个特性,才真正需要专业估价。这是因为:一种资产如果不具有独一无二的特性,相同的很多,价格普遍存在、人人皆知,或者常人依照通常方法(例如通过简单的比较)便可以得知,就不需要专业估价。一种资产虽然具有独一无二的特性,但如果价值量不够大,聘请专业机构或专业人员估价的花费与资产本身的价值相比较高,甚至超过资产本身的价值,聘请专业机构或专业人员估价显得不经济,则也不需要专业估价。

在经济学上,"完全市场"必须同时具备以下 8 个条件:①同质商品,买者不在乎从谁的手里购买;②买者和卖者的人数众多;③买者和卖者都有进出市场的自由;④买者和卖者都掌握当前价格的完全信息,并能预测未来的价格;⑤就成交总额而言,每个买者和卖者的购销额是无关紧要的;⑥买者和卖者无串通共谋行为;⑦消费者要求总效用最大化,销售者要求总利润最大化;⑧商品可转让且可发生空间位置的移动。一个市场如果不符合上述八条中的任何一条,就是不完全市场。纯粹的完全市场在现实中几乎不存在。证券交易所和小麦市场通常被看作近似于完全市场的实例。不动产作为商品,其品质各不相同和复杂的特性不符合第①条和第④条。另外,尽管不动产所有权(在中国指房屋所有权和建设用地使用权)可以转让,但不动产实物无法移动,不符合第⑧条。因此,不动产市场通常被视为典型的不完全市场。

由于不动产市场是不完全市场,并且市场信息不对称,有许多阻碍不动产价格合理形成的因素,不会自动地形成常人容易识别的适当价格,在其判断中要求有专门知识和经验,所以需要不动产估价师提供市场信息,进行"替代"市场的估价。不动产估价有助于将不动产价格导向正常化,促进不动产公平交易,建立合理的不动产市场秩序。

值得指出的是,在需要专业估价的不同类型的资产中,因为它们之间的特性不同,把握影响其价值的因素所需要的专业知识和经验有很大的差异,例如质量、性能、新旧程度、产权状况、占有使用情况、市场行情等,所以对它们的价值进行评估通常不是同一个估价师甚至不是同一家估价机构所能胜任的。例如,对于不动产、古董、矿产、机器设备、无形资产等,很难有同一个人对它们都"识货",更不用说要科学、准确地评估出它们的价值了。进一步来说,估价是与估价对象这个"物"密切相关的,与某些浮在"物"之上的专业服务不同,而类似于设计,建筑设计、汽车设计、服装设计、发型设计等虽然都是设计,都需要造型和讲究美观等,但仍然"隔行如隔山"。对于社会大众来说,通常也只有具有相应估价专业知识和经验的估价师得出的估价结果才令人信服,才具有公信力,估价因此必然会出现适当的专业分工,形成按照估价对象划分的不同专业和相应的估价师。国际上,一般把估价专业划分为不动产、古董和艺术品、矿产资源、机器设备、企业价值、无形资产等几大类。即使是不动产估价,在美国等市场经济发达国家和地区,通常还分为住宅估价和商业不动产估价两大类。在这两类中又有各自的专业范畴。例如,在住宅估价中,有的不动产估价师专做小型的(一至四个单元)给多户家庭使用的住宅估价,有的不动产估价师专做大面积住宅估价。在商业不动产估价中,有的不动产估价师可能专做土地开发估价,有的不动产估价师可能专做工业不动产估价,有的不动产估价师可能专做写字楼估价,有的不动产估价师可能专做零售商业不动产估价。总之,估价如果不分专业,一个估价师如果什么资产都可以估价,就好比是一个教师什么书都可以教,一个医生什么病都可以看,某些估价师可能因所有估价业务都可承揽而一时得利,但终因没有专业化发展而不能提供优质服务,进而会发生"信任危机"而不被社会认可,其估价行业难以持续发展,最终受害的将是估价师和估价行业自身。至于估价机构,可以根据拥有的估价师的专业情况以及自己的发展定位等,专营某种资产估价业务,成为某种专业的估价机构;或者从事多种资产估价业务,成为综合性的估价机构。

不动产估价具有重要的意义,主要表现在以下三点。

(1)不动产"量大面广",其他资产的数量相对较少。不动产数量庞大,社会保有量和每年的新增量都很大。在一个国家或地区的全部财富中,不动产是其中比重最大的部分,一般占50%~70%,即其他各类财富之和也不及不动产一项,仅占30%~50%。例如,1990年美国的不动产价值为8.8万亿美元,大约占美国全部财富的56%。不动产也是家庭财产的最重要组成部分。据有关资料,不动产占家庭总资产的比重,在西欧国家为30%~40%,在美国为25%左右。美国家庭平均拥有的不动产资产4倍于其股票资产。2002年,中国农村居民的财产中,土地和房产是最大的两项,约占74%;城市居民的财产中,房产占的比重高达64.39%。在总量不多于不动产的其他资产中,许多资产还因为不同时具有"独一无二"和"价值量大"两个特性而不需要专业估价。某些资产虽然在理论上需要专业估价,但因为数量很少,估价业务"千年等一回",从而难以支撑起人们专门从事其估价活动,也就没有相应的估价师这种专门职业。一旦需要估价,通常是依靠相关研究者或者设计者、制造者提供专业意见。在需要专业估价并能支撑起人们专门从事其估价活动的其他资产中,一般还要分专业。这些就使得其他资产估价专业相对更小,不动产估价在估价行业中的主体地位更加突出。

(2)不动产需要估价的情形较多,其他资产需要估价的情形相对较少。不动产以外的其他资产主要是发生转让行为,在转让的情况下需要估价。不动产除了发生转让行为,还普遍发生租赁、抵押、征收、征用、课税等行为。因此,不仅不动产转让需要估价,而且不动产租赁、抵押、征收、征用、分割、损害赔偿、税收、保险等活动也都需要估价。纵观古今中外,对不动产估价的需求远远大于对其他资产估价的需求。

(3)不动产估价还普遍提供不动产咨询顾问服务,其他资产估价主要限于价值评估本身。因为不动产估价师不仅需要懂得不动产价值及其评估,而且具备有关不动产价格及其影响因素的专业知识和经验,了解不动产市场行情,所以,不动产估价师也是"不动产价格专家"、"不动产市场分析专家"、"不动产投资顾问",人们通常还要求不动产估价师和不动产估价机构承担不动产市场调研、不动产投资项目可行性研究、不动产开发项目策划、不动产项目调查评价、不动产购买分析、不动产资产管理等业务。这就使得不动产估价行业具有更大、更广的发展空间。

【思考题】

1. 不动产的概念与不动产的特性是什么?
2. 不动产的存在形态和类型有哪些?
3. 简述不动产估价的概念。
4. 不动产估价的意义有哪些?

【练习题】

1. 在估价中选取估价依据应有针对性,主要是根据(   )来选取。

A. 估价假设和估价原则　　　　B. 价值类型和估价结果
C. 估价程序和估价方法　　　　D. 估价目的和估价对象

2. 关于明确估价目的的说法，正确的是（　　）。
A. 估价目的由价值类型决定　　　B. 估价目的根据估价师的经验确定
C. 估价目的由委托人的估价需要决定　D. 估价目的根据估价对象和价值时点综合确定

3. 价值时点为现在的估价，下列日期中不应选为价值时点的是（　　）。
A. 估价作业期间的某日　　　　B. 实地查勘估价对象期间的某日
C. 估价报告出具日期　　　　　D. 估价报告出具后的某日

4. 下列说法正确的是（　　）。
A. 不论何种估价目的，估价所依据的房地产状况始终是价值时点时的状况
B. 不论何种估价目的，所依据的房地产市场状况不一定是价值时点时的状况
C. 不论何种估价目的，所依据的房地产市场状况始终是价值时点时的状况
D. 不论何种估价目的，估价所依据的房地产状况和市场状况始终是价值时点时的状况

5. 下列说法正确的是（　　）。
A. 同一估价对象只有一种类型的价值
B. 理论上同一估价对象在同一估价目的及相应的特定条件下形成的正常值是唯一的
C. 建筑物的重新购建价格是全新状况的建筑物的建安工程费、专业费用、管理费用、投资利息及开发利润之和
D. 建筑物的重新购建价格是全新状况的建筑物的重新构建价格，包括建筑安装工程费、专业费用、管理费用、销售费用、投资利息、开发利润

6. 对房地产估价本质的认识包括（　　）等方面。
A. 房地产估价是评估房地产的价格而不是价值
B. 房地产估价是模拟市场定价而不是替代市场定价
C. 房地产估价是提供价值意见而不是作价格保证
D. 房地产估价会有误差但应将误差控制在合理的范围内
E. 房地产估价既是一门学科又是一门技艺

7. 房地产需要专业估价的理由为（　　）。
A. 房地产具有独一无二性　　　B. 政府部门要求估价
C. 房地产价值量大　　　　　　D. 委托人要求估价
E. 房地产市场是地区性完全市场

8. 某估价事务所在 1998 年 6 月 20 日至 7 月 20 日评估了一宗房地产于 1998 年 6 月 30 日的价格。之后，有关方面对其估价结果有异议。现在若要求你重新估价以证明该估价结果是否真实，则重新估价的估价时点应为（　　）。
A. 1998 年 6 月 30 日　　　　　B. 现在
C. 重新估价的作业日期　　　　D. 要求重新估价的委托方指定的日期

9. 相邻房地产的权利人应正确处理相邻关系，相邻关系的产生是因房地产具有（　　）。
A. 易受限制　　　　　　　　　B. 独一无二
C. 相互影响　　　　　　　　　D. 不可移动

10. 房地产利用中存在外部性，这体现了房地产（　　）的特性。
A. 不可移性　　B. 独一无二　　C. 相互影响　　D. 用途多样

11. 房地产的（　　）特性，是房地产有别于其他财产的主要之处。

A. 不可移动　　B. 供给有限　　　C. 价值量大　　　D. 用途多样

12. 房地产的独一无二特性导致了（　　）。
    A. 难以出现相同房地产的大量供给
    B. 房地产市场不能实现完全竞争
    C. 房地产交易难以采取样品交易的方式
    D. 房地产价格千差万别并容易受交易者个别因素的影响
    E. 房地产价值量大

13. 下列叙述错误的是（　　）。
    A. 房地产的权益，是指房地产中无形的、不可触摸的部分，包括权利、利益和收益
    B. 房地产的所有权中，建筑物区分所有权是一种复合性的权利
    C. 土地使用权是指土地使用权人依法对国有土地或者集体土地享有占有、使用、收益和处分的权利
    D. 地役权是指土地所有权人或土地使用权人为他人能在自己土地上通行而使用自己土地的权力
    E. 典权是指支付典价占有他人房地产而为自己使用、收益的权利

14. 下列（　　）不是按其经营使用方式来划分的。
    A. 出售型房地产　　B. 出租型房地产　　C. 办公型房地产　　D. 自用型房地产

15. 房地产的开发、利用、消费，要受制于其所在的空间环境，如邻里关系、当地的社会经济发展状况、制度政策等，这是由于房地产的（　　）。
    A. 不可移动性　　B. 独一无二性　　C. 相互影响性　　D. 易受限制性

16. （　　）对价值的决定作用几乎是房地产所独有的。
    A. 区位　　　B. 交通　　　C. 环境景观　　　D. 外部配套设施

17. 由于房地产价值量大，加之独一无二特性造成对影响房地产价格的（　　）等方面的情况在短时间内不易了解。
    A. 产权　　　　　　B. 质量　　　　　　C. 效率
    D. 能量　　　　　　E. 环境

18. 由于房地产的（　　），每宗房地产的温度、湿度、日照、交通、周围环境、景观、与其他地方（如市中心）的距离等，均有一定的状态，从而形成了每宗房地产独有的自然地理位置和社会经济位置，使房地产有区位优劣之分。
    A. 不可移动性　　B. 独一无二性　　C. 寿命长久性　　D. 流动性差

19. 房地产按开发程度来划分，可以分为（　　）。
    A. 耕地　　　　　　B. 生地　　　　　　C. 毛地
    D. 熟地　　　　　　E. 期房

20. （　　）是指一个房地产估价项目中需要评估其价值的具体房地产。
    A. 估价项目　　B. 估价对象　　C. 估价目标　　D. 估价标的

21. 房地产估价从某种意义上讲是（　　）房地产的价值。
    A. 发明　　　B. 发现　　　C. 创造　　　D. 稳定

【答案】

1. D、2. C、3. D、4. C、5. B、6. BCD、7. AC、8. A、9. C、10. C、11. A、12. ABCD、13. ACD、14. C、15. A、16. A、17. ABE、18. A、19. BCD、20. B、21. B

【本章小结】

　　不动产是土地、建筑物及其他土地定着物以及衍生的全部权利、利益和收益的总和，它涉及实物、权益、区位三部分。在不动产估价中，土地不再单纯地指陆地部分，而是指地球陆地表面及其上下一定范围内的空间，即土地是由地球陆地部分的一定高度和深度的岩石、矿藏、土壤、水文、大气和植被等要素组成的历史自然综合体。建筑物是指人工建筑而成的所有整体物，既包括房屋又含有构筑物。其他土地定着物是指附属于或结合于土地或建筑物，从而成为土地或建筑物的从物，应在不动产交易中随着土地或建筑物的转让而转让的物，但当事人另有约定的除外。不动产是实物、权益和区位三者的综合体。从实物的角度来看，不动产分为土地、建筑物和房地三种存在形态。按照不同的划分标准，不动产可以分为不同的类型。对每种不动产类型的学习，有助于不同估价方法的选择。

　　不动产估价，是指不动产专业估价人员和估价机构接受他人委托，为了特定目的，遵循公认的原则，按照严谨的程序，依据有关法律法规和标准，在合理的假设下，运用科学的方法，对特定不动产在特定时间的特定价值进行分析、测算和判断，并提供相关专业意见的活动。

第二章 不动产价格及其影响因素

【学习目标】

本章分三节，对不动产价格的概念、形成条件、特征以及影响因素等内容进行了介绍。通过对本章的学习，应掌握不动产价格的基本概念，了解不动产价格的特征。在理解不动产价格概念的基础上，认识影响不动产价格的因素。

第一节 不动产价格的含义和形成条件

一、不动产价格的含义

不动产价格一般根据该不动产被认识到的效用、该不动产的相对稀缺性、该不动产的有效需求存在3个因素互相结合综合作用而形成的。不动产价格一般以货币额表示。

不动产价格是指在某个时点上为和平地取得他人不动产从而获得相应权益所支付的代价——货币额、商品或者其他有价物。在当代社会，物品的价格通常使用货币的形式来表示，习惯上也是用货币形式来偿付，但有时也用实物、劳务等其他形式来偿付，如以知识产权作价入股的一方，能够以股权的形式享有包含合资方不动产在内的总资产所带来的部分利益。

从不动产产权意义上看，不动产价格是指不动产所有权交易价格或不动产所有权的权益价格。从不动产所有权的物质载体看，不动产的价格可以分为以下几种类型。

（1）土地价格

一般地，可以把土地价格定义为土地所有权或使用权的交易价格。从本质上看，有限期的土地价格并非完整意义上的土地所有权价格，而是一种有限期内的土地使用权交易价格，或者理解为广义的租金。土地价格可以有不同的表现形式：一是用土地总价表示，代表一定面积土地的总价格；二是用单位面积地价表示；三是用楼面地价表示，楼面地价指单位建筑面积上的地价，真正反映土地价格的高低。即：

$$单位面积地价 = 土地总价 / 土地面积$$
$$楼面地价 = 土地总价 / 总建筑面积 = 土地单价 / 容积率$$

例：某区域有两块土地 A 和 B，土地的用途和面积完全相同，区位、形状、品质等基本相同，但不影响价格。A 土地的容积率为3，成交价格为1000万元/亩，B 地块的容积率为2.2，成交价格为800万元/亩，判断 A 和 B 哪块土地的地价高？

解： A 地块的楼面地价 $= 1000 \times 10^4 \div 666.67 \div 3 = 5000$（元/平方米）

B 地块的楼面地价 $= 800 \times 10^4 \div 666.67 \div 2.2 = 5455$（元/平方米）

可见，尽管 A 地块单位面积的地价比 B 地块高，但分摊到每一平方米建筑面积上的地价比 B 地块低。

（2）建筑物或土地改良物价格（资本价格）

建筑物或土地改良物价格是指建筑物（如住宅）或土地改良物的所有权权益价格或交易价格。在土地私有制经济中，土地与依附于土地而建筑的各类建筑物或土地改良物的所有权的时间长度（使用寿命）肯定小于土地所有权的期限。

（3）房地产价格

房地产是指建筑物、土地改良物与土地结合在一起的不动产形式。房地产价格是指房地产所有权的权益交易或交易价格。

二、不动产价格的形成条件

在不动产估价中，一般认为不动产价格是不动产的经济价值（交换价值）的货币表示。而不动产的经济价值以及不动产价格的成因，是不动产的有用性、不动产的相对稀缺性及对不动产的有效需求三者相互作用的结果。

物品的有用性，是指物品能够满足人们的某种需要，俗话说"有用"，经济学上称为使用价值，也就是说物品具有使用价值，能够对人们产生效用。不动产的有用性，是指人们因占有、使用不动产而得到的满足程度，因此人们会对不动产产生占有的愿望和要求。

然而，物品的有用性只是形成价格的必要条件，而不是充分条件。如果某种物品极为丰富，随时随地都能够自由取用，即使它对人类再重要也不能够产生使用价值，如空气。只有当某类物品还具有相对稀缺性时，人们才可能为占有和使用这种物品支付代价，物品才会产生相应的价格。

土地资源是一种有限的资源，相对于当代人们无限的需求而言，土地资源可谓相当稀缺，因此不动产是一种相对稀缺性的物品。同时，不动产的数量没有多到使每个人都可以随心所欲地得到它，所以人们对不动产产生占有欲，使得不动产价格相对较高。而具有很好的区位条件、能使人们获得更大利益或更大满足程度的不动产更为稀缺，因此它们的价格也相对更高。

不动产价格的产生，除去上述有用性和相对稀缺性两个原因外，还必须对不动产形成现实购买力才可能。购买力是指在一定时期内用于购买商品的货币总额，它随着时间和场所的不同而不断变化。通常将由于购买力而形成的需求称为有效需求，并将有效需求认为是不动产产生价格的原因之一。

综上所述，不动产价格是由不动产的有效性、不动产的相对稀缺性和对不动产的有效需求三者有机结合、综合作用而形成的。

第二节　不动产价格的特征

不动产的价格和一般物品价格相比具有较大的异同之处，主要表现在以下几个方面。

与一般物品价格的共同之处如下所示。

(1) 两者都是指价格,通常是用货币的形式来表示,习惯上也都是用货币的形式来偿付。

(2) 两者的价格都有波动,通常受市场的供求因素的影响。供过于求时,一定时间内物品的价格都会有相应幅度的下降;反之,一定时间内物品的价格则会有相应幅度的上升。

(3) 两者都是按质论价,价格与质量呈正相关关系。

与一般物品价格的不同之处如下所示。

(1) 生产成本不同　一般物品是劳动的产物,有生产成本;而不动产中的土地不是劳动创造的,其与一般物品相比本质上不含有生产成本要素。例如,一块风景秀丽的未开发的土地,因适宜建造别墅区导致其卖价很高,但在此之前这块土地可能并未投入任何劳动力。

从其他层面看,一般物品的价格是"劳动价值"的货币表现,围绕当下"劳动价值"上下波动;而不动产中的地价本质上不是"劳动价值"的货币表现,而是地租的资本化,其价格很难说有一个波动中心。

(2) 折旧不同　一般物品的寿命有限,而且可以大量重复生产,其价格随着时间的流逝逐渐降低,因此具有折旧现象。而不动产中的土地由于具有永续性,不仅无这种现象,而且具有增值的现象,其价格随着时间的流逝而自然升高。当然也有例外的情况发生,如一座矿山城市,当矿物被开采完后,若没有其他产业兴起,则当地的地价随着城市的没落而有降低的趋势。

(3) 价格差异不同　一般物品,如电脑、冰箱等可以大量生产,可标准化,其价格较为一致;不动产中的土地由于其自身的独特性,没有两块土地是完全相同的,所以基本上是一宗土地一个价格,而且不同土地的价格有较大的差异,在大城市的商业集中区的不动产的价值与在偏远的山区或边远的荒漠土地的不动产差别很大。

(4) 市场性质不同　一般物品具有较完全市场,形成的价格较为客观,而不动产市场是一个不完全的市场,形成的价格容易受主观因素影响。马克思曾说过:"必须牢牢谨记,那些本身没有任何价值,即不是劳动产品的东西(如土地),或者至少不能由劳动再生产的东西(如古董、某些名家的艺术品等)的价格,可以由一系列非常偶然的情况来决定。"

(5) 价格形成时间不同　一般物品易于比较,并且具有较完全市场。但是在不动产中土地个别差异大,又无完整市场,其价格一般需要经过长期考虑后才形成。因此,不动产价格形成的时间通常较长而且较为艰难。

(6) 供求变化不同　一般物品的价格和不动产土地的价格都受供求变化的影响,但土地的供给弹性较小。而且,从全社会的角度看,土地的总量是固定的,也就是说土地供给是完全无弹性的,供给曲线是一条垂直的直线。因此,不动产土地的价格大多数受需求方的影响,并且对土地的需求是一种"引致"需求。但是对某种特定的用途的土地而言,土地的供给是有弹性的。因为,土地往往可以在不同的用途之间进行选择,从而使得一种用途的土地可以挤占其他用途的土地,例如:商业用地可以挤占居住用地,住宅用地可以挤占工业用地,工业用地可以挤占农业用地。

一、不动产价格对区位的敏感性

不动产区位是指不动产的区域位置,它不仅单纯地反映在地理坐标上,还强调空间位置与周围环境、场所、人类经济活动之间的相互关系,是这些空间关系在某一地域内的综合。

不动产区位本身是具有价值的,由于土地自身的空间结构,加之不断在土地上进行开发、利用产生的附加值，逐渐形成了土地区位的经济差异。不动产价格的增值性，在很大程度上是由土地的增值所决定的，而土地增值能力大小、利用程度好坏，都与区位密切相关，所以不动产价格对区位具有敏感性。

区位对不动产价格的影响，主要体现在：①对不动产价格的影响，例如对居民消费者来说，居住区位与住宅本身都具有居住效用，研究表明，住宅区位的价值可占住房总价格的一半；②区位在一定程度上决定人们生活的方便度及通达度，而周围的自然、人文环境也对居住者身心产生重大影响；③对不动产类型、规模的影响，离市中心越近，土地价格越高。市中心范围内的地产类型多以商业地产为主，如大型购物中心、金融中心等，住宅以高层建筑为主。而郊区的土地价格较为便宜，土地利用较粗放，多为工业用地或为低层建筑和别墅等。

二、不动产价格实质上是不动产权益的价格

由于不动产的自然地理位置具有不可移动性，所以，其可以转移的并非是不动产实物本身，而是有关该不动产的所有权、使用权或其他权益，因此，通常所说的不动产价格实质上是这些无形的权益的价格。不动产的实物状态与其权益状况并不总是一致的。因此，不动产估价与对不动产权益的了解、分析之间有着必然的联系。由于每种权益均会影响价格，同一宗不动产转移的权益不同，估价结果也会不同。

三、不动产价格的形成时间较长

一宗不动产通常与周围其他宗不动产构成某一地区，但该地区并非固定不变，尤其是其社会经济位置经常处在扩大、缩小、集中、扩散、发展、衰退等不断变化的过程中，所以，不动产价格是考虑该不动产过去如何使用，将来能作何种使用，综合考虑这些结果后才能形成不动产的今日价格（或某特定时间的价格）。在估价时，应密切注意把握今日的价格为昨日的展开、明日的反映这一事实。

四、不动产价格易受交易者的个别情况的影响

不动产现实价格，一般随着交易的必要而个别形成。由于土地的不可移动性、数量固定性、个别性等自然特性，使不动产不同于一般物品，不易具有交易市场上的行情。一般商品可以开展样品交易、品名交易，其价格可以在交易市场上形成。而不动产则不能搬到一处作比较，要认识不动产，只有亲自到所在地观察。同时，由于不动产的价值量大，相似的不动产一般只有少数的买者和卖者，有的甚至只有一个买者和卖者，因此不动产价格通常随交易的需要而个别形成，并容易受买卖双方的个别因素（如偏好、感情冲动、讨价还价能力等）的影响。

五、不动产价格既有买卖价格，也有租赁价格

由于不动产价值量大、寿命长久，出现了买卖和租赁两种交易方式、两种市场并存的状态，所以，不动产价格既可表示为交换代价的价格，同时也可表示为使用和收益代价的租

金。有些类型的不动产，如公寓、写字楼、旅馆等，租赁的交易方式是主流。不动产价格与租金的关系，犹如本金与利息的关系。若要求取价格，只要能把握纯收益和资本化率，依照收益法将纯收益资本化即可。相反，若要求取租金，只要能把握价格及期待的资本化率，即可求得。在一定条件下，两者之间可以相互比较，产生一个合理的租售比价。

第三节 不动产价格的影响因素

在现实生活中，不动产估价的高低是由众多影响不动产价格的因素综合作用的结果。而影响不动产价格的因素多而复杂，本书主要从以下几点进行详细的阐述。

一、不动产自身因素

不动产自身条件的好坏，直接关系到其价格高低。所谓自身条件，是指那些反映不动产本身的自然物理性状态的因素。这些因素分别如下所示。

1. 位置、面积

各种经济活动和生活活动对不动产位置都有所要求。不动产位置的优劣直接影响其所有者或使用者的经济收益、生活满足程度或社会影响，因此，不动产坐落的位置不同，价格有较大的差异。无论是坐落在城市或乡村、中心商业区或住宅区、向阳面或背阳面均如此。尤其是城市土地，其价格高低几乎为位置优劣所决定。

不动产价格与位置优劣成正相关关系。商业不动产的位置优劣，主要是看繁华程度、临街状态。居住不动产的位置优劣，主要是看周围环境状况、安宁程度、交通是否方便以及与市中心的远近。其中别墅的要求是接近大自然、环境质量优良、居于其内又可保证一定的生活私密性。"一步差千金"对于商业来讲永远是个真理，但对于营造别墅则是个误区。工业不动产的位置优劣，通常视其产业的性质而定。一般来说，如果其位置有利于原料与产品的运输，有利于废料处理及动力的取得，其价格必有趋高的倾向。

不动产的位置从表面上看是个几何概念，但实际上并不是一个简单的几何概念，而是与特定的区位相联系的自然因素与人文因素的总和。故不动产的位置有自然地理位置与社会经济位置之别。不动产的自然地理位置虽然固定不变，但其社会经济位置却会发生变动，这种变动可能是因城市规划的制定或修改，交通建设或改道，也可能是其他建设引起的。但不动产的位置由劣变优时，则价格会上升；相反，则价格会下跌。

同等位置的两块土地，由于面积大小不等，价格会有高低差异。一般来说，凡面积过于狭小而不利于使用的土地，价格较低。地价与土地面积大小的关系是可变的。一般来说，在城市繁华地段对面积大小的敏感度较高，而在市郊或农村则相应较低。土地面积大小的合适度还因不同地区、不同消费习惯而有所不同。例如，某地方市场若普遍接受高层楼房，则该地方较大面积土地的利用价值要高于较小面积土地的利用价值，因此较大面积土地的价格会远远高于较小面积土地的价格。相反，如果地方市场仅能接受小型建筑型态，则较大面积土地的价格与较小面积土地的价格，差异不会很大。

2. 地形、地势和地质

地形是指同一块土地内的地面起伏状况。地势是指本块土地与相邻土地的高低关系，特别是与相邻道路的高低关系，如，是高于或低于路面。一般来说，土地平坦，地价较高；土地高低不平，地价较低；在其他条件相同时，地势高的不动产的价格要高于地势低的不动产的价格。

不同类型的建筑物对地基承载力有不同的要求，不同的土地有不同的承载力。地质条件决定着土地的承载力。地质坚实、承载力较大，有利于建筑使用。在城市土地中，尤其是在现代城市建设向高层化发展的情况下，地质条件对地价的影响较大。地价与地质条件成正相关；地质条件好，地价就高；反之，地质条件差，地价则低。

3. 形状、用途

土地形状是否规则，对地价也有一定的影响。土地形状有正方形、长方形、三角形、菱形、梯形等。形状不规则的土地由于不能有效利用，价格一般较低。土地经过调整或重划之后，利用价值提高，地价立即随之上涨。地价与土地形状成正相关：土地形状规则，地价就高；土地形状不规则，地价就低。

土地的用途对价格有较大的影响。由于不同的用途所带来的收益不同，因而在不同的用途下，地价也有较大的不同。一般而言，商业用地的价格高于居住用地的价格，居住用地的价格高于工业用地的价格，而市政基础设施和社会福利性用地的价格，往往只体现为无偿（以划拨方式取得）或象征性地收费。

4. 日照

日照有自然状态下的日照和受到人为因素影响下的日照两种。不动产价格与日照的关系具有下列特征：一方面与日照成正相关；另一方面与日照成负相关。一般来说，受到周围巨大建筑物或其他东西遮挡的不动产的价格（尤其是住宅），必低于无遮挡情况下的同等不动产的价格。日照对不动产价格的影响还可以从住宅的朝向对其价格的影响中看到。

5. 通风、风向、风力

一般情况下，风力越大或时常出现风灾的地方，不动产价格越低。不动产价格与风向的关系在城市中比较明显，在上风地区不动产价格一般较高，在下风地区不动产价格一般较低。

6. 气温、湿度、降水量

这三者极端过剩或极端贫乏，均不利于生产和生活，因此会降低不动产价格。把降水量与地势结合起来看，其对不动产价格的影响更明显。地势虽然低洼，但若降水量不大，则不易积水，从而导致地势对不动产价格的影响不大，但在地下水位高的地区例外；反之，降水量大，地势对不动产价格的影响力就大。

7. 天然周期性灾害

凡是天然周期性灾害的地带，土地利用价值必然很低，甚至不能利用。但这类土地一旦建设了可靠的防洪工程，不再受周期性灾害的影响，其价格会逐渐上涨。甚至由于靠近江、河、湖、海的缘故，可以获得特别的条件，如风景、水路交通，从而使得这类土地的价格要高于其他土地。

8. 建筑物

建筑物外观包括建筑式样、风格和色调，对不动产价格有很大影响。凡建筑物外观新颖、优美，可以给人们舒适的感觉，则价格就高；反之，单调、呆板，很难引起人们强烈的享受欲望，甚至令人压抑、厌恶，则价格就低。同时，建筑物的朝向、建筑结构、内部格局、设备配置状况、施工质量等对不动产的价格也有较大的影响。

二、人口因素

不动产的需求主体是人，人的数量多少、人口素质如何，都对不动产价格有着很大的影响。人口因素对不动产价格的影响，主要表现在人口数量（人口密度）、人口素质和家庭规模三个方面。

1. 人口数量（人口密度）

不动产价格与人口数量的关系非常密切。一方面，当人口数量增加时，人们对不动产的需求通常会增加，从而使其价格上涨。尤其是在人口密度高的大城市，人口增多有可能引起不动产价格大幅度上涨。在大城市，随着外来人口或流动人口的增加对不动产的需求必然加大，从而促进不动产价格的上涨。人口高密度地区，一般而言，不动产求多于供，供给相对匮乏，因而价格趋高。另一方面，人口密度过高，特别是低收入人群密集的区域，会导致交通拥挤、环境恶化，又有可能降低不动产价格。但是，综合而言，高密度地区的不动产的价格较高。

2. 人口素质

人们的文化教育水平、生活质量和文明程度，可以引起不动产价格高低的变化。人类社会随着文明的发达、文化的进步，公共设施必然日益完善和普遍，对居住环境也必然力求宽敞舒适，凡此种种都足以增加不动产的需求，从而导致不动产价格趋高。如果一个地区中的居民素质低，组成复杂，社会秩序欠佳，人们多不愿在此居住，则该地区的不动产价格必然低落。

3. 家庭规模

家庭规模是指全社会或某一地区的家庭平均人口数。家庭人口规模发生变化，即使人口总数不变，也将引起居住单位数的变动，从而引起需用住宅数量的变动，随之导致不动产需求的变化而影响不动产价格。一般而言，随着家庭规模小型化，即家庭平均人口数的下降，不动产价格有上涨的趋势。

三、制度政策因素

影响不动产价格的行政因素，是指影响不动产价格的制度、政策、法规、行政措施等方面的因素。国家可以运用多种手段配置土地资源，因而对不动产价格产生很大的影响。

1. 土地制度

土地制度对土地价格的影响也许是最大的。例如，在中国传统的土地制度下，严禁买卖、出租或者以其他形式非法转让土地，可能使地租、地价根本不能作为完整概念存在。土地制度主要包括土地所有制和土地使用制度。改革开放以来，我国城市土地实行有偿使用制度，国有土地所有权与使用权分离，土地使用权作为特殊商品进入流通领域，从而形成了为获得土地使用权而支付的代价。我国的不动产转让，并不涉及土地所有权，仅涉及土地使用权的转移。

2. 住房制度

住房制度与土地制度一样，对不动产价格的影响也是很大的。住房制度主要指住房供给、分配及相应的配套制度。我国在改革开放之前，长期实行低租金住房福利分配制度，必然造成不动产价格低落，其结果是租金不能养房，住房供给短缺。而改革住房制度之后，推行住宅商品化和社会化，才使住宅价格和租金反映市场的供求变化。

3. 不动产价格政策

不动产价格政策是指政府对不动产价格高低的态度以及采取的干预方式、措施等。政府对不动产价格干预的方式主要有两种：一类是直接制定价格；一类是通过其他措施或手段来调节价格。

不动产价格政策可分为两类：一类是高价格政策；一类是低价格政策。所谓高价格政策，一般是指政府对不动产价格放任不管，或有意通过某些措施抬高不动产的价格；低价格政策，一般是指政府采取种种措施抑制不动产价格上涨，从而使不动产价格维持不变或下跌。因此，高价格政策促进不动产价格上涨，低价格政策造成不动产价格下落。特别注意：低价格政策并不意味着造成不动产价格的绝对水平低下；高价格政策也并不意味着造成不动产价格的绝对水平很高。

4. 特殊政策

在一些地方建立经济特区，实行特殊的政策、特殊的体制、特殊的对外开放措施，往往会提高该地区的不动产价格。例如，深圳变成经济特区，海南岛成为海南省并享受特区待遇，都曾使这些地方的不动产价格大幅度上涨。

5. 城市规划和土地利用规划

城市规划和土地利用规划对不动产的价格均有较大的影响。城市规划确定城市扩展方向、用地结构、用地功能布局、分期开发次序、开发强度和建筑用地技术规范，从而决定城市未来各区位的不动产开发价值和有效利用程度。尤其是城市规划对土地用途、土地利用强度（建筑密度、建筑容积率、建筑高度）的规定是土地使用权出让合同中的重要内容，直接影响到土地的价格。

土地利用规划是依据国民经济和社会发展计划、国土资源和环境保护的要求、土地供给能力以及各项建设对土地的需要，对一定时期内一定行政区域范围的土地开发、利用和保护所制定的目标、计划和战略部署。土地利用规划影响土地利用结构和土地供给，从而影响不动产价格。

6. 税收政策

不动产税制指的是对不动产取得、保有、流转三个不同环节的税收设置，包括不同税种对纳税对象、纳税人、税率的具体规定。

国家通过税收政策调控不动产业的发展，直接或间接地对不动产课税，实际上是减少了利用不动产的收益，因而造成不动产价格低落。不同的税种和税率，对不动产价格的影响是不同的。此外，在考虑课税对不动产价格的影响时，必须注意课税是否转嫁的问题。如果某税种可按一定的规定或一定的途径转嫁出去，那么其对不动产价格的影响就较小。

7. 交通管制

交通便利条件直接影响不动产的价格。某些不动产所处的位置看起来交通便利，但实际上并不便利，这就是受到了交通管制的限制。对不动产价格有影响的交通管制，主要有严禁某类车辆通行、实行单行线、步行街等。

实行某种交通管制也许会降低该不动产的价格，但对另一些不动产来讲，实行这种交通管制则可能会提高不动产的价格。如果住宅区内的道路上禁止货车通行，可以减少噪声和行人行走的不安全感，因此会提高不动产的价格。

四、经济因素

经济情况的演变对国计民生及国际地位的影响有着重要的作用。影响不动产价格的经济因素主要有：经济发展状况、物价（特别是建筑材料价格）、居民收入、供求状况等。

1. 经济发展

经济发展，预示着财政、金融状况景气，经济繁荣，投资、生产活动活跃，就业机会增加，对厂房、办公室、商场、住宅和各种文娱设施等的各类需求不断增加，引起不动产价格上涨，尤其是引起地价上涨。从材料看，不动产价格尤其是土地的价格明显受经济周期的影响，并滞后于经济周期，波浪式地变化，说明不动产需求的变化趋势与经济循环趋势一致。

2. 物价水平

不动产价格与物价的关系非常复杂。通常物价普遍波动，不动产价格也将随之变动；如果其他条件不变，则物价变动的百分比相当于不动产价格变动的百分比，而两者的动向也应一致。

就单独一宗不动产而言，物价的变动可以引起不动产价格的变动，如建筑材料价格上涨，引起建筑物建造成本增加，从而推动不动产价格上涨。从一段较长时期来看，不动产价格的上涨率要高于一般物价的上涨率和国民收入的增长率。

3. 居民收入

通常居民收入的真正增加显示人们的生活水平将随之提高，从而促使人们对不动产的需求增多，导致不动产价格上涨。如果居民收入的增加，是中、低收入水平者的收入增加，对居住不动产的需求增加，促使居住不动产的价格上涨。如果居民收入的增加，是高收入水平者的收入增加，对不动产价格的影响不大，不过，如果利用剩余的收入从事不动产投资（尤其是投机），则必然会引起不动产价格变动。

4. 供求状况

供给和需求是形成价格的两个最终因素。其他一切因素，要么通过影响供给，要么通过影响需求来影响价格。不动产的价格也是由供给和需求决定，与需求成正相关，与供给成负相关。供给一定，需求增加，则价格上升；需求减少，则价格下跌。需求一定，供给增加，则价格下跌；供给减少，则价格上升。

由于不动产的不可移动性及变更使用功能的困难性，决定某一不动产价格水平高低的，主要是本地区本类不动产的供求状况。至于其他类型不动产的供求状况对该不动产的价格水平有无影响及其影响的程度，要看这些供求状况的波及性如何而定。

五、社会因素

我国历来有"安土重迁"的传统，对不动产有着深切的眷恋。因此，社会因素对不动产价格有很大的影响。影响不动产的价格的主要社会因素有以下几点。

1. 政治安定状况

政治安定状况，是指现有政权的稳固程度，不同政治观点的党派和团体以及不同宗教团体的冲突情况等。一般来说，政治不安定，意味着社会动荡、财产权保障不足，影响人们投资、置业的信心，造成不动产价格低落。

2. 社会治安程度

社会治安程度，是指偷盗、抢劫、强奸、杀人等方面的犯罪情况。不动产所处的地区，如若经常发生此类犯罪案件，则意味着人们的生命财产缺乏保障，因此造成不动产价格低落。

3. 不动产投机

不动产投机，简言之就是投准时机，利用不动产价格的涨落变化，通过在不同时期买卖不动产，从价差中获取利润的行为。

一般来说，不动产投机对不动产价格的影响出现下列三种情况：引起不动产价格上涨；引起不动产价格下跌；起着稳定不动产价格的作用。

当不动产价格节节上升时，那些预计不动产价格还会进一步上涨的投机者纷纷抢购，造成一种虚假需求，无疑会促使不动产价格进一步上涨。而当情况相反时，那些预计不动产价格还会进一步下跌的投机者纷纷抛售不动产，则会促使不动产价格进一步下跌。当不动产价格低落时，怀有日后不动产价格会上涨心理的投机者购置不动产，以待日后不动产价格上涨时抛出，这样，就会出现当不动产需求小的时候，投机者购置不动产，造成不动产需求增加；而在不动产价格上涨时投机者抛出不动产，增加不动产供给，从而平抑不动产价格。

4. 城市化

一般来说，城市化意味着人口向城市地区集中，造成城市不动产需求不断增加，带动城市不动产价格上涨。城市化的结果是使得越来越多的人口聚集到城市中，依靠不动产市场解决住房的人不断增多，客观上增加了对不动产的需求。

六、国际因素

国际经济、军事、政治等环境因素，对不动产价格也有很大影响。影响不动产价格的主要因素有下列四个。

1. 国际经济

经济状况发展良好，一般有利于不动产价格上涨。

2. 军事冲突情况

一旦发生战争，则战争地区的不动产价格会陡然下落，而那些受到战争威胁或影响的地区，其不动产价格也有所下降。

3. 政治对立状况

如若国与国之间发生政治对立，则会出现实行经济封锁、冻结贷款、终止往来等，这些一般会导致不动产价格下跌。

4. 国际竞争状况

这主要是国与国之间为吸引外资而进行的竞争，竞争激烈时，不动产价格一般较低落。

七、其他因素

1. 环境因素

影响不动产价格的环境因素,是指那些对不动产价格有影响的不动产周围的物理性因素。这方面的因素有以下几点。

声觉环境:噪声大的地方,不动产价格必然低下。噪声小、安静的地方,不动产价格通常较高。

大气环境:不动产所处的地区有无难闻的气味、有害物质和粉尘等,对不动产价格影响也很大。凡接近化工厂、屠宰厂、酒厂、厕所等地方的不动产价格较低。

水文环境:地下水、沟渠、河流、江、湖、海洋等污染程度如何,对其附近的不动产价格也有较大的影响。

视觉环境:不动产周围安放的东西是否杂乱,建筑物之间是否协调,公园、绿化等形成的景观是否赏心悦目,这些对不动产价格都有影响。

卫生环境:清洁卫生情况对不动产价格也有影响。

2. 心理因素

心理因素对不动产价格的影响有时是一个不可忽视的因素。影响不动产价格的因素主要有下列七个:(1)购买或出售心态;(2)欣赏趣味(个人偏好);(3)时尚风气;(4)接近名家住宅心理;(5)讲究门牌号码、楼层数字或土地号数;(6)讲究风水;(7)价值观的变化。

不动产价格的影响因素汇总见表2-1。

表2-1 不动产价格的影响因素汇总表

因素		自身因素	人口因素	制度政策因素	经济因素	社会因素	国际因素	其他因素
因子		位置、面积	人口数量(人口密度)	土地制度	经济发展	政治安定状况	经济状况发展良好	环境因素
		地形、地势和地质	人口素质	住房制度	物价	社会治安程度	军事冲突情况	心理因素
		形状、用途	家庭规模	不动产价格政策	居民收入	不动产投机	政治对立状况	
		日照		特殊政策	供求状况	城市化	国际竞争状况	
		通风、风向和风力		城市规划和土地利用规划				
		气温、湿度、降水量		税收政策				
		天然周期性灾害		交通管制				
		建筑物						

【思考题】

1. 不动产价格的含义和形成条件有哪些?
2. 不动产价格的特征有哪些?

3. 不动产估价的影响因素有哪些？

【练习题】

1. 决定某一房地产价格水平高低的，主要是（　　）。
   A. 全国房地产总的供求状况　　B. 本地区房地产的供求状况
   C. 全国本类房地产的供求状况　　D. 本地区本类房地产的供求状况

2. 在商品房价格快速上涨情况下，提高购买商品房首付款比例，上调购买商品房贷款利率，会抑制商品房价格（　　）。
   A. 下降　　　B. 上涨　　　C. 不会造成影响　　D. 先下降，后上涨

3. 下列说法正确的是（　　）。
   A. 房地产价格在短期内通常没有波动
   B. 房地产价格在短期内通常有波动，在短期内可以看出其变动规律和发展趋势
   C. 房地产价格在长期内都会有波动，在短期内可以看出其变动规律和发展趋势
   D. 房地产价格在长期短期内都会有波动，在短期内很难找出变动规律和发展趋势。

4. 房地产价格与房地产需求的关系是（　　）。
   A. 房地产价格与房地产的需求正相关
   B. 房地产价格与房地产的需求负相关
   C. 供给一定的情况下，需求增加，则价格上升
   D. 供给一定的情况下，需求增加，则价格下降

5. 某宗土地的规划容积率为 3，可兴建 6000m² 的商住楼，经评估总地价为 180 万元，该宗土地的单价为（　　）元/m²。
   A. 100　　　B. 300　　　C. 600　　　D. 900

6. 下列情况，会导致成交价格偏离正常价格的是（　　）。
   A. 相邻房地产合并交易
   B. 交易双方成交前进行了超长时间的协议磋商
   C. 交易双方存在利害关系
   D. 交易税费非正常负担
   E. 交易中的某一方特别熟悉和了解市场行情

7. 形成房地产有效需求必须具备的条件有（　　）。
   A. 消费者有购买房地产的意愿　　B. 城市经济高速发展
   C. 人口急剧增长　　D. 消费者能够承受并支付得起房地产价格
   E. 房地产供给大于房地产需求

8. 决定房地产供给量的因素有（　　）。
   A. 该种房地产的价格水平　　B. 该种房地产的开发成本
   C. 该种房地产的开发技术水平　　D. 房地产开发商对未来的预期
   E. 相关物品的价格水平

9. 下列不属于房地产价格与一般物品价格相同之处的是（　　）。
   A. 都是价格用货币来表示　　B. 都有波动，受供求因素的影响
   C. 都是按质论价　　D. 都受区位因素的影响

10. 一般来讲，人口总量不变，随着家庭人口规模小型化，住宅价格总的趋势是（　　）。
    A. 上涨　　　B. 下跌　　　C. 保持相对稳定　　D. 先涨后跌

11. 下列影响房地产价格的因素中，会导致房地产价格下降的因素是（　　）。
    A. 控制土地供应量　　　　　　B. 增加城镇居民可支配收入
    C. 增加房地产保有环节税收　　D. 提高城市化水平
12. 关于住宅估价中楼层因素的说法，错误的是（　　）。
    A. 估价对象为整幢住宅楼时，楼层属于区位因素
    B. 位于同一住宅楼不同楼层的住房，景观有所不同
    C. 对于一套住房而言，楼层会影响其通达性
    D. 同一住宅小区总层数相同的住宅楼的楼层差价可能不同
13. 下列房地产价格影响因素中，不属于制度政策因素的是（　　）。
    A. 开征房产税　　　　　　　　B. 物价水平变化
    C. 调整房地产信贷规模　　　　D. 城市规划变更
14. 影响工业房地产价格的区位因素主要有（　　）。
    A. 是否适于安装设备　　　　　B. 是否易于取得动力
    C. 是否便于处理废料　　　　　D. 是否接近大自然
    E. 是否利于获取原料
15. 下列房地产价格影响因素中，不属于区位因素的有（　　）。
    A. 地形、地势　　　　　　　　B. 土地开发程度
    C. 土地用途、容积率　　　　　D. 朝向、楼层
    E. 外部配套设施
16. 下列说法正确的是（　　）。
    A. 城市经济发展和人口增加带来房地产需求增加，从而引起房地产价格上涨，这种房地产价格上涨属于房地产自然增值
    B. 房地产拥有者自己对房地产进行投资改良所引起的房地产价格上涨属于房地产自然增值
    C. 通货膨胀所引起的房地产价格上涨属于房地产自然增值
    D. 房地产使用管制改变所引起的房地产价格上涨不是真正的房地产自然增值
17. 下列影响房地产需求的因素中，能够增加郊区商品住宅当前需求的有（　　）。
    A. 当前该类房地产价格水平较高　　B. 消费者的收入水平增加
    C. 通往郊区的高速公路收费被取消　D. 人们预期该项房地产价格未来会上涨
    E. 城市居民出行向郊区迁移的趋势
18. 下列制度政策的调整，在其他因素不变的情况下，会导致房地产价格下降的有（　　）。
    A. 提高购房最低首付款比例
    B. 在卖方市场的情况下，增加房地产开发环节的税收
    C. 在买方市场的情况下，减少卖方的税收
    D. 减少房地产开发用地的供应量
    E. 建立严格的交易管理制度遏制房地产投机
19. 土地实物因素包括（　　）。
    A. 面积　　　　B. 形状　　　　C. 地形
    D. 土壤　　　　E. 位置
20. 判定工业房地产区位优劣的主要因素有（　　）。
    A. 临街状况　　　　　　　　　B. 是否便于动力取得

C. 是否便于废料处理 D. 是否接近大自然
E. 是否便于产品和原料运输

21. 下列对某宗房地产状况的描述中，不属于位置描述的是（　　）。
    A. 该房地产位于28层办公楼的第8层　B. 该房地产500米内有地铁站点
    C. 该房地产离机场约25公里　　　　　D. 该房地产坐北朝南

22. 下列影响某宗建设用地价格的因素中，不属于权益因素的是（　　）。
    A. 土地用途　　　　　　　　B. 所在区域绿化水平
    C. 土地容积率　　　　　　　D. 土地使用期限

23. 房地产价格容易受买卖双方的个别因素的影响，以下因素对房地产价格的影响最小的是（　　）。
    A. 买卖双方的知识水平　　　B. 买卖双方的偏好
    C. 讨价还价能力　　　　　　D. 感情冲动

24. 在其他条件不变的前提下，建设一条铁路对居民区的房地产价格和对仓储或者工业用地房地产价格可能产生的变动方向，下面描述正确的为（　　）。
    A. 居民区的房地产增值，工业用地房地产贬值
    B. 居民区的房地产增值，工业用地房地产增值
    C. 居民区的房地产贬值，工业用地房地产增值
    D. 居民区的房地产贬值，工业用地房地产贬值

25. 关于房地产的保值增值，下列叙述有误的一项是（　　）。
    A. 对房地产本身进行投资、改良所引起的房地产价格上升，不是房地产的自然增值
    B. 通货膨胀所引起的房地产价格上升，不是真正的房地产增值，而是房地产保值
    C. 需求增加导致稀缺性增加所引起的房地产价格上升，是真正的房地产自然增值
    D. 外部经济所引起的房地产价格上升是房地产保值

26. 下列关于房地产价格影响因素的表述中，正确的是（　　）。
    A. 不同的房地产价格影响因素，引起房地产价格变动的方向和程度是不尽相同的
    B. 房地产价格影响因素对房地产价格的影响与时间无关
    C. 理论上，房地产价格与房地产价格利率因素成负相关
    D. 房地产价格影响因素对房地产价格的影响均可用数学公式或者数学模型来量化
    E. 汇率因素对房地产价格影响的表现是：本币汇率上升会导致房地产价格上涨；相反，则导致房地产价格下降

27. 下列有关人口因素对房地产的影响，描述错误的是（　　）。
    A. 随着家庭人口规模小型化，住宅价格有下降的趋势
    B. 人口密度的增加，可能造成房地产价格趋高，也可能降低
    C. 人们的文化教育水平、生活质量和文明程度，可以引起房地产价格的变化
    D. 人口增长可分为人口自然增长和人口机械增长

28. 房地产由于寿命长久，供给有限，其价值通常可以得到保持，甚至会随着时间推移而自然增加，会引起房地产自然增值的是（　　）。
    A. 房地产对本身进行投资改良　　B. 房地产需求增加导致稀缺性增加
    C. 通货膨胀　　　　　　　　　　D. 外部经济
    E. 建造成本增加

【答案】

1. D、 2. B、 3. D、 4. AC、 5. D、 6. ACD、 7. AD、 8. ABCD、 9. D、 10. A、 11. C、 12. AB、 13. B、 14. BCE、 15. ABC、 16. A、 17. BCDE、 18. ACE、 19. ABCD、 20. A、 21. B、 22. B、 23. A、 24. C、 25. D、 26. ACE、 27. A、 28. BD

【本章小结】

不动产价格是指在某个时点上为和平地取得他人不动产而获得相应权益所支付的代价——货币额、商品或者其他有价物。根据不动产的存在形态，不动产价格相应地分为土地价格、建筑物价格或土地改良物价格（资本价格）、房地价格。不动产价格既有一般商品价格的特性，也有区别于一般商品价格的特性。同时，不动产价格不仅受到自身因素的影响，如面积、位置、地形地势等的影响，还会受到众多外部因素的影响，如人口的变化、经济状况、制度政策状况、社会稳定状况和国际环境变化等。

第三章 不动产估价原则

【学习目标】

本章分为六节,对不动产估价的原则进行了全面介绍。在全面掌握本章内容的基础上,应着重掌握不动产估价的合法原则、最高最佳利用原则、估价时点原则和替代原则。对不动产估价原则的理解有助于对不动产估价进行理性的分析与思考。

第一节 不动产估价原则概述

一、不动产估价原则的含义

不动产估价,是指根据不同的评估目的,遵循相应的估价原则,按照一定的估价程序,采用科学的估价方法,对不动产的真实、客观、合理的价格所做的估计和推测性的判断。如果这个判断是正确的,那么判断的价格应当是一个相应的市场行为都可以认可的误差足够小的价格区域。

不动产价格虽然受许多复杂多变的因素的影响,但观察其形成和变动过程,仍然存在一些基本规律。随着人类探索的加强,人们掌握了不动产价格形成和变动的规律,并在此基础上制定不动产估价的原则。

不动产估价原则,是指人们在对不动产估价的反复实践和理论探索中,逐步认识了不动产价格形成和运动的客观规律,在此基础上总结出一些简明扼要的、在估价活动中应当遵循的法则或标准,这些法则和标准就是不动产估价原则。它既是客观规律的反映,又是不动产估价实践经验的理论总结。

二、不动产估价原则的内容

不动产估价的原则,在国内外许多关于不动产的著作上都有所介绍。但是由于各国、各地区的制度政策不同,不动产发展水平不同,使得不动产估价的原则在各国和各地区不尽相同。我国学者早期对不动产原则的认识,多通过对我国港台地区或者国外的不动产估价原则为主得到的,引用较多的书籍有以下几种。

美国房地产估价师学会出版的《不动产估价》一书中列举了十二项基本的估价原则,分别是：①预测原则；②变动原则；③供求原则；④竞争原则；⑤替代原则；⑥机会成本原则；⑦均衡原则；⑧贡献原则；⑨收益分配原则；⑩适合原则；⑪外部性原则；⑫最有效使用原则。

台湾省陈满雄先生编著的《不动产估价理论与实务》一书中列举了七项不动产估价基本原则：①公平原则；②相关、替代原则；③独立估价原则；④适法原则；⑤勘估时日原则；⑥土地、建筑物分离估价原则；⑦最高、最有利使用原则。

中国房地产估价师学会组织编写、柴强先生主编的《房地产估价理论与方法》（第六版）一书，根据对房地产估价理论与实践的研究与认识，提出了六项原则：①独立、客观、公正原则；②合法原则；③最高最佳使用原则；④估价时点原则；⑤替代原则；⑥谨慎原则。

我国1999年颁布的《房地产估价规范》提出了四条原则：①合法原则；②最高最佳使用原则；③替代原则；④估价时点原则。

不动产估价原则可以分为基本原则、普适技术性原则（或一般原则）和特殊原则三大类。独立、客观、公正原则是不动产估价的基本原则。普适性原则包含：独立客观公正原则、合法原则、最高最佳使用原则、估价时点原则、替代原则。特殊原则是指谨慎原则。

本书主要介绍介绍①独立、客观、公正原则；②合法原则；③最高最佳使用原则；④估价时点原则；⑤替代原则五个原则。

三、不动产估价原则的作用

不动产估价原则可以使不同的估价人员对不动产估价的基本前提具有认识上的一致性，对同一估价对象在同一估价目的、同一估价时点下的估价结果具有相近性。其作用是以整体效用的发挥限定了其正确合理的结果域，调整着方方面面的关系，调节着价格的平衡。

不动产估价原则，可以帮助不动产估价师思考如何衡量估价对象的价值，如何把估价对象的评估价值界定到一个合理的较小范围内，然后结合估价方法的定量分析，最后评估出一个更加精准的价值。评判一个评估价值是否正确，很重要的一点是看其是否遵守了估价原则。

第二节 独立、客观、公正原则

一、独立、客观、公正原则的含义

独立、客观、公正原则是不动产估价中的最高行为准则。独立、客观、公正原则要求不动产估价师站在中立的立场上，评估出对各方当事人来说均是公平合理的价值。

独立，是要求估价机构和估价师在估价中不应受包括委托人在内的任何单位和个人的干扰，应当凭借自己的专业知识、经验和应有的职业道德进行估价。从定义中可以分析得出独立的三个条件，分别是：①估价机构本身应当是一个独立机构；②估价机构和估价人员与估价对象及相关当事人没有利害关系；③要求估价机构和估价人员在估价中不受外部干扰因素的影响。

客观，是要求不动产估价师在估价中不应带着自己的好恶、情感和偏见，应完全从实际出发，实事求是地进行估价。

公正，是要求估价机构和估价师在估价中不应偏袒相关当事人中的任何一方，应当坚持原则、公平正直地进行估价。

二、独立、客观、公正原则的作用

对不动产估价总的要求是遵循：独立、客观、公正原则，这是不动产估价中的最高行为准则。保持独立、客观、公正的超然地位是注册不动产估价师安身立命的基础，对于规范交易行为、保护交易双方利益、特别是保护国有不动产权益，维护社会主义市场经济秩序，具有十分重要的意义。

三、使用独立、客观、公正原则应注意的事项

在估价操作层面，为了评估出公平合理的价值，估价师首先应本着以下假设进行估价：各方当事人均是理性而谨慎并处于利己动机，其次，不动产估价师应以各方当事人的心态或角色来考虑评估价值，然后估价师再以专家的身份来反复、精细地权衡评估价值，得出一个对各方当事人来说均为公平合理的评估价值。

在进行估价实践时，为了保障不动产估价机构和不动产估价师独立、客观、公正地估价，一是要求不动产估价机构应当是一个不依附于他人、不受他人束缚的独立机构；二是要求估价机构和估价师应当与委托人及估价利害关系人没有除依法收取估价服务费以外的任何现实的或潜在的利害关系，与估价对象没有现实的或潜在的利益关系。当估价机构或估价师与估价对象有利益关系或者与委托人或估价利害关系人有除依法收取估价服务费以外的利害关系的，应当主动回避；三是要求估价机构和估价师在估价中不应受委托人等外部因素的干扰，不应屈从于外部压力。此外，不动产估价师还必须具有良好的职业道德，不能受任何私心杂念的影响。

第三节　合法原则

一、合法原则的含义

不动产估价所遵循的合法原则要求估价结果是在依法判定的估价对象状况特别是权益状况下的价值。依法是指不仅要依据有关法律、行政法规、最高人民法院和最高人民检察院发布的有关司法解释，还要依据估价对象所在地的有关地方性法规（民族自治地方应同时依据有关自治条例和单行条例），国务院所属部门颁发的有关部门规章和政策，估价对象所在地人民政府颁发的有关地方政府规章和政策，以及估价对象的不动产登记簿（房屋登记簿、土地登记簿）、权属证书、有关批文和合同等（如规划意见书、国有建设用地使用权出让招标文件、国有建设用地使用权出让合同、不动产转让合同、房屋租赁合同等）。因此，合法原则中所讲的"法"，是广义的"法"。

不动产价值是由实物、区位和权益三者综合决定的。不动产估价之所以要遵循合法原

则,是因为实物和区位状况相同的不动产,如果权益状况不同,评估价值就会有所不同。但是,估价对象的权益状况不是委托人或估价师可以随意假定的,必须依法判定。另外,任何权益状况的不动产都可以作为估价对象,即使是不合法的不动产,只是要做到评估价值与依法判定的权益状况相匹配。

合法原则要求不动产估价应以估价对象的合法权益为前提进行。包括合法产权、合法使用、合法处分等方面。

在判定估价对象的权益状况及其他估价问题时,采用"上位法优于下位法""新法优于旧法""特别法优于一般法""法不溯及既往"原则,解决法的适用冲突问题。法律的效率等级:宪法＞法律＞行政法规＞地方性法规、部门规章、地方政府规章。

二、合法原则的作用

1. 合法原则在房屋征收估价中的运用

(1)一般以被征收房屋的权属证书及权属档案的记载为准。

(2)各地对被征收房屋的性质和面积认定有特别规定的,从其规定。

(3)征收人与被征收人对被征收房屋的性质或者面积协商一致的,可以依据协商结果进行评估。

(4)在被征收房屋的性质不能达到协商一致时,征收人或者被征收人应当向城市规划行政主管部门申请确认。在面积不能协商一致时,应当向房屋面积鉴定机构申请鉴定或委托具有房产测绘资格的房产测绘单位测算。

2. 合法原则在房地产抵押估价中的运用

(1)法律法规和政策规定不得抵押的房地产,不应作为抵押估价目的的估价对象,如果委托人要求评估其抵押价值的,其抵押价值为零。

(2)法律、法规和政策规定抵押无效的房地产,不应作为抵押估价对象,如果委托人要求评估其抵押价值的,其抵押价值为零。

(3)法律、法规和政策规定应当符合一定条件才能转让的房地产,评估其抵押价值时应当符合转让条件,不符合转让条件的房地产,不应作为抵押估价对象,如委托人要求评估其抵押价值的,其抵押价值为零。

(4)评估土地使用权是以划拨方式取得的房地产的抵押价值的,该房地产的抵押价值不应包含划拨土地使用权应缴纳的土地使用权出让金或者相当于土地出让金的价款。

(5)评估有拖欠建设工程价款、尚未竣工或者虽然竣工但自竣工之日起六个月内的房地产的抵押价值,该房地产的抵押价值不应包含发包人拖欠承包人的建设工程价款。

(6)评估再次抵押的房地产的抵押价值的,该房地产的抵押价值不应包含已抵押担保的债权数额。

三、使用合法原则应注意的事项

合法权益包括合法产权、合法使用、合法处分等方面。遵循合法原则,具体来说应当做到下列几点:

(1)在合法产权方面,应以房地产权属证书、权属档案的记载或者其他合法证件为依据。现行的房地产权属证书有房屋权属证书、土地权属证书或者统一的房地产权证书。房屋权属证书有《房屋所有权证》《房屋共有权证》和《房屋他项权证》三种。土地权属证书有《国有土地使用证》《集体土地所有证》《集体土地使用证》和《土地他项权利证明书》四种。当县级以上地方人民政府由一个部门统一负责房产管理和土地管理工作的，可能制作、颁发统一的房地产权证书。统一的房地产权证书有《房地产权证》《房地产共有权证》和《房地产他项权证》三种。

（2）在合法使用方面，应以符合城市规划、土地用途管制等为依据。例如，如果城市规划规定了某宗土地的用途、建筑高度、容积率、建筑密度等，那么，对该宗土地进行估价就应以其符合这些规定为前提。只有在估价过程中始终符合使用管制的要求，由此评估出的价值才能得到社会的承认。

（3）在合法处分方面，应以法律、行政法规或合同（如土地使用权出让合同）等允许的处分方式为依据。处分方式包括买卖、租赁、抵押、典当、抵债、赠与等，这些处分方式依次受到法律、法规和合同的限制，即存在抵触的情况下，法律、法规的效力高于合同，合同的效力高于无合同。

（4）遵循合法原则，意味着评估出的价格必须符合国家的价格政策。例如：在我国，农地征收和城市房屋拆迁的估价也要符合政府有关农地征收和城市房屋拆迁补偿的法律、法规。

（5）估价人员行为合法，估价人员在估价过程中所有行为应遵纪守法。

第四节　最高最佳利用原则

一、最高最佳利用原则的含义

最高最佳使用原则，是要求不动产估价应以估价对象的最高最佳使用为前提进行。

最高最佳使用原则具体包括 3 个方面：最佳用途、最佳规模、最佳状态。

（1）最佳用途，是指不动产估价不应受现实的使用状况的限制，而应对其最佳的使用方式作出判断。

（2）最佳规模，表现为适度规模和最佳的利用集约度，收益递增递减原理可以帮助我们确定最佳规模和集约度。

（3）最佳状态，一是指不动产内部处于最佳均衡状态，土地与建筑物达到最优匹配状态（均衡原理）；二是指不动产与外围环境处于最佳协调状态（适合原理）。

最高最佳使用必须同时符合以下 4 个标准。

（1）法律上许可：房地产的利用不得违法。

（2）技术上可能：在建筑材料性能、施工技术手段等技术上能够实现。

（3）经济上可行：要求收入现值大于支出现值。

（4）价值最大化：在经济上可行方案中，选择最高收益或最大价值的利用方式。

不动产评估之所以要坚持最高最佳利用原则，主要原因有以下四个。

（1）同一房地产用途不同，其价格也不相同。如果城市规划规定该宗土地可以作为商业和住宅用地时，按照最高最佳使用原则，应当取最高价格的用途。

（2）即使房地产的既定用途合理，但由于种种原因，其效用或收益也可能没有充分发挥出来。这样，如果按现有的使用情况进行评估，将导致低估其价格。如某宾馆甲，因经营管理不善，年纯收益为 500 万元，而邻近的且规模与档次相同的另一宾馆乙，其年纯收益则高达 700 万元。若宾馆的资本化率为 10%，则直接按照两个宾馆的实际纯收益估算其价格，分别为 5000 万元和 7000 万元。因此，直接根据现有的使用情况来评估宾馆甲，将低估其价格约为 2000 万元。

（3）当房地产的现状限制其最有效使用时，将造成房地产的价格降低。为了确定其减价额，也要判定其最有效使用情况并与之进行比较。主要有两种情形：一是土地与建筑物不均衡，造成土地或建筑物价格降低；二是房地产与周围环境不协调，造成减价。

（4）因社会发展或城市建设的需要，房地产将会改变目前的用途。例如：城市市郊有一块农田，若按农田价格出售则为 100 元/m^2，但根据城市发展规划，该农田 5 年后的法定用途将变为住宅用地，其价格将达到 1000 元/m^2。在这种情况下，该土地目前的市场价格就不能按农田评估为 100 元/m^2，在评估时应考虑 5 年后该土地将按住宅用地使用这一未来情况。

二、最高最佳利用原则的作用

在实际估价中应用最高最佳使用原则，分为空地和地上有建筑物两种情况。

应用最高最佳使用原则于空地估价时，需要很好地分析市场需求与消费力，竞争性不动产的开发量、开发方式，周边配套与基础设施状况，周边的自然环境等，从而确定项目的定位，选择最佳的用途、最佳的规模、最佳的设计方案。

应用最高最佳使用原则于地上有建筑物的不动产估价时，在分析市场供求关系、市场消化情况、各类不动产收益与投入情况等的基础上，确定估价对象的最高最佳使用方式。因为估价对象已做了某种使用，则在估价时应根据最高最佳使用原则对估价前提做下列之一的判断和选择，并应在估价报告中予以说明。

（1）保持现状前提，即认为保持估价对象现状、继续使用最为有利时，应以保持现状、继续使用为前提进行估价，其判断条件如下所示。

房地产保持现状的条件：（新房地产价值－将现有房地产改变为新房地产的必要支出及应得利润）＜现有房地产价值。

保留现有建筑物的条件：（新房地产价值－拆除现有建筑物的必要支出及应得利润－建造新建筑物的必要支出及应得利润）＜现有房地产价值。

（2）装饰装修改造前提，即认为装饰装修改造估价对象但不转换其用途再予以使用最为有利时，应以装饰装修改造但不改变用途（包括对土地进行改造）再予以使用为前提进行估价。对现有建筑物应进行装饰装修改造的条件：（装饰装修后的房地产价值－装饰装修的必要支出及应得利润）＞现状装饰装修的房地产价值。

（3）转换用途前提，即认为转换估价对象的用途再予以使用最为有利时，应以转换用途后再予以使用为前提进行估价。其判断条件是：（新用途的房地产价值－改变用途的必要支出及应得利润）＞现有用途的房地产价值。

（4）重新利用前提，即认为拆除估价对象的现有建筑物再予以使用最为有利时，应以拆除现有建筑物后再予以使用为前提进行估价。其判断条件是：（重新开发完成后的房地产价值－现有建筑物拆除费用-新建筑物建造费用）＞现有房地产价值。

（5）上述情形的某种组合。最常见的是第三种转换用途与第二种装饰装修改造的组合。

三、使用最高最佳利用原则应注意的事项

在进行不动产估价时，应注意：合法利用不见得是最高最佳利用，但是最高最佳利用必然符合合法原则。

使用最高最佳利用原则时，有三大经济学理论。

(1) 收益递增递减原理可以帮助确定最佳集约度和最佳规模，存在两种形式。

第一种形式：投入产出关系－收益递减规律或边际收益递减原理。

假定仅有一种投入量是可变的，其他投入量保持不变，则随着该种可变投入量的增加，在开始时，产出量的增加是递增的，但当这种可变投入量继续增加达到某一点以后，产出量的增加会越来越小。

具体表现：土地的开发强度超过一定限度以后，收益开始下降。

第二种形式：投入产出关系－规模收益或规模报酬规律。

假定以相同的比例来增加所有的要素投入量，产出有以下三种可能：

① 规模收益不变－产出量的增加比例等于投入量的增加比例；
② 规模收益递增－产出量的增加比例大于投入量的增加比例；
③ 规模收益递减－产出量的增加比例小于投入量的增加比例。

具体表现：在扩大规模时，一般先经过一个规模收益递增阶段，然后经过一个规模收益不变阶段，再经过一个规模收益递减阶段。

(2) 均衡原理是以估价对象内部各构成要素的组合是否均衡，来判定估价对象是否为最高最佳使用。此原理也可以帮助确定最佳集约度和最佳规模。

建筑物与土地的组合四种情况：空地（VL）；土地上有一与其组合为最高最佳使用的建筑物（V＝VL＋VB）；土地上有一陈旧过时，需要拆除的建筑物（V＝VL＋建筑物残值－建筑物的拆迁费用）；土地上有一过大或过高档次的建筑物（V＝VB－功能折旧额）。

不动产的价值＝土地价值＋建筑物价值＝土地单价×土地面积＋建筑物的单价×建筑面积

【例 3-1】 某宗不动产的土地面积 $300m^2$，建筑面积 $250m^2$，建筑物的外观及设备均已陈旧过时，有待拆除重建，测算拆迁费用为每平方米建筑面积 300 元，残值为每平方米建筑面积 50 元。试计算该宗不动产相对于空地的减价额。

该宗不动产相对于空地的减价额计算如下：

该宗不动产相对于空地的减价额＝(300－50)×250＝62500(元)

【例 3-2】 某建筑物的建筑面积 $5000m^2$，坐落的土地面积为 $2000m^2$，土地价格 1500 元/m^2，用成本法测算出的该建筑物的重建价格为 1600 元/m^2，市场上该类房地产的正常房地价格为 1800 元/m^2。试计算该建筑物的现值。特别提示：计算房地产的价值时要用正常房地产市场价格，而不能用房地产的个别价格。

该建筑物的现值计算如下：

该建筑物的现价＝(1800×5000－1500×2000)/5000＝1200(元/m^2)

由上述计算结果可见，该建筑物的实际价值为 1200 元/m^2，比其重建价格 1600 元/m^2 低 400 元/m^2。

(3) 适合原理是以房地产与其外部环境是否协调，来判定是否为最高最佳使用。它可以帮助我们确定最佳用途。适合原理加上均衡原理以及收益递增递减原理，即当房地产与外部环境最协调，同时内部构成要素的组合最适当时，便为最高最佳使用。

第五节 估价时点原则

一、估价时点原则的含义

估价时点原则要求不动产估价结果应是由估价目的决定的某个特定时间的价值。

这个特定的时间既不是委托人也不是估价人员可以随意假定的，必须根据估价目的来确定，这个特定的时间就是估价时点，一般用公历年、月、日表示。

在实际估价中，通常是评估现在的价值，将估价人员实地查勘估价对象期间或"估价作业期"内的某个日期（特别是完成实地查看之日）确定为估价时点。估价时点还可以是过去或者未来，由估价目的决定。

估价中要注意估价目的、估价时点、估价对象状况和不动产市场状况四者的匹配关系，其中估价目的是龙头。

二、估价时点原则的作用

因为影响不动产价格的因素是不断变化的，不动产市场是不断变化的，不动产状况也随时间变化，所以不动产价值和价格也随时间变化。实际上，随着时间的流逝，不动产本身也可能发生变化，如建筑物会变得陈旧过时。因此，同一宗不动产在不同的时间往往会有不同的价值。价值与时间密不可分，每一个价值都对应一个时间，不存在"没有时间的价值"，如果没有了对应的时间，价值也就失去了意义。反之，同样也不可能离开时间来评估不动产的价值。估价既不可能也无必要评估估价对象在所有时间的价值，通常只是评估其在某个特定时间的价值。

确定估价时点原则的主要作用在于：估价时点是责任交代的界限和评估不动产时值的界限。例如，政府有关不动产的法律、法规、税收政策、估价标准等的发布、变更、实施日期等，均有可能影响估价对象的价值。因此，在估价时究竟是采用发布、变更、实施日期之前还是之后的价值，就应根据估价时点来确定。再如，运用市场法评估不动产价值时，如果选取的可比实例成交日期与估价时点不同（通常是这种情况），就需要把可比实例在其成交日期时的价格调整为在估价时点时的价格，如此调整之后的可比实例的成交价格，才可以作为评估对象价值的参照值。

三、使用估价时点原则应注意的事项

对估价对象进行估价时，值得注意的是，遵循估价时点原则并不是把评估价值说成是某个时间上的价值就算遵循了，更本质的是估价时点的确定应当在先，评估价值的确应当在后，而不是在先有了"评估价值"之后，再把它定义为某个时间上的价值。

在实际估价中，通常是评估现在的价值，一般是将估价人员实地查勘估价对象期间或"估价作业期"内的某个日期（特别是完成实地查看之日）确定为估价时点。但估价时点并非总是在此期间，估价时点还可以是过去或者未来，由估价目的决定。

因此，在估价中要特别注意估价目的、估价时点、估价对象状况和不动产市场状况四者的匹配关系，估价时点、估价对象状况和不动产市场状况的关系见表 3-1。确定了估价目的之后，便可以根据估价目的来确定其他的事项。

表 3-1 估价时点、估价对象状况和不动产市场状况的关系

估价时点	估价对象状况	不动产市场状况
过去（回顾性估价）	过去	过去
现在	过去	现在
	现在	
	未来	
未来（预测性估价）	未来	未来

不论是何种估价目的和估价时点，不动产市场状况始终是估价时点时的状况，但估价对象状况不一定是估价时点时的状况。由表 3-1 可知：

（1）估价时点为过去的情形，多出现在不动产纠纷案件中，特别是对过去的估价结果有异议而引起的复核估价或估价鉴定。

（2）估价时点为现在的情形，估价对象为历史状况下的情形，多出现在不动产损害赔偿和保险理赔案件中。

（3）估价时点为现在的情形，估价对象为现在状况下的情形，是估价中最常见、最大量的，包括在建工程估价。

（4）估价时点为现在的情形，估价对象为未来状况下的情形，如评估期房的价值。

（5）估价时点为未来的情形，多出现在不动产市场预测、为不动产投资分析提供价值依据的情况中，特别是预估不动产在未来开发完成后的价值。

第六节　替代原则

一、替代原则的含义

替代原则要求不动产估价结果不得不合理偏离类似不动产在同等条件下的正常价格。

市场上各个经济主体的理性行为，导致效用相同的商品之间形成相同的市场价格。不动产的独一无二特性，使得完全相同的不动产不存在，但同一市场上具有相近效用的不动产却存在，其价格应接近，即类似不动产。

类似不动产是指其实物、权益、区位状况均与估价对象的实物、权益、区位状况相同或相当的不动产。具体一点说，类似不动产是在用途、规模、档次、建筑结构、权利性质等方面与估价对象相同或相当，并与估价对象处在同一供求范围内的房地产。

同一供求范围，又称同一供求圈，是指与估价对象具有替代关系，价格会相互影响的其他不动产的区域范围。

二、替代原则的作用

根据经济学原理可知，同一种商品在同一个市场上具有相同的市场价格，所以在对估价

对象进行估价时要遵守替代原则。

不动产价格的形成也符合经济学原理，但是由于其独一无二的特性，使得完全相同的不动产几乎没有，但在同一个市场上具有相近效用的不动产，其价格应十分接近。

在现实不动产交易中，任何明智的买者和卖者，都会将其拟买或拟卖不动产与类似不动产进行比较，任何明智的买者不会接受比市场上类似不动产的正常价格过高的价格，任何明智的卖者不会接受比市场上类似不动产的正常价格过低的价格，最终使在同一个市场上的类似不动产，价格相互牵掣、相互接近。替代原则对于具体的不动产估价，有以下两点。

（1）如果估价对象附近有若干相近效用的不动产，且知其价格，则可以依据替代原则，由这些相近效用的房地产的价格推算出估价对象的价格。一般情况下，不动产的独一无二的特性使得不动产估价师很难找到各方面状况均与估价对象相同的不动产。因此，实际上是寻找一些与估价对象具有一定替代性的类似不动产作为参照物，然后根据其与估价对象之间的差异对其价格做适当的调整。

（2）不能孤立地思考估价对象的价格，而要考虑相近效用的房地产的价格牵掣。同一家估价机构，在同一个城市，同一个时期，按照同一种估价目的，对不同区位、档次的不动产的估价应该有一个合理的差价，尤其是好的不动产的评估价值不能低于差的不动产的评估价值。在生活中，存在这种情况：就单一的某宗不动产的评估价值来看似乎有道理或者难以看出其不合理之处，但当把其与其他不动产的价格或评估价值放到一起进行比较时就显得不合理，不仅没有合理的差价，甚至存在评估价值"倒挂"现象。

三、使用替代原则应注意的事项

替代原则是针对估价结果而言的，不论估价的方法是什么，最后都需要把估价结果放到市场中去衡量，只有当估价结果不会不合理地偏离类似不动产在同等条件下的正常价格时，替代原则就转化成替代原理。

替代原理在市场法、成本法、收益法、假设开发法等估价方法中都会用到。例如，市场比较法可以说是以替代原理为基础的。成本法中的客观成本、收益法中的客观收益、假设开发法中要从未来开发完成后的不动产价值中减去的未来开发成本、税费、利润等，均是遵循替代原理来求取的。

【思考题】

1. 不动产估价原则的含义和内容是什么？
2. 不动产估价原则的作用有哪些？
3. 什么是不动产估价的独立、客观、公正原则？
4. 什么是不动产估价的合法原则？
5. 什么是不动产估价的最高最佳利用原则？
6. 什么是不动产估价的估价时点原则？
7. 什么是不动产估价的替代原则？

【练习题】

1. 有甲、乙两宗区位、面积、权益、规划条件等相当的土地，甲土地为空地，乙土地上有一幢建筑物。合理正确的估价结果显示乙土地连同地上建筑物的价值低于甲土地的价值，这是因为（　　）。

　　A. 乙土地价值低于甲土地价值　　B. 该建筑物价值小于其重置成本
　　C. 该建筑物价值小于其拆除费用　　D. 该建筑物更新改造后的价值低于其现状价值

2. 某办公楼的建筑面积为1500m²，土地面积为1000m²，目前的房地产市场价值为5000元/m²，同类土地的市场单价为2200元/m²。在法律、政策允许下，如果对该办公楼进行装修改造，预计装修改造费用及应得利润为1300元/m²；装修改造后的房地产市场价值可达6500元/m²；如果将建筑物拆除后新建较高标准的办公楼，预计拆除费用为300元/m²，旧建筑物残值为50元/m²，新建筑物重置价格为3800元/m²，新建后的房地产市场价值可达8000元/m²。该房地产的最高最佳利用方式为（　　）。

　　A. 维持现状　　B. 装修改造
　　C. 拆除建筑物作为空地转让　　D. 新建较高标准的办公楼

3. 对某房地产转让价格进行评估时，经分析发现将其装修改造后能获得最大收益，这时应遵循的估价原则有（　　）。

　　A. 替代原则　　B. 谨慎原则
　　C. 合法原则　　D. 最高最佳利用原则
　　E. 价值时点原则

4. 房地产估价总的要求是独立、客观、公正，在具体估价作业中应遵循的原则主要是（　　）。

　　A. 最高最佳使用原则　　B. 合法原则
　　C. 估价时点原则　　D. 替代原则和公平原则

5. 合法权益包括（　　）等方面。

　　A. 合法原则　　B. 合法产权　　C. 合法使用　　D. 合法处分

6. 最高最佳使用具体包括（　　）。

　　A. 最佳高度　　B. 最佳用途　　C. 最佳规模
　　D. 最佳集约度　　E. 最佳环境

7. 有甲、乙两宗权益、区位、面积、实物条件等都一样的土地，甲土地为空地，乙土地上有一建筑物，但估价结果显示乙土地连同地上建筑物价值低于甲土地的价值，这是由于（　　）。

　　A. 该建筑物的价值低于拆迁费用　　B. 该估价结果肯定有误
　　C. 甲土地的价值高于乙土地的价值　　D. 不可能出现这种情况

8. 现有一宗规划用途为商住综合的城市土地，采用假设开发法估价，假设按纯商业用途的估算结果为800万元，按纯居住用途的估价结果为1000万元。该宗土地的评估价值应为（　　）。

　　A. 800万元　　B. 1000万元　　C. 1800万元　　D. 800万～1000万元

9. 某城市市区内有一座长期亏损的化工厂，其周边多为新建的商品住宅，且销售形势良好，根据城市规划，该工厂所在地块的规划用途为商住综合。现需评估该工厂用地的公开市场价值，则应该按（　　）进行评估。

　　A. 工业厂房　　B. 工业用地　　C. 商品住宅　　D. 商住用地

10. 房地产估价的合法原则是针对（　　）来讲的。

　　A. 估价机构　　B. 估价人员　　C. 估价对象　　D. 估价方法

11. 替代原则要求房地产估价结果不得不合理偏离（　　）在同等条件下的正常价格。

A. 相同房地产　B. 同一城市房地产　C. 类似房地产　　D. 同样用途房地产

12. 估价师在估价中不带着自己的情感、好恶和偏见，实事求是地进行估价是估价原则中的（　　）原则。
    A. 独立　　　B. 客观　　　　C. 公正　　　　　D. 中立

13. 某宗房地产规划用途为商业，现状为超市，年净收益为18万元，预计改为服装店后的年净收益为20万元，除此无其他更好的用途，则根据（　　）应按服装店用途进行估价。
    A. 合法原则　　　　　　　　B. 最高最佳使用原则
    C. 估价时点原则　　　　　　D. 替代原则

14. 关于合法原则具体应用的说法，错误的是（　　）。
    A. 估价对象的状况应依法判定，但可以不是实际状况
    B. 抵押估价中具有合法权属证明的房地产都可以作为估价对象
    C. 未经登记的房地产经政府有效认定处理后可以作为征收估价对象
    D. 司法鉴定估价中被查封的房地产不应考虑查封因素的影响

15. 现有一宗规划用途为商住综合的城市土地，采用假设开发法估价，假设按纯商业用途的估算结果为800万元，按纯居住用途的估价结果为1000万元。该宗土地的评估价值应为（　　）。
    A. 800万元　　B. 1000万元　　C. 1800万元　　D. 800万~1000万元

16. 某在建工程预计一年后建成，可能存在情形的估价有（　　）哪几种。
    A. 估价时点为现在，估价对象为现在状况下的价格
    B. 估价时点为现在，估价对象为未来状况下的价格
    C. 估价时点为未来，估价对象为未来状况下的价格
    D. 估价时点为未来，估价对象为现在状况下的价格
    E. 估价时点为过去，估价对象为未来状况下的价格

17. 某宗房地产建筑面积2000m²，土地面积4000m²，若保持现有用途价值3000元/m²；经过装修改造，装修费用200元/m²，售价2600元/m²；装修后改变用途需补地价600元/m²，售价2800元/m²，若拆除建筑物拆除费用300元/m²，残值50元/m²，地价1800元/m²，则该宗房地产的最适合处理方式为（　　）。
    A. 保持现有用途　B. 装修改造　　C. 装修后改变用途　D. 拆除建筑物

18. 在所有具有经济可行性的使用方式中，能使估价对象的价值达到最大的使用方式，才是（　　）的使用方式。
    A. 经济化　　　B. 最高最佳　　C. 实际性　　　　D. 常规

19. 合法原则要求房地产估价应以估价对象的合法权益为前提进行估价活动，合法权益应包括（　　）等方面。
    A. 合法交易　　　　　B. 合法产权　　　　C. 合法使用
    D. 合法处分　　　　　E. 合法区位

20. 寻找最高最佳使用的方法，是先尽可能地设想出各种潜在的使用方式，然后从（　　）方面依序筛选。
    A. 法律上的许可性　　　　　B. 技术上的可能性　C. 经济上的可行性
    D. 价值是否最大　　　　　　E. 精神贡献值的大小

21. 在依法判定的权利类型及归属方面，应以（　　）为依据。
    A. 国家的价格政策　　　　　B. 相关合同

C. 法律、法规、政策　　　　　　D. 使用管制

22. 运用收益法评估收益性房地产抵押价值时，当估计未来收益可能会高也可能会低时，一般应采用（　　）的收益估计值。

　　A. 较高　　　B. 较低　　　C. 最高　　　D. 居中

23. 现状为在建工程的房地产，由于估价目的不同，同时存在着3种估价，分别是（　　）。

　　A. 估价时点为现在，估价对象为现在状况
　　B. 估价时点为现在，估价对象为未来状况
　　C. 估价时点为过去，估价对象为现在状况
　　D. 估价时点为未来，估价对象为未来状况
　　E. 估价时点为现在，估价对象为过去状况

24. 关于最高最佳利用原则的说法，正确的是（　　）。

　　A. 遵循最高最佳利用原则，并不一定要遵循合法原则
　　B. 最高最佳利用包括最佳的用途、规模和档次
　　C. 根据最高最佳利用原则，估价中只存在一种估价前提
　　D. 收入现值小于支出现值的利用方式不是最高最佳利用
　　E. 经济学上的适合原理可以帮助确定估价对象的最佳用途

25. 关于合法原则具体应用的说法，错误的是（　　）。

　　A. 估价对象的状况应依法判定，但可以不是实际状况
　　B. 抵押估价中具有合法权属证明的房地产都可以作为估价对象
　　C. 未经登记的房地产经政府有效认定处理后可以作为征收估价对象
　　D. 司法鉴定估价中被查封的房地产不应考虑查封因素的影响

26. 当评估对象已做了某种使用时，且现状房地产的价值大于新建房地产的价值减去拆除现有建筑物的费用及建造新建筑物的费用之后的余额，则该评估前提应为（　　）。

　　A. 保持现状　　B. 装修改造　　C. 重新利用　　D. 转换用途

【答案】

1. C、2. B、3. ACDE、4. ABCD、5. BCD、6. BCD、7. A、8. D、9. D、10. C、11. C、12. B、13. B、14. B、15. D、16. ABC、17. D、18. D、19. BCD、20. ABCD、21. B、22. B、23. ABD、24. BDE、25. B、26. A

【本章小结】

不动产估价原则，是指人们在对不动产估价的反复实践和理论探索中，逐步认识了不动产价格形成和运行的客观规律，在此基础上总结出了一些简明扼要的、在估价活动中应当遵循的法则或标准，这些法则和标准就是不动产估价原则。它既是客观规律的反映，又是不动产估价实践经验的理论总结。不动产估价原则主要包括：独立、客观、公正原则；合法原则；最高最佳使用原则；估价时点原则；替代原则五个原则。其中，独立、客观、公正原则是最高行为准则，也是基本原则和普适性原则，其他四个原则均为普适性原则。

第四章 市场法

【学习目标】

市场法是不动产估价中最重要、最常用的方法之一，尤其是在不动产市场比较发达、交易案件较多的情况下，市场法的应用范围比较广泛。通过本章的学习，在理解市场法的基本概念和理论依据的基础上，掌握市场法的适用范围，熟悉市场法的操作步骤，注意市场法中在使用中的难点与存在的问题，从而做到能灵活使用市场法的原理和方法进行不动产价格评估。

第一节 市场法概述

一、市场法的概念

市场法又称直接交易案例比较法、买卖实例比较法、市场比较法、比较法等。其英文名称也不尽相同，如：market comparison approach，sales comparison approach，comparison analysis，market approach 等。市场法是将估价对象与在估价时点近期交易的类似不动产进行比较，对这些类似不动产的成交价格做适当的修正和调整，以此求取估价对象的客观合理价格或价值的方法。其公式是：

$$类似不动产价格 \pm 价格修正调整值 = 估价对象价格$$

类似不动产是指其实物、权益、区位状况均与估价对象的实物、权益、区位状况相同或相当的不动产。与估价对象进行比较的类似交易案例，简称可比案例。用市场法求出的价格称为比准价格。

市场法的本质是在收集足够交易案例的基础上，通过已经成交的相同或类似不动产的成交价格，来确定估价对象在公开市场上最可能的成交价。

在现实中，由于不动产位置的固定性和不可移动性，每宗不动产都有其区域性和个别性。如何选择与估价对象条件相似的交易实例，如何对交易实例与估价对象之间的差异因素进行量化修正，如何在计算出各交易实例的修正价格后确定估价对象的价格，这些都成为市场法运用中的难点。

二、市场法的理论依据

市场法的理论依据是不动产价格形成的替代原理。

替代原理认为，同一市场上，对于效用相同或者相当的商品，由于它们在满足消费者需求方面具有替代性，因而在静态条件下，它们的价格会趋向一致或者形成一种相对稳定的比例关系。在动态的条件下，如果某种商品因为一些因素致使价格上升，而其替代商品的价格未发生变化，消费者会因为该商品的价格过高而选择消费其替代商品，使得该商品因需求量下降而不得不降价，最终使得它们的价格趋于一致。替代性越强，价格越接近。

经济主体在市场上的一切交易行为总是要追求利润最大化，即要以最少的费用求得最大利润，因此在选择商品时都要选择效用高而价格低的，如果效用与价格比较，价格过高，人们均会敬而远之。这种经济主体的选择行为结果，在效用均等的商品之间产生替代作用，从而使具有替代关系的商品之间在价格上相互牵制而趋于一致，这就是替代原则，市场比较法就以这一原则为依据。根据替代原则，就可以用类似不动产的已知价格，比较求得待估价不动产的价格，得到估价结果。从不动产交易过程来看，从事不动产交易时，当事人会依据替代原则，将拟交易的不动产价格与类似不动产价格比较，然后决定是否进行交易，所以市场比较法是符合当事人的现实经济行为的。

市场比较法基本原理如图4-1所示：

图4-1 市场比较法原理示意图

市场比较法以替代原则为理论基础，因此具有现实性和富有说服力。同时，只要有类似的土地买卖实例可以适用，不仅可以评估土地价格，还可以利用相应的租赁实例，测算土地的租金，这就是租赁实例比较法。当然也应注意到，在具体的一宗不动产交易中，成交价格可能会偏离其正常市场价格。但是，只要搜集了较多的交易实例，对其成交价格进行适当的处理后得到的结果就可以作为正常市场价格的最佳参照值。市场比较法要求土地市场比较发育，可以获得足够的比较实例，因此它更适用于市场比较发育地区经常性交易的土地价格的评估。

三、市场法适用的范围与条件

市场法适用的对象是具有交易性的不动产，如不动产开发用地、普通商品住宅、高档公寓、别墅、写字楼、商场、标准工业厂房等。而对于那些很少发生交易的不动产，如特殊工业厂房、学校、古建筑、教堂、寺庙、纪念馆等，则难以采用市场法估价。

市场法适用的条件是：在同一供求范围内存在着较多的类似不动产的交易。如果在不动产市场发育不够或者不动产交易较少发生的地区，就难以采用市场法估价。

市场法的原理和技术也可以用于其他估价方法中有关参数的求取，如经营收入、成本费用、空置率、报酬率、资本化率、开发经营期等。

四、市场法估价的操作步骤

市场比较法整个评估过程可以归纳为 7 个步骤，具体步骤如下。
①搜集交易实例；②选取可比实例；③建立价格可比基础；④进行交易情况修正；⑤进行交易日期调整；⑥进行不动产状况调整；⑦求取比准价格。

第二节　市场法的应用

一、搜集交易实例

1. 搜集大量交易实例的必要性

运用市场法估价，首先需要拥有大量真实的交易实例（一些不能反映市场真实价格行情的报价、标价是无效的）。只有拥有了大量真实的交易实例，才能把握正常的市场价格行情，才能评估出客观合理的价格或价值。

2. 搜集交易实例的途径

（1）查阅政府有关部门的不动产交易资料。

（2）向不动产交易当事人、四邻、促使交易协议达成的经纪人、律师、财务人员、银行有关人员等了解其知晓的不动产成交价格资料和有关交易情况。

（3）与不动产出售者，如业主、不动产开发商、不动产经纪人等洽谈，获得其不动产的要价资料。

（4）查阅报刊、网络资源上有关不动产出售、出租的广告、信息等资料。

（5）参加不动产交易展示会，了解不动产价格行情，搜集有关信息，索取有关资料。

（6）同行之间相互提供。估价机构或估价人员可以约定相互交换所搜集的交易实例。

（7）道听途说的行情也要收集。

3. 搜集内容的完整性和真实性

搜集内容完整、真实的交易实例，是提高估价精度的一个基本保证。在搜集交易实例时应尽可能搜集较多的内容，一般应包括以下几点。

① 交易双方的基本情况和交易目的；

② 交易实例不动产的状况，如坐落、用途、土地状况、建筑物状况、周围环境、景观等；

③ 成交日期；

④ 成交价格，包括计价方式（如按建筑面积计价、按套内建筑面积计价、按使用面积计价、按套计价）和计款；

⑤ 付款方式，如一次性付款、分期付款、贷款方式付款；

⑥ 交易情况，如交易目的、交易方式、交易税费的负担方式，有无利害关系人之间的交易、急买急卖、人为哄抬等特殊交易情况。

为了避免在搜集交易实例时遗漏重要的内容并保证所搜集内容的统一性和规范化，故将所需要搜集的内容制成统一的表格，见表 4-1 交易实例调查表。

表 4-1 交易实例调查表

交易实例名称		
卖方		
买方		
坐落		
成交日期		
成交价格		
付款方式		
不动产状况说明	区位状况说明	
	权益状况说明	
	实物状况说明	
	交易情况说明	
	位置示意图	

调查人员： 　　　　　　　　　　　　　调查日期： 　年　月　日

4. 建立交易实例库

建立交易实例库的最简单做法，是将搜集交易实例时填写好的"交易实例调查表"及有关资料（如照片等），以交易实例卡片或档案袋的形式，一个交易实例一张卡片或一个档案袋，分门别类保存起来。有条件的，可以开发有关的计算机软件，将所搜集到的交易实例信息输入计算机中，这样有利于保存和在需要时查找、利用。

二、选取可比实例

虽然估价人员搜集的交易实例库中存放的交易实例较多，但针对某一具体的估价对象、估价目的和估价时点，不是任何交易实例都可以拿来参照比较的，有些交易实例并不适用。因此，需要从中选择符合一定条件的交易实例作为参照比较的交易实例。这些用于参照比较的交易实例，称为可比实例（或比准实例）。

可比实例选取是否恰当，直接影响到市场法评估出的价格的准确性，因此应特别慎重。选取可比实例的基本要求如下所示。

1. 物质的同一性或类似性

物质的同一性或类似性体现在以下几个方面。

（1）可比实例的用途应与估价对象的用途相同。不同用途的不动产价格相差很大，所以首要的是应选取用途相同的实例。

（2）可比实例的价格应与估价对象的价格相同。即可比实例的权利性质与估价对象的权利性质相同。如：估价对象需要评估其买卖价格，就不能选取抵押价格的不动产交易实例来作比较。

（3）可比实例的交易类型和估价目的应与估价对象的交易类型和估价目的相同。交易类型主要有土地使用权协议出卖、一般买卖、租赁、征用、抵押等，应该选取相对应的交易类型的交易实例作为可比实例。

(4) 可比实例的建筑结构应与估价对象的建筑结构相同。

2. 时间的接近性

时间的接近是相对而言的，相对于不动产市场的变动情况而言，如果几年来不动产市场都比较稳定，价格变化幅度不大，那么几年前的交易实例用于现在比较修正也是有效的。通常，可比实例的交易日期通常与待估对象不动产交易日期相差不宜超过 1 年。

3. 地点的同一性和类似性

地点的同一性和类似性是为了消除区位因素对不动产效用及价格的影响。最好能在同一地区，越近越好，如果同一区域内没有可选取的实例，可以在同一供需圈内的类似地区选取。假如：要评估北京王府井地区的商业店铺，最好选择的交易实例也在王府井区域内，若该区域内没有可供选择的可比实例，可选择东单、西单、前门等临近的地区或同等级别的商业区的实例。

4. 交易情况正常性

收集的交易实例必须为正常的交易或可修正为正常的交易。

所谓的正常交易，是指交易应当是公开、平等、自愿的，即在公开市场、完全竞争、信息畅通，交易双方平等自愿、没有私自利益关系的情况下的交易。

选取的可比实例数量从理论上讲是越多越好，但是如果选取的数量过多的话，可能由于交易实例的数量有限而难以实现，另外后续修正、调整的工作量大。一般要求选取 3 个以上（含 3 个）、10 个以下（含 10 个）的可比实例即可。

三、建立比较基准

选取可比实例之后，应对可比实例的成交价格进行换算处理，统一其表达方式和内涵，建立价格可比的基础。换算处理主要包括以下五点：①统一付款方式；②统一采用单价；③统一币种和货币单位；④统一面积内涵；⑤统一面积单位。以上五点主要包括以下内容。

1. 统一付款方式

将分期付款的可比实例成交价格折算为在其成交日期时一次付清的数额。具体方法是资金的时间价值中的折现计算。

【例 4-1】 某宗不动产交易总价为 30 万元，其中首期付款 20%，余款于半年后支付。假设月利率为 0.5%，试计算该宗不动产在成交日期一次付清的价格。

解：该宗不动产在成交日期一次付清的价格计算如下：

$$30 \times 20\% + 30 \times (1 - 20\%)/(1 + 0.5\%)^6 = 29.29(万元)$$

例 4-1 中如果已知的不是月利率，而是：

① 年利率 r，则计算中的 $(1+0.5\%)^6$ 就变为 $(1+r)^{0.5}$；

② 半年利率 r，则计算中的 $(1+0.5\%)^6$ 就变为 $(1+r)$；

③ 季度利率 r，则计算中的 $(1+0.5\%)^6$ 就变为 $(1+r)^2$。

2. 统一采用单价

在统一采用单价方面，通常为单位面积上的价格（元/m²），但也不能忽略其他更有效、更具比较价值的单位。比如：在评估仓库价值时，用"元/m³"比"元/m²"更能够反映规律。

【例 4-2】 估价对象为某城市的酒店，建筑面积为 2000m²，客房 80 间。经过案例收集，分别找到位于同类区段的 3 个酒店且都于近期成交的可比实例。具体信息及单价如表 4-2 所示，要求评估估价对象的价值。

表 4-2 可比方案成交信息

项目	成交价格/万元	建筑面积/m²	客房数量/间	单价/(元/m²)	单价/(万元/间)
案例Ⅰ	750	1875	75	4000	10.0
案例Ⅱ	882	2450	90	3600	9.8
案例Ⅲ	868.6	1930	86	4500	10.1
估价对象	?	2000	80	?	?

从表 4-2 中我们可以看出，三个案例按面积计算的单价变动范围较大，从 3600 元/m² 到 4500 元/m²，幅度达到 25%。但是按照房间计算的单价的变动范围很窄。在本案例中使用房间单价作为比较单位更为合适。若按算数平均法，最后估价对象的评估单价为 9.97 万元/间，评估总价为 797.6 万元，建筑面积单价为 3985 元/m²。

3. 统一币种和货币单位

随着经济全球化的发展，各地的不动产交易计价的货币单位越来越丰富，如用：人民币、美元、港币、日元等进行计价，通常都采用"元"。在统一币种方面，不同币种的价格之间的换算，应采用该价格所对应的日期时的汇率。

4. 统一面积内涵

在现实不动产交易中，有按建筑面积计价，有按套内建筑面积计价，也有按使用面积计价的。它们之间的换算如下：

建筑面积下的单价＝套内建筑面积下的单价×套内建筑面积÷建筑面积

使用面积下的单价＝建筑面积下的单价×建筑面积÷使用面积

套内建筑面积下的单价＝使用面积下的单价×使用面积÷套内建筑面积

5. 统一面积单位

在面积单位方面，中国大陆通常采用平方米（土地的面积单位有时还采用公顷、亩），中国香港地区和美国、英国等习惯采用平方英尺，中国台湾地区和日本、韩国一般采用坪。它们之间的换算如下：

平方米下的价格＝亩下的价格÷666.67

平方米下的价格＝公顷下的价格÷10000

平方米下的价格＝平方英尺下的价格×10.764

平方米下的价格＝坪下的价格×0.303

【例 4-3】 搜集了甲、乙两个交易实例，甲交易实例不动产的建筑面积 200m²，成交总价 80 万元人民币，分三期付款，首期付 16 万元人民币，第二期于半年后付 32 万元人民币，余款 32 万元人民币于 1 年后付清。乙交易实例不动产的使用面积 2500 平方英尺，成交总价 15 万美元，于成交时一次付清。如果选取该两个交易实例为可比实例，试在对其成交价格作有关修正、调整之前进行"建立价格可比基础"处理。

解： 对该两个交易实例进行"建立价格可比基础"处理，包括统一付款方式、统一采用单价、统一币种和货币单位、统一面积内涵和面积单位。具体处理如下。

（1）统一付款方式

如果以在成交日期时一次付清为基准，假设当时人民币的年利率为8%，则：甲总价＝$16+32/(1+8\%)^{0.5}+32/(1+8\%)=76.422$（万元）

乙总价＝15（万美元）

（2）统一采用单价

则：　　甲单价＝764220/200＝3821.1（元人民币/平方米建筑面积）

乙单价＝150000/2500＝60（美元/平方英尺使用面积）

（3）统一币种和货币单位

如果以人民币元为基准，则需要将乙交易实例的美元换算为人民币元。假设乙交易实例成交当时的人民币与美元的市场汇率为1美元等于8.3元人民币，则：

甲单价＝3821.1（元人民币/平方米建筑面积）

乙单价＝60×8.3＝498（元人民币/平方英尺使用面积）

（4）统一面积内涵

如果以建筑面积为基准，另通过调查得知该类不动产的建筑面积与使用面积的关系为1平方米建筑面积等于0.75平方米使用面积，则：

甲单价＝3 821.1（元人民币/平方米建筑面积）

乙单价＝498×0.75＝373.5（元人民币/平方英尺建筑面积）

（5）统一面积单位

如果以平方米为基准，由于1平方米＝10.764平方英尺，则：

甲单价＝3 821.1（元人民币/平方米建筑面积）

乙单价＝373.5×10.764＝4 020.4（元人民币/平方米建筑面积）

四、交易情况修正

1. 交易情况修正的含义

可比实例的成交价格可能是正常的，也可能是不正常的。由于要求评估的估价对象的价格是客观合理的，所以，如果可比实例的成交价格是不正常的，则应将其调整为正常的成交价格，如此才能作为估价对象的价格。这种对可比实例成交价格进行的调整，称为交易情况修正（交易情况调整）。因此，经过交易情况修正后，就将可比实例的实际但可能是不正常的价格变成了正常价格。具体来说包含下面四个方面的含义。

（1）估价对象不动产的价格是一种客观合理价格，我们把它看作是"正常价格"。

（2）修正的目的就是要得到估价对象不动产的价格，也就是要得到"正常价格"，因此，修正的基准或者参照系数就是待估不动产。

（3）如果可比实例不动产的某个因素的条件比估价对象不动产的因素条件要好，该因素作用的结果就是可比实例不动产价格高于"正常价格"，在进行该因素修正时，就应该"往下修正"，即该因素修正系数应该小于1。如果可比实例不动产的某个因素的条件比估价对象不动产的因素条件要差，该因素作用的结果就是可比实例不动产价格低于"正常价格"，在进行因素修正时，就应该"往上修正"，即该因素修正系数应该大于1。

（4）修正的含义，简单地理解为"高了就往下拉，低了就往上提"。

2. 造成成交价格偏差的因素

由于不动产具有不可移动性、独一无二、价值量大等特性,而且不动产市场是一个不完全的市场,不动产成交价格往往容易受到交易中的一些特殊因素的影响,从而使得其偏离正常的市场价格。造成成交价格出现偏差的原因有以下几点。

(1) 有利害关系人之间的交易。例如:兄弟之间、父子之间、亲友之间、母子公司之间、公司与其员工之间的不动产交易。

(2) 急于出售或急于购买的交易。例如:抵押不动产拍卖清偿或欠债到期等急于出售不动产用于偿还,交易价格往往偏低;急于购买的情况下的成交价格往往偏高。

(3) 交易双方或某一方对市场行情缺乏了解的交易。对市场行情缺乏了解时进行的交易,其成交价格存在较大的盲目性,通常与市场价格存在较大的差异。

(4) 交易双方或某一方有特别动机或偏好的交易。例如:买方或卖方对买卖不动产有特别的爱好、感情,成交价格往往偏高。

(5) 特殊交易方式的交易。特殊交易方式包括:拍卖、招标、哄抬或抛售等。一般情况而言,正常的成交价格是买卖双方经过充分讨价还价的协议价格。拍卖、招标等方式容易受现场气氛、情绪等因素的影响而使价格失常。目前,我国大陆的土地使用权出让是例外,拍卖、招标的价格较能反映市场的行情,而且协议价格往往偏低。

(6) 交易税费非正常负担的交易。正常的成交价格是指在买卖双方各自缴纳自己应缴纳的交易税费下的价格,即在此价格下,卖方应缴纳卖方的税费,买方应承担买方的税费。但在实际的交易中,往往出现本应由卖方缴纳的税费,买卖双方协议由买方缴纳。例如:交易手续费本应由双方各负担一部分,却转嫁给了其中的一方。

(7) 相邻不动产的合并交易。不动产价格受土地形状是否规则、土地面积或建筑规模是否适当的影响。形状不规则或面积、规模过小的不动产,价格通常偏低,这类不动产如果与相邻的不动产合并后,效用通常会增加。所以,相邻不动产合并交易的成交价格往往高于其单独存在、与其不相邻交易时的正常市场价格。

(8) 受债权债务关系影响的交易。例如:设立了典权、抵押权或有拖欠工程款的交易。

3. 交易情况修正的方法

上述的 8 种交易情况的交易实例一般不宜选为可比实例,但当可供选择的交易实例较少而不得不选用时,则应对其进行交易情况修正。

交易情况修正的具体程序如下所示。

(1) 剔除非正常的交易实例。

(2) 测定各种特殊因素对正常价格的影响程度。测定方法可以利用已经掌握的交易资料分析计算,确定修正系数。由于缺乏客观、统一的尺度,需要估价人员平时收集整理交易实例,并加以分析,在积累了丰富经验的基础上,努力把握适当的修正系数。

(3) 交易情况修正。交易情况修正的方法主要有:百分率法和差额法。

① 采用百分率法进行交易情况修正的一般公式为

$$可比实例成交价格 \times 交易情况修正系数 = 正常价格$$

交易情况修正系数应以正常市场价格为基准来确定,假设可比实例成交价格比正常市场价格高低的百分率为 $\pm S\%$,则有:

$$交易情况修正系数 = 1/(1 \pm S\%) = 100/(100 \pm S)$$

② 采用差额法进行交易情况修正的一般公式为

可比实例成交价格±交易情况修正数额＝正常价格

【例 4-4】 某宗不动产交易，买卖双方在合同中规定，买方付给卖方 2208 元/平方米，买卖中涉及的税费均由买方负担。该地区不动产买卖中应由卖方承担的税费为正常成交价格的 8%，应由买方缴纳的税费为正常成交价格的 6%，试求该宗不动产的正常成交价格。

解： 该宗不动产的正常成交价格求取如下：

正常成交价格＝卖方实际交易的价格/(1－卖方缴纳的税费比率)
　　　　　　＝2208/(1－8%)＝2400(元/平方米)

五、交易日期调整

1. 交易日期调整的含义

可比实例的成交价格是其成交日期时的价格，是在其成交日期时的不动产市场状况下形成的。要求评估的估价对象的价格是估价时点时的价格，是应该在估价时点时的不动产市场状况下形成的。

如果成交日期与估价时点不同（往往是不同的，而且通常成交日期早于估价时点），不动产市场状况可能发生了变化，如政府出台新的政策措施、利率发生变化、出现通货膨胀或通货紧缩等，不动产价格就有可能不同。因此，应将可比实例在其成交日期时的价格调整为在估价时点时的价格，如此才能将其作为估价对象的价格。这种对可比实例成交价格进行的调整，称为交易日期调整。

交易日期调整实质上是不动产市场状况对不动产价格影响的调整。经过交易日期调整后，就将可比实例在其成交日期时的价格变成了在估价时点时的价格。

2. 交易日期调整的方法

在可比实例的成交日期至估价时点期间，随着时间的推移，不动产价格可能发生的变化有 3 种情况：①平稳；②上涨；③下跌。当不动产价格为平稳发展时，可不进行交易日期调整。而当不动产价格为上涨或下跌时，则必须进行交易日期调整，以使其符合估价时点时的不动产市场状况。

采用百分率法进行交易日期调整的一般公式为

可比实例在成交日期时的价格×交易日期调整系数＝在估价时点时的价格。

其中，交易日期调整系数应以成交日期时的价格为基准来确定。假设从成交日期到估价时点，以经过前面调整后的可比实例价格为基准（下同），可比实例价格涨跌的百分率为 $\pm T\%$（从成交日期到估价时点，当可比实例的价格上涨的，为 $+T\%$；下跌的，为 $-T\%$），交易日期调整系数为：$(1\pm T\%)$ 或 $(100\pm T)/100$。则：

可比实例在成交日期时的价格×交易日期调整系数＝在估价时点时的价格

即：可比实例在成交日期时的价格×$(1\pm T\%)$＝在估价时点时的价格

或，可比实例在成交日期时的价格×$(100\pm T)/100$＝在估价时点时的价格

【例 4-5】 某宗不动产 2004 年 6 月的价格为 1800 元/m²，现需将其调整到 2004 年 10 月。已知该宗不动产所在地区的同类不动产 2004 年 4～10 月的价格指数分别为 79.6，74.7，76.7，85.0，89.2，92.5，98.1（以 2002 年 1 月为 100）。试计算该宗不动产 2004 年 10 月的价格。

解： 该宗不动产 2004 年 10 月的价格计算如下：

$$1800 \times 98.1 / 76.7 = 2302.2 (元/m^2)$$

采用环比价格指数进行交易日期调整的公式为：

可比实例在成交日期时的价格×成交日期的下一时期的价格指数×再下一时期的价格指数×…×估价时点时的价格指数＝在估价时点时的价格

六、不动产状况调整

不动产自身状况不同，不动产的价格也会有所差异。如果可比实例和估价对象不动产自身状况之间有差异，则应对可比实例成交价格进行不动产状况调整。进行不动产状况调整，是将可比实例在其不动产状况下的价格，调整为在估价对象不动产状况下的价格。

1. 不动产状况调整的内容

不动产状况调整包括：区位状况调整、权益状况调整、实物状况调整，每种状况的调整还可以进一步细分为若干因素的修正。由于构成不动产状况的因素比较复杂，不动产状况调整是市场比较法的一个难点和关键。

（1）区位状况调整

区位状况是对不动产价格有影响的不动产区位因素的状况。区位状况调整是将可比实例不动产在其区位状况下的价格调整为在估价对象不动产区位状况下的价格。

区位状况调整的主要内容包括：繁华程度、交通便捷程度、环境景观、公共服务设施完备程度、临路状况、朝向、楼层等影响不动产价格的因素。

（2）权益状况调整

权益状况是对不动产价格有影响的不动产权益因素的状况。权益状况调整是将可比实例在其权益状况下的价格调整为在估价对象不动产权益状况下的价格。

权益状况调整的主要内容：土地使用权年限、城市规划限制条件（如容积率）等影响不动产价格的因素。在实际估价中，遇到最多的是土地使用年限调整。

① 土地使用权年限调整　土地使用权年限长短，直接影响不动产可获收益，年限越长，不动产总收益越多，不动产价格越高。调整公式为：

可比实例进行土地使用权年限调整后的价格＝可比实例价格×土地使用权年限修正系数

$$K = [1 - 1/(1+r)^m] / [1 - 1/(1+r)^n]$$

式中　K——将比较案例年期修正到待估宗地使用年期的年期修正系数；

　　　r——土地还原利率；

　　　m——待估土地土地使用权年期；

　　　n——可比案例土地使用权年期。

【例4-6】 若选择的可比案例成交地价每平方米为500元，对应使用权年期为30年，而待估土地出让年期为20年，该市土地还原率为8％，则年期修正如下：

年期修正后的地价＝$500 \times [1-1/(1+8\%)^{20}]/[1-1/(1+8\%)^{30}]$＝436.06(元/平方米)

② 容积率调整　容积率大小影响土地利用程度高低，容积率越大，土地的利用效益越好（在边际收益＞边际成本之前）。调整公式为：

容积率调整后可比实例地价＝可比实例价格×容积率调整系数

容积率调整系数＝待估不动产容积率调整系数/可比实例容积率调整系数

（3）实物状况调整

不动产实物状况是对不动产价格有影响的不动产实物因素的状况。进行实物状况调整，是将可比实例不动产在其实物状况下的价格调整为估价对象不动产实物状况下的价格。

实物状况调整的内容有很多，主要包括：面积大小、形状、基础设施完备程度（属于可比实例、估价对象之内的部分）、土地平整程度、地势、地质水文状况等影响不动产价格的因素；对于建筑物来说，主要包括：新旧程度、建筑规模、建筑结构、设备、装修、平面格局、工程质量等影响不动产价格的因素。

2. 不动产状况调整的思路和方法

具体进行不动产状况调整的方法，有直接比较调整和间接比较调整两种。

（1）直接比较调整一般采用评分的办法，以估价对象不动产状况为基准（通常定为100分），将可比实例不动产状况与它逐项进行比较、打分。如果可比实例不动产状况比估价对象不动产状况差，则打的分数就低于100；相反，打的分数就高于100。然后将所得的分数转化为调整价格的比率。

采用直接比较进行不动产状况调整的表达式为：

可比实例在其不动产状况下的价格×100/(　　　)＝在估价对象不动产状况下的价格

上式括号内应填写的数字为可比实例不动产状况相对于估价对象不动产状况的得分。

（2）间接比较调整与直接比较调整相似，所不同的是设想一个标准不动产状况，然后以此标准不动产状况为基准（通常定为100分），将估价对象及可比实例的不动产状况均与它逐项进行比较、打分。如果估价对象、可比实例的不动产状况比标准不动产状况差，则打的分数就低于100；相反，打的分数就高于100。再将所得的分数转化为调整价格的比率。

3. 不动产状况调整应注意的问题

（1）可比实例的不动产状况，无论是区位状况、权益状况还是实物状况，都应是成交价格所对应或反映的不动产状况，而不是在估价时点或其他时候的状况。因为在估价时点或其他时候，可比实例不动产状况可能发生了变化，从而其成交价格就不能反映不动产状况。除了期房交易的成交价格之外，可比实例的不动产状况一般是可比实例不动产在其成交日期时的状况。

（2）由于不同使用性质的不动产，影响其价格的区位和实物因素不同，即使某些因素相同，但其对价格的影响程度也不一定相同。因此，在进行区位状况和实物状况的比较、调整时，具体比较、调整的内容及权重应有所不同。例如，居住不动产讲求宁静、安全、舒适；商业不动产着重繁华程度、交通条件；工业不动产强调对外交通运输；农业不动产重视土壤、排水和灌溉条件等。

七、求取比准价格

经过交易情况修正后，就将可比实例的实际而可能是不正常的价格变成了正常价格；经过交易日期修正后，就将可比实例在其成交日期时的价格变成了在估价时点时的价格；进行不动产状况调整，将可比实例在其不动产状况下的价格，调整为在估价对象不动产状况下的价格。经过三大方面的调整，就把可比实例不动产的实际成交价格变成了估价对象不动产在估价时点的客观合理的价格。

1. 求取某个与可比实例对应的比准价格的方法

经过交易情况、交易日期、不动产状况三大方面的修正、调整后，就把可比实例不动产的实际成交价格，变成了估价对象不动产在估价时点时的客观合理价格。如果把这三大方面的修正、调整综合起来，计算公式如下：

(1) 修正、调整系数连乘公式

估价对象价格＝可比实例价格×交易情况修正系数×交易日期调整系数×不动产状况调整系数

(2) 修正、调整系数累加形式

估价对象价格＝可比实例价格×(1＋交易情况修正系数＋交易日期调整系数＋不动产状况调整系数)

(3) 差额法公式

估价对象价格＝可比实例价格±交易情况修正数额±交易日期修正数额±不动产状况调整数额

2. 将多个可比实例价格综合成一个最终比准价格的方法

每一个可比实例的成交价格经过上述修正之后，都会相应地得出一个比准价格，如果有三个可比实例，经过各项修正之后，会得到三个比准价格，但这三个比准价格可能并不一致，最后需要将它们综合成一个比准价格，以此作为比较法的估算结果。方法主要有：平均数法、中位数法、众数法三种。其中平均数法最常用。

【例 4-7】 比准价格结果为：2500，2550，2700，2800，2860，求中位数价格。

解：中位数价格为：2700

【例 4-8】 比准价格为：2500，2650，2800，2900，求中位数价格。

解：中位数价格为：(2650＋2800)/2＝2725

第三节 市场法总结和应用举例

一、市场法总结

对市场比较法的内容进行归纳总结：市场法是根据在估价对象同一供求范围内且成交日期与估价时点接近的类似不动产的成交价格来求取估价对象的价值。为此，必须做到以下几点。

(1) 首先要从现实的不动产市场中搜集大量交易实例，并针对具体的估价对象、估价时点和估价目的，从中选取一定数量、符合一定条件的可比实例；

(2) 然后，对这些可比实例的成交价格依次进行换算、修正和调整，换算即建立价格可比基础，它是将各个可比实例的成交价格处理为口径一致、相互可比；

(3) "修正"即交易情况修正，它是将可比实例实际但可能是不正常的成交价格修正为正常市场价格；

(4) "调整"包括交易日期调整和不动产状况调整，其中，交易日期调整是将可比实例在其成交日期时的价格调整为在估价时点时的价格；

(5) 不动产状况调整是将可比实例在其不动产状况下的价格调整为在估价对象不动产状况下的价格；

(6) 最后，将这些经过了换算、修正、调整之后的若干个可比实例价格，采用平均数、中位数或众数等方法综合出一个价格，便得到了估价对象的价值。

市场法的主要流程如图 4-2 所示：

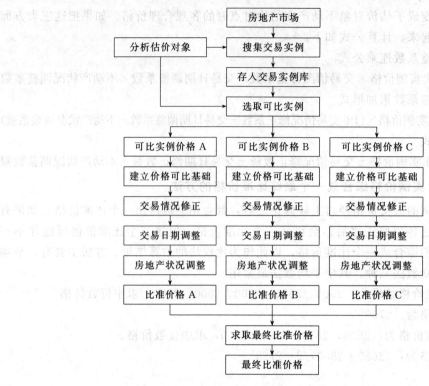

图 4-2 市场法流程

二、应用举例

【例 4-9】 评估某块城市规划确定的住宅用地

土地总面积为 1500 平方米，收集有关资料：共调查了 A、B、C 三宗土地买卖实例作为比较实例。可比实例的成交价格如下：

实例	可比实例 A	可比实例 B	可比实例 C
成交价格/(元/平方米)	1200	1150	1380
成交日期	2003 年 2 月 20 日	2003 年 4 月 20 日	2003 年 7 月 20 日
交易情况	正常	比正常价格低 3%	比正常价格高 5%

该类土地 2003 年 1~9 月的价格变动情况如下表所示：

月份	1	2	3	4	5	6	7	8	9
价格指数	100	100.3	98.5	102.6	101.3	102.8	103.5	103.3	103.8

注：表中的价格指数为环比价格指数，均以上个月为 100。

不动产状况的比较判断结果，如下表所示：

房地产状况	权重	估价对象	可比实例 A	可比实例 B	可比实例 C
因素 1	0.4	100	95	92	106
因素 2	0.35	100	105	96	109
因素 3	0.25	100	110	98	97

试运用上述资料估算该土地 2003 年 9 月 20 日的正常市场价格。

解：

(1) 计算公式：比准价格＝可比实例价格×交易情况修正系数×交易日期修正系数×不动产状况修正系数

(2) 交易情况修正系数为：

可比实例 A＝100/100

可比实例 B＝100/97

可比实例 A＝100/105

(3) 交易日期修正系数为：

可比实例 A＝0.985×1.026×1.013×1.028×1.035×1.033×1.038＝1.168

可比实例 B＝1.013×1.028×1.035×1.033×1.038＝1.156

可比实例 C＝1.033×1.038＝1.072

(4) 不动产状况修正系数为：

可比实例 A＝100/(95×0.4＋105×0.35＋110×0.25)＝100/102.25

可比实例 B＝100/(92×0.4＋96×0.35＋98×0.25)＝100/94.55

可比实例 A＝100/(106×0.4＋109×0.35＋97×0.25)＝100/104.8

(5) 计算比准价格：

比准价格 A＝1200×(100/100)×1.168×(100/102.25)＝1370.76(元/平方米)

比准价格 B＝1150×(100/97)×1.156×(100/94.55)＝1449.51(元/平方米)

比准价格 C＝1380×(100/105)×1.072×(100/104.8)＝1344.38(元/平方米)

(6) 将上述三个比准价格的简单算术平均数作为比较法的估算结果，则有：

估价对象价格(单价)＝(1370.76＋1449.51＋1344.38)/3＝1388.22(元/平方米)

估价对象价格(总价)＝1388.22×1500＝208.23(万元)

【思考题】

1. 市场法的概念？市场法的理论依据？
2. 市场法的使用范围和条件？
3. 市场法估价的操作步骤？
4. 如何搜集交易实例？
5. 如何选取可比实例？
6. 为什么要建立比较基准？建立比较基准包括哪些内容？
7. 如何进行交易日期修正？
8. 如何进行不动产状况调整？

【练习题】

1. 某房地产的土地面积为 3000m²，容积率为 3，市场上类似房地产的市场价格为 4200 元/m²，成本法测算的土地重置单价为 4800 元/m²、建筑物重置单价为 3000 元/m²。该房地产的总价为（　　）万元。

　　A. 2340　　　　B. 3780　　　　C. 4140　　　　D. 5220

2. 某住宅的建筑面积为 100m²，买卖合同约定成交价位 10000 元/m²，价款分两期支付，于成交日期支付 60 万元，余款于一年后支付；交易税费均由买方承担。已知买房应缴纳的税费为 3 万元，卖方应缴纳的税费为 8 万元，并在支付合同余款时缴纳。若将该交易实例选为可比实例，年折现率为 6%，则对其建立比较基础后的总价为（　　）万元。

  A. 90.19　　　B. 95.85　　　C. 100.57　　　D. 105.28

3. 某房地产在 2014 年 3 月的价格为 7200 元/m^2，已知类似房地产在 2014 年 3 月至 9 月的价格指数分别为：99.40，94.80，96.60，105.10，109.30，112.70，118.30（均以上个月为基数）。该房地产 2014 年 9 月的价格为（　　）元/m^2。

  A. 8485　　　B. 8536　　　C. 10038　　　D. 10098

4. 为评估某房地产 2014 年 10 月 1 日的市场价格，选取的可比实例资料是：成交日期为 2014 年 4 月 1 日。成交单价为 8000 元/m^2，合同约定建筑面积为 95m^2，并约定面积有误差时总价不调整。在 2014 年 6 月 1 日房屋登记时建筑面积为 100m^2。自 2014 年 1 月 1 日至 10 月 1 日，当地该类房地产价格平均每月比上月上涨 0.3%。该可比实例经调整后的比较单价为（　　）元/m^2。

  A. 7737.83　　B. 8145.08　　C. 8423.57　　D. 8573.77

5. 某可比实例成交价格为 100 万美元，成交时人民币兑美元的汇率为 6.5∶1，至价值时点按人民币计的类似房地产价格上涨 5%，人民币兑美元的汇率为 6.3∶1，对该可比实例进行市场状况调整后的价格为人民币（　　）万元。

  A. 630.0　　　B. 650.0　　　C. 661.5　　　D. 682.5

6. 采用百分率法进行交易情况修正时，应以可比实例（　　）为基准确定交易情况修正系数。

  A. 成交价格　　B. 账面价格　　C. 正常价格　　D. 期望价格

7. 某类房地产 2013 年 4 月的市场价格为 6500 元/m^2，该类房地产 2013 年 3 月至 10 月的环比价格指数分别为 105.53，103.85，100.04，99.86，98.28，96.45，92.17，90.08，该类房地产 2013 年 10 月的市场价格为（　　）元/m^2。

  A. 5110.51　　B. 5307.26　　C. 5548.37　　D. 5638.13

8. 某套建筑面积为 100m^2 的住宅，含家电家具的成交价格为 50 万元，首付 40%，余款半年后一次付清，假设年折现率为 8%，家电家具价值为 5 万元，现将该交易实例作为可比实例，评估类似住宅不含家电家具的市场价格，可比单价为（　　）元/m^2。

  A. 4387　　　B. 4398　　　C. 4500　　　D. 4887

9. 评估某宗房地产的市场价值，选取了甲、乙、丙三个可比实例：甲可比实例的成交价格为 8000 元/m^2，比正常价格低 2%；乙可比实例的卖方实收价格为 7800 元/m^2，交易税费全由买方负担，当地房地产交易中买方和卖方应缴纳的税费分别为正常交易价格的 3% 和 6%；丙可比实例的成交价格为 8300 元/m^2，其装修标准比估价对象的装修标准高 200 元/m^2。假设不考虑其他因素影响，三个可比实例比较价值的权重依次为 0.4、0.2、0.4，该房地产的市场价格为（　　）元/m^2。

  A. 8157.60　　B. 8158.91　　C. 8163.57　　D. 8164.88

10. 某小区中有一幢沿街商业楼，一、二层为商业用房，三至六层为住宅，现需评估其中第四层某套住宅价格，拟选取该小区中另一幢六层住宅楼第四层的某套住宅为可比实例，该楼为同期建造但不临街。对该可比实例与估价对象进行对比，进行房地产状况调整时，判断错误的有（　　）。

A. 因位于同一小区，区位因素相同，不需进行区位状况调整

B. 因同期建造，质量一致，不需进行实物状况调整

C. 因房地产权利性质相同，不需进行权益状况调整

D. 因楼层相同，不需进行楼层因素调整

E. 因临街状况不同，应进行噪声污染因素调整

11. 某可比实例房地产的实物状况优于标准房地产3%，估价对象房地产的实物状况劣于标准房地产5%。若采用直接比较法，可比实例房地产的实物状况调整系数为（　　）。

   A. 0.922　　　B. 0.995　　　C. 1.119　　　D. 1.019

12. 下列说法错误的是（　　）。

   A. 在采用市场比较法估价时，如果估价对象为普通装修，可比实例为高档装修，则在建立比较基础时，应将可比实例的装修价值扣除

   B. 可比实例在用途上应与估价对象的用途相同

   C. 在选取可比实例时，交易实例的成交日期与估价时点相隔一年以上的不宜采用

   D. 当有较多的交易实例符合可比实例要求时，应选取其中与估价对象最为类似的交易实例作为可比实例

13. 下列说法错误的是（　　）。

   A. 在可比实例的成交日期至估价时点期间，房地产价格为上涨时，必须进行交易日期调整

   B. 在可比实例的成交日期至估价时点期间，房地产价格为下跌时，必须进行交易日期调整

   C. 在可比实例的成交日期至估价时点期间，无论房地产价格为上涨、下跌或平稳发展，都必须进行交易日期调整

   D. 在可比实例的成交日期至估价时点期间，无论房地产价格为上涨、下跌，都必须进行交易日期调整

14. 下列房地产中，通常适用市场比较法估价的是（　　）。

   A. 标准厂房　　　B. 行政办公室　　　C. 写字楼

   D. 房地产开发用地　　　E. 在建工程

15. 估价对象为一宗熟地，对其可比实例权益状况进行调整时，应包括的内容有（　　）。

   A. 建筑密度　　　B. 土地使用期限　　　C. 基础设施完备程度

   D. 容积率　　　E. 周边道路交通管制状况

16. 判定某可比实例的成交价格比正常价格低6%，则交易情况修正系数为（　　）。

   A. 0.060　　　B. 0.940　　　C. 1.060　　　D. 1.064

17. 在本金相等、计息的周期数相同时，如果利率相同，则通常情况下（计算的周期数大于1）（　　）。

   A. 单利计息的利息少，复利计息的利息多

   B. 单利计息的利息多，复利计息的利息少

   C. 单利计息的利息与复利计息的利息一样多

   D. 无法知道

18. 某地区房地产交易中卖方、买方应交纳的税费分别为正常成交价格的7%和8%。某宗房地产交易，买方付给卖方2325元/m²，应交纳的税费均由买方负担，则该宗房地产的正常成交价格为（　　）元/m²。

A. 2487.75   B. 2500.00   C. 2511.00   D. 2162.25

19. 按直接比较判定某可比实例价格的区域因素修正系数为0.98，则其依据为（   ）。
    A. 可比实例的区域因素优于估价对象的区域因素，对价格的影响幅度为2%
    B. 可比实例的区域因素劣于估价对象的区域因素，对价格的影响幅度为2%
    C. 可比实例的区域因素劣于估价对象的区域因素，对价格的影响幅度为2.04%
    D. 可比实例的区域因素优于估价对象的区域因素，对价格的影响幅度为2.04%

20. 为评估某估价对象2011年10月15日的市场价格，选取的可比实例价格情况是：交易日期为2011年4月15日，按买卖双方约定，买方付给卖方7000元/m²，交易中涉及的税费全部由卖方支付。该地区买方和卖方应缴纳的税费分别为正常交易价格的3%和6%，又知最近1年来该地区该类房地产价格每月环比增长0.5%，则该可比实例经修正、调整后的价格是（   ）元/m²。
    A. 7000   B. 7003   C. 7436   D. 7670

21. 在考虑房地产交易程度的不同负担状况时，房地产正常的成交价格等于（   ）。
    A. 卖方实际得到的价格/(1－应由卖方缴纳的税费比率)
    B. 卖方实际得到的价格－应由卖方负担的税费
    C. 买方实际付出的价格－应由买方负担的税费
    D. 应由卖方负担的税费/应由卖方缴纳的税费比率
    E. 买方实际付出的价格/(1－应由买方缴纳的税费比率)

22. 评估某宗房地产2005年9月末的价格，选取的可比实例成交价格为3000元/m²，成交日期为2005年1月末，该类房地产自2005年1月末至2005年9月末的价格每月与上月的变动幅度为1.5%，2.5%，0.5%，－1.5%，－2.5%，－1.0%，1.5%，－1.5%，0%。则该可比实例在2005年9月末的价格为（   ）元/m²。
    A. 2938   B. 2982   C. 3329   D. 3379

23. 某宗房地产，使用面积为830平方英尺，成交总价为7万美元，于成交时一次付清。人民币的年利率为5%，人民币与美元的汇率为1美元＝7.7395元人民币，建筑面积与使用面积的关系为1m²建筑面积＝0.9m²使用面积，1平方英尺＝0.09290304平方米，该宗房地产的实际成交价格为（   ）元人民币/平方米建筑面积。
    A. 7026.14   B. 6258.75   C. 7010.34   D. 6323.58

24. 下列关于选取可比实例的说法中，有误的一项是（   ）。
    A. 可比实例所处的地区应与估价对象所处的地区相同，或是在同一供求范围内的类似地区
    B. 可比实例的权利性质应与估价对象的权利性质相同，当两者不相同时，一般不能作为可比实例
    C. 可比实例的成交价格是正常成交价格，或可修正的正常成交价格
    D. 选取可比实例的数量在实际中是越多越好，为后续进行的比较修正工作带来方便

25. 在估价中选取4个可比实例，甲成交价格4800元/m²，建筑面积100m²，首次付清24万元，其余半年后支付16万元，一年后支付8万元；乙成交价格5000元/m²，建筑面积120m²，首次支付24万元，半年后付清余款36万元；丙成交价格4700元/m²，建筑面积90m²，成交时一次付清；丁成交价格4760元/m²，建筑面积110m²，成交时支付20万元，一年后付清余款32.36万元。已知折现率为10%，那么这4个可比实例实际单价的高低排

序为（　　）。

  A. 甲＞乙＞丙＞丁   B. 乙＞丁＞甲＞丙

  C. 乙＞丙＞甲＞丁   D. 丙＞乙＞丁＞甲

26. 某宗可比实例房地产 2007 年 1 月 30 日的价格为 800 美元/m²，该类房地产以人民币为基准的价格变动平均每月比上月上涨 0.1%。假设人民币与美元的市场汇率 2007 年 1 月 30 日为 1 美元＝7.8650 元人民币，2007 年 6 月 30 日为 1 美元＝7.6835 元人民币。则该可比实例的价格调整到 2007 年 6 月 30 日的结果是（　　）元人民币/m²。

  A. 6323.52 B. 6804.37 C. 6.657.48 D. 6650.25

27. 按直接比较判定某可比实例价格的调整系数为 0.98，则其依据是（　　）。

  A. 可比实例的房地产状况在某个因素方面优于估价对象的房地产状况，对价格的影响幅度为 2%

  B. 可比实例的房地产状况在某个因素方面劣于估价对象的房地产状况，对价格的影响幅度为 2%

  C. 可比实例的房地产状况在某个因素方面优于估价对象的房地产状况，对价格的影响幅度为 2.04%

  D. 可比实例的房地产状况在某个因素方面劣于估价对象的房地产状况，对价格的影响幅度为 2.04%

28. 评估某宗房地产 2011 年 7 月 1 日的市场价值，选取的可比实例中该类房地产的成交日期为 2010 年 10 月 1 日，成交价格为 3500 元/m²，另知：该类房地产市场价格 2010 年 6 月 1 日至 2011 年 3 月 1 日，平均每月比上月涨 1.5%，2011 年 3 月 1 日至 7 月 1 日平均每月比上月上涨 2%，则进行市场状况调整后可比实例的比准价格为（　　）元/m²。

  A. 4075.3 B. 4081.3 C. 4122.5 D. 4166.4

29. 某宗房地产交易中，买方支付给卖方 29 万元，买卖中涉及的税费均由卖方负担据悉，该地区房地产买卖中应由卖方和买方缴纳的税费分别为正常成交价格的 5% 和 3%，则该宗房地产交易的正常成交价格为（　　）万元

  A. 27.6 B. 28.2 C. 29.0 D. 29.9

30. 某年 1 月 30 日购买某房地产价格为 1000 美元/m²，首付款为 20%，余款半年末一次性支付，月利率为 0.6%。当年，该类房地产以美元为基础的价格平均每月比上月上涨 1%，人民币兑换美元的汇率 1 月 30 日为 6.59∶1，9 月 30 日为 6.46∶1。下列关于该房地产价格的说法，错误的是（　　）。

  A. 该房地产的名义交易价格为人民币 6590 元/m²

  B. 该房地产的实际交易价格为人民币 6404 元/m²

  C. 该房地产于该年 9 月 30 日的市场价格为 1052 美元/m²

  D. 该类房地产在该年 1 月 30 日至 9 月 30 日期间以人民币为基准的价格平均每月比上月上涨幅度大于 1%

【答案】

  1. C、2. C、3. D、4. B、5. D、6. C、7. A、8. B、9. D、10. ABCD、11. D、12. A、13. C、14. ACD、15. BDE、16. D、17. A、18. B、19. D、20. B、21. ABD、22. A、23. D、24. D、25. C、26. B、27. C、28. B、29. B、30. A

【本章小结】

市场法是将估价对象与在估价时点近期交易的类似不动产进行比较，对这些类似不动产的成交价格做适当的修正和调整，以此求取估价对象的客观合理价格或价值的方法。市场法的估价对象是同类型的数量较多且经常发生交易的不动产，如住宅、写字楼、商铺等。采用市场法进行不动产估价的过程表现为：首先，从不动产市场中搜集大量的实际成交的不动产及其成交日期、成交价格、付款方式等信息；然后，从搜集的不动产交易实例中筛选出可比实例，并对可比实例进行适当的处理和交易情况修正、市场状况修正以及不动产状况调整。最后，采用平均数、中位数、众数等方法，把经过处理后得到的多个比准价格综合成一个比准价格，即采用市场法测算出了估价对象的价值。

第五章 成本法

【学习目标】

成本法是求取估价对象在估价时点的重新构建价格,然后扣除折旧,最终得到估价对象客观合理价格或价值的方法。本章的学习重点是:掌握成本法的概念;成本法中"成本"的含义;成本法的基本公式及其具体内容;成本法的适用范围和条件;成本法的操作步骤;重置价格和重建价格的含义及其求取方法;建筑物折旧的求取方法。

第一节 成本法概述

一、成本法的含义

成本法又称承包商法,在评估旧的不动产的价值时通常称为重置成本法或重置成本折余法。

成本法是先分别求取估价对象在估价时点的重新购建价格和折旧,然后将重新购建价格减去折旧来求取估价对象价值的方法。通过成本法评估得出的不动产价格称为积算价格。

成本法中"成本"的含义包含以下几方面。

(1) 成本不仅包括开发商的开发成本,还应包括开发商的应纳税金和应得到的正常利润,是对于不动产购买者而言所必须支付的全部金额。

(2) 成本是在估价时点的经济、技术条件下重新建造该类不动产所必须花费的正常成本,而不是不动产企业在开发过程中实际发生的成本。

(3) 成本是当前成本,而不是过去或将来的成本,即待估不动产在估价时点的重新构建成本。

成本法的本质是以不动产的重新开发建设成本为导向求取估价对象的价值。因而成本法也可以说是以房地产价格各个构成部分的累加为基础,来求取房地产价值的方法。

二、成本法的理论依据

从价值理论的发展来看,经济学家是通过产品的生产成本对其价值贡献的作用入手来探讨价值理论的。生产费用价值论认为，商品的价格依据其生产所花费的必要费用而决定。而不动产的价格或价值也是与其开发建设所花费的必要费用相联系的，在估价中，我们可以通过分析和测算建造不动产的必要支出或成本来判断房地产的价格。生产费用价值论为成本法提供了理论基础。生产费用价值论——商品的价格依据其生产所必需的费用决定。具体又可以分为从卖方的角度来看和从买方的角度来看。

从卖方的角度来看，不动产的价格是基于其过去的"生产费用"，重在过去的投入，是卖方愿意接受的最低价格，不能低于他为开发建设该房地产已花费的代价。

从买方的角度来看，不动产的价格是基于社会上的"生产费用"，类似于"替代原理"，是买方愿意支付的最高价格，不能高于他重新开发建设该不动产所需要花费的代价。

一个是不低于开发建设已花费的代价，一个是不高于预计重新开发建设所需要花费的代价，买卖双方可以接受的共同点必然是正常的开发建设代价（包括开发建设的必要支出及应得利润）。在缺乏市场交易时，不动产市场的参与者是通过不动产的成本来认识和理解其价值的，卖方愿意接受的最低价格不能低于其为建造该不动产所花费的代价，买方愿意支付的最高价格不能高于其所预计的重新建造该不动产所需花费的代价。市场的参与者通过成本来认知不动产的价值，提供了成本法能够被认同的基础。

三、成本法适用的估价对象和条件

适用对象：只要是新近开发建设、可以假设重新开发建设或者计划开发建设的不动产，均可以采用成本法估价。成本法特别适用于那些既无收益又很少发生交易的不动产的估价，如学校、图书馆、体育场馆、医院、行政办公楼、军队营房、公园等公用、公益性不动产，以及化工厂、钢铁厂、发电厂、油田、码头、机场等有独特设计或只针对个别用户的特殊需要而开发建设的不动产，单纯的建筑物通常也采用成本法估价。在不动产保险（包括投保和理赔）及其他损害赔偿中，一般也是采用成本法估价。

运用成本法估价值得注意的是：现实中，不动产的价格直接取决于其效用，而非花费的成本，成本的增加一定要对效用增大有作用才能构成价格；换一个角度讲，不动产成本的增加并不一定能增加其价值，投入的成本不多也不一定说明其价值不高。因此，成本法在土地评估中应用范围受到一定限制。由于土地的价格大部分取决于它的效用，并非仅仅是它所花费的成本，也就是说，土地成本的增加并不一定会增加它的使用价值。

所以要求在运用成本法估价时注意"逼近"，其中最主要的是要注意如下两个方面：一是要区分实际成本和客观成本，实际成本是某个具体的不动产开发商的实际花费，客观成本是假设开发建设时大多数不动产开发商的一般花费，在估价中应采用客观成本，而不是实际成本；二是要结合市场供求分析等来确定评估价值，不动产市场供大于求时，应下调评估价值；求大于供时，应上调评估价值。

四、成本法估价的操作步骤

运用成本法进行估价一般可以分为下列 4 大步骤进行。
① 搜集有关房地产开发建设的成本、税费、利润等资料；
② 测算重新购建价格；
③ 测算折旧；

④ 求取积算价格。

第二节 成本法的基本公式

一、成本法最基本的公式

成本法最基本的公式为：
$$不动产价格＝重新购建价格－折旧$$
成本法的基本公式因其不同估价对象的价格构成不同而有所不同。目前较为常见的应用成本法估价的估价对象有：①新开发的土地；②新建的不动产（包含房地、建筑物两种情况）；③旧的不动产（包含房地、建筑物两种情况）。

二、适用于新开发土地的基本公式

新开发土地主要包括：①征收农地并进行"三通一平"等基础设施建设和平整场地后的土地；②城市房屋拆迁并进行基础设施改造和平整场地后的土地。在这些情况下，成本法的基本公式为：
$$新开发土地价格＝取得待开发土地的成本＋土地开发成本＋管理费用＋投资利息＋销售费用＋销售税费＋开发利润$$

（一）土地取得成本

土地取得成本通常称为土地费用，是指取得不动产开发用地的必要支出，一般包括土地使用权出让金、城市基础设施建设费、土地开发建设补偿费（包括征地拆迁补偿安置费、相关税费、地上物拆除费、渣土清运费、场地平整费等）和土地取得税费。

土地取得成本的具体构成因取得不动产开发用地的途径不同而不同。目前取得不动产开发用地的途径主要有3个：①通过市场购买取得；②通过征收集体土地取得；③通过征收国有土地上房屋取得。上述三种途径的土地取得成本包括的具体内容如下所示。

1. 市场购买下的土地取得成本

在完善、成熟的土地市场下，土地取得成本一般是由购买土地的价款、应由买方缴纳的税费和可直接归属于该土地的其他支出构成。即：
$$土地取得成本＝建设用地使用权购买价格＋土地取得税费$$
式中，土地取得税费包括契税、印花税、交易手续费等。通常根据税法及中央和地方政府的有关规定，按照建设用地使用权购买价格的一定比例来测算。

2. 征收集体土地的土地取得成本

征收集体土地的土地取得成本一般包括土地使用权出让金、城市基础设施建设费、征地补偿安置费、相关税费以及地上物拆除、渣土清运和场地平整费等。其中，征地补偿安置费包括：①土地补偿费；②安置补助费；③地上附着物和青苗的补偿费；④安排被征地农民的社会保障费用。

3. 征收国有土地上房屋的土地取得成本

征收国有土地上房屋的土地取得成本一般包括土地使用权出让金、城市基础设施建设费、房屋拆迁补偿安置费、相关费用以及地上物拆除、渣土清运和场地平整费等。其中，房屋拆迁补偿安置费由征收人对被征收人给予补偿安置所发生的全部费用构成，其金额相当于下列几项之和：①房地产补偿费；②搬迁补助费；③过渡补助费（或临时安置补助费、周转房）；④停产停业补偿费；⑤安置补助费。

相关费用一般包括房屋拆迁估价费（不动产价格评估费）、房屋拆迁服务费和政府规定的其他有关费用。

（二）土地开发成本

土地开发成本是指在取得不动产开发用地上进行基础设施建设、房屋建设所必要的直接费用、税金等，主要包括下列几项：①勘察设计和前期工程费；②建筑安装工程费；③基础设施建设费；④公共配套设施建设费；⑤其他工程费；⑥开发期间税费。

（三）管理费用

管理费用是指不动产开发商为组织和管理不动产开发经营活动的必要支出，包括不动产开发商的人员工资及福利费、办公费、差旅费等。管理费用通常按照土地取得成本与开发成本之和的一定比例来测算。

（四）投资利息

1. 投资利息的含义

投资利息是指在不动产开发完成或者实现销售之前发生的所有必要费用应计算的利息，而不仅是借款部分的利息和手续费。也就是说，土地取得成本、开发成本、管理费用和销售费用，无论它们是来自借贷资金还是自有资金，都应计算利息。

2. 投资利息的计算

投资利息的计算要注意以下五个方面。

（1）应计息项目

应计息项目包括土地取得成本、开发成本、管理费用和销售费用。销售税费一般不计算利息。

（2）计息周期

计息周期可以是年、半年、季、月等，通常为年。

（3）计息期

计息期也称为计息周期数。为确定每项费用的计息期，首先要估算整个不动产开发项目的建设期。在成本法中，建设期的起点一般是取得不动产开发用地的日期，终点是达到全新状况的估价对象的日期，并因为一般是假设在估价时点达到全新状况的估价对象，所以建设期的终点一般是估价时点。

土地取得成本、开发成本、管理费用和销售费用等的金额，均应按照他们在估价时点的正常水平来估算，而不是按它们过去发生时的实际或正常水平来估算。

有些费用通常不是集中在一个时点发生，而是分散在一段时间内不断发生，但计息时通常将其假设为在所发生的时间段内均匀发生，并具体视为集中发生在该时间段的期中。

（4）计息方式

计息方式有单利计息和复利计息两种。

（5）利率

利率根据计息方式不同等分为多种类型。投资利息计算中一般采用估价时点时的不动产开发贷款的平均利率。

（五）销售费用

销售费用是指销售开发完成后的房地产所必需的费用，包括广告宣传费、销售代理费等。通常按售价的一定比例来测算。

（六）销售税费

销售税费是指销售开发完成后的房地产应由房地产开发商（卖方）缴纳的税费。

（1）销售税金及附加，包括营业税、城市维护建设税和教育费附加（即"两税一费"）。

（2）其他销售税费，包括应由卖方负担的交易手续费等。

销售税费通常是售价的一定比率。

（七）开发利润

运用成本法估价需要先测算开发利润。在估价中，测算开发利润应注意下述几点。

（1）开发利润是所得税前的，即开发利润＝开发完成后的房地产价值－土地取得成本－开发成本－管理费用－投资利息－销售费用－销售税费。

（2）开发利润是在正常条件下房地产开发商所能获得的平均利润，不是个别开发商获得的实际利润，也不是个别开发商所期望获得的利润。

（3）开发利润通常按照一定基数乘以同一市场上类似房地产开发项目所要求的相应利润率来测算。

开发利润的计算基数和相应的利润率主要有4种。

① 计算基数＝土地取得成本＋开发成本，相应的利润率称为直接成本利润率，即直接成本利润率＝开发利润÷（土地取得成本＋开发成本）

② 计算基数＝土地取得成本＋开发成本＋管理费用＋投资利息＋销售费用，相应的利润率称为投资利润率，即投资利润率＝开发利润÷（土地取得成本＋开发成本＋管理费用＋投资利息＋销售费用）

③ 计算基数＝土地取得成本＋开发成本＋管理费用＋销售费用，相应的利润率称为成本利润率，即成本利润率＝开发利润÷（土地取得成本＋开发成本＋管理费用＋销售费用）

④ 计算基数＝开发完成后的房地产价值（售价），相应的利润率称为销售利润率，即销售利润率＝开发利润÷开发完成后的房地产价值＝开发利润÷（土地取得成本＋开发成本＋管理费用＋销售费用＋投资利息＋销售税费＋开发利润）

在测算开发利润时要注意计算基数与利润率相匹配，即采用不同的计算基数，应选用相对应的利润率；反之，选用不同的利润率，应采用相对应的计算基数。

在新开发土地中还存在总体开发分块出让或转让的情况，如：一个开发区在整体开发完成后，将土地分块出让或转让。此时，

新开发区某宗土地的单价＝（开发区用地取得总成本＋土地开发总成本＋总管理费用＋销售费用＋总投资利息＋总销售税费＋总开发利润）÷（开发区用地总面积×开发完成后可转

让土地面积的比率)×用途、区位等因素调整系数

式中,开发完成后可转让土地面积的比率＝开发完成后可转让土地总面积/开发区用地总面积×100%。

具体步骤如下:①测算开发区全部土地的平均价格;②测算开发区可转让土地的平均价格;③测算开发区某宗土地的价格。

三、适用于旧的不动产的基本公式

在旧房地的情况下,成本法的基本公式为:

旧不动产价格＝房地的重新购建价格－建筑物的折旧

或者

旧不动产价格＝土地的重新购建价格＋建筑物的重新购建价格－建筑物的折旧

第三节 建筑物的重新购建价格的求取

一、重新购建价格的含义

重新购建价格又称重新购建成本,是指假设在估价时点重新取得全新状况的估价对象所必需的支出,或者重新开发建设全新状况的估价对象所必需的支出和应获得的利润。

把握重新购建价格的概念,还应特别注意以下3点。

(1) 重新购建价格是估价时点的价格;

(2) 重新购建价格是客观的价格;

(3) 建筑物的重新购建价格是全新状况下的价格,土地的重新购建价格是估价时点状况下的价格。因此,建筑物的重新购建价格中未扣除建筑物的折旧,而土地的增减价因素一般已考虑在其重新购建价格中。

二、建筑物重新购建价格的分类和求取思路

(一) 建筑物重新购建价格的分类

建筑物重新购建价格可分为:建筑物重置价格和建筑物重建价格。

重置价格也称为重置成本,是指采用估价时点的建筑材料和建筑技术,按估价时点的价格水平,重新建造与估价对象具有同等功能效用的全新状态的建筑物的正常价格。

建筑物重建价格也称为重建成本,是指采用估价对象原有的建筑材料和建筑技术,按估价时点的价格水平,重新建造与估价对象相同的全新状态的建筑物的正常价格(所必需的支出和应获得的利润)。

建筑物的重置价格,宜用于一般建筑物和因年代久远、已缺少与旧有建筑物相同的建筑材料,或因建筑技术变迁,使得旧有建筑物复原建造有困难的建筑物的估价。建筑物的重建价格,宜用于有特殊保护价值的建筑物的估价。重置价格通常要比重建价格低。

运用成本法估价的一项基础工作，是搞清楚不动产价格的构成。在实际运用成本法估价时，不论当不动产价格的构成如何，首先最关键的是要调查、了解当地从取得土地一直到建筑物竣工乃至完成销售的全过程，以及该全过程中所涉及的费、税种类及其支付标准、支付时间，以做到既不能重复，也不能漏项。然后在此基础上针对估价对象的实际情况，确定估价对象的价格构成并测算各构成项目的金额。

下面以"取得不动产开发用地进行房屋建设，然后销售所建成的商品房"这种典型的不动产开发经营方式为例，并从便于测算各构成项目金额的角度，来划分不动产价格构成。在这种情况下，不动产价格通常由如下 7 大项构成：①土地取得成本；②开发成本；③管理费用；④投资利息；⑤销售费用；⑥销售税费；⑦开发利润。

（二）重新购建价格的求取思路

求取房地的重新购建价格有两大路径：一是将房地分为土地和建筑物两个相对独立的部分，先求取土地的重新购建价格，再加上建筑物的重新购建价格；二是不将房地分为土地和建筑物两个相对独立的部分，而是模拟房地产开发过程，在分析房地产价格构成基础上采用成本法求取。

求取土地的重新购建价格，通常是假设该土地上的建筑物不存在，然后采用市场法、基准地价修正法等求取该土地的重新购置价格。这种求取思路特别适用于城市建成区内难以求取重新开发成本的土地。求取土地的重新购建价格，也可以采用成本法求取其重新开发成本。因此，土地的重新购建价格可以分为重新购置价格和重新开发成本。

求取建筑物的重新购建价格，是假设该建筑物所占用的土地已经取得，并且该土地为空地，除了建筑物不存在之外，其他状况均维持不变，然后在此空地上重新建造与该建筑物相同或具有同等效用的全新建筑物所必需的支出和应获得的利润；也可以设想将该全新建筑物发包给建筑承包商建造，由建筑承包商将能直接使用的全新建筑物移交给发包人，这种情况下发包人应支付给建筑承包商的全部费用（即建筑工程价款或工程承发包价格），再加上发包人所必需的其他支出（如管理费、投资利息、税费等）。

三、建筑物重新购建价格的求取方法

建筑物的重新购建价格可以采用市场法、成本法求取、也可以通过政府或者其授权的部门公布的房屋重置价格、房地产市场价格扣除其中可能包含的土地价格来求取。

求取建筑物重新购建价格的具体方法，有单位比较法、分部分项法、工料测量法和指数调整法。

（一）单位比较法

单位比较法（comparative-unit method）是以估价对象建筑物为整体，选取某种与该建筑物造价密切相关的计量单位为比较单位，通过调查了解估价时点类似建筑物的单位造价，并对其做适当的修正来求取建筑物重新购建价格的方法。可以分为单位面积法和单位体积法。

（1）单位面积法

单位面积法（square-foot method）是根据当地近期建成的类似建筑物的单位面积造价，对其作适当的修正、调整，然后乘以估价对象建筑物的面积来估算建筑物的重新购建价格。主要适用于造价与面积关系较大的房屋。

(2) 单位体积法

单位体积法（cubic-foot method）与单位面积法相似，是根据当地近期建成的类似建筑物的单位体积造价，对其作适当的修正、调整，然后乘以估价对象建筑物的体积来估算建筑物的重新购建价格。主要适用于造价与体积关系较大的建筑物。

（二）分部分项法

分部分项法（unit-in-place method）是先假设将估价对象建筑物分解为各个独立的构件或分部分项工程，然后测算各个独立构件或分部分项工程的数量，再调查了解估价时点各个独立构件或分部分项工程的单位价格或成本，最后将各个独立构件或分部分项工程的数量乘以相应的单位价格或成本后相加，来估算建筑物重新购建价格的方法。举例如表5-1所示。

表5-1 分部分项法

项 目	数 量	单位成本	金额/元
基础工程	150m²	200元/m²	30000
墙体工程	150m²	400元/m²	45000
楼地面工程	150m²	200元/m²	30000
屋面工程	150m²	300元/m²	45000
给排水工程			25000
供暖工程			15000
电气工程			20000
直接费合计			229000
承包商间接费、利润和税金		8%	18320
工程承发包价格			247320
开发商管理费、利息和税费		20%	49464
建筑物重新购建价格			296784

需要注意的是：①应结合各个构件或分部分项工程的特点使用计量单位；②既不要漏项也不要重复计算。

（三）工料测量法

工料测量法（quantity survey method）是先假设将估价对象建筑物分解还原为建筑材料、建筑构配件和建筑设备，然后测算重新建造该建筑物所需要的建筑材料、建筑构配件、建筑设备种类、数量和人工时数，再调查了解估价时点相应建筑材料、建筑构配件和建筑设备的数量和人工时数，最后将各种建筑材料、建筑构配件和建筑设备的数量和人工时数乘以相应的单价和人工费标准后相加，来估算建筑物重新购建价格的方法。举例如表5-2所示。

表5-2 工料测量法

项 目	数 量	单 价	成本/元
现场准备			3000
水泥			6500
沙石			5000
砖块			12000
木材			7000
瓦面			3000
铁钉			200
人工			15000
税费			1000
其他			5000
重新购建价格			57700

工料测量法主要用于具有历史价值的建筑物重建价格的求取。

(四) 指数调整法

指数调整法 (index method, cost-index trending) 是利用有关价格指数或变动率,将估价对象建筑物的原始价值调整到估价时点的价值来求取建筑物重新购建价格的方法。主要用于检验其他方法的测算结果。

将估价对象建筑物的原始价值调整到估价时点的价值的具体方法,与市场比较法中交易日期调整的方法相同。

第四节 建筑物折旧的求取

一、建筑物折旧的含义和原因

(一) 建筑物折旧的含义

估价上的建筑物折旧是指由于各种原因而造成的建筑物价值损失,其数额为建筑物在估价时点时的市场价值与重新购建价格的差额,即:

$$建筑物折旧 = 建筑物重新购建价格 - 建筑物市场价值$$

建筑物的重新购建价格表示建筑物在全新状况下所具有的价值,将其减去建筑物折旧相当于进行减价调整,其所得的结果则表示建筑物在估价时点状况下所具有的价值。

(二) 建筑物折旧的原因

根据造成建筑物折旧的原因,可将建筑物折旧分为物质折旧、功能折旧和经济折旧三大类。

(1) 物质折旧

物质折旧又称物质磨损、有形损耗,是指建筑物在实体上的老化、损坏所造成的建筑物价值损失。物质折旧可进一步从如下 4 个方面来认识和把握:①自然经过的老化;②正常使用的磨损;③意外破坏的损毁;④延迟维修的损坏残存。

(2) 功能折旧

功能折旧又称精神磨损、无形损耗,是指建筑物在功能上的相对缺乏、落后或过剩所造成的建筑物价值损失。

导致建筑物功能相对缺乏、落后或过剩的原因,可能是建筑设计上的缺陷、过去的建筑标准过低、人们的消费观念改变、建筑技术进步、出现了更好的建筑物等。

(3) 经济折旧

经济折旧又称外部性折旧,是指建筑物本身以外的各种不利因素所造成的建筑物价值损失。

不利因素可能是经济因素 (如市场供给过量或需求不足)、区位因素 (如环境改变,包括自然环境恶化、环境污染、交通拥挤、城市规划改变等),也可能是其他因素 (如政府政策变化等)。

二、建筑物折旧的求取方法

求取建筑物折旧的方法，主要有年限法、实际观察法和成新折扣法。

(一) 年限法

(1) 年限法和有关年限的概念

年限法是根据建筑物的经济寿命、有效经过年数或剩余经济寿命来求取建筑物折旧的方法。

建筑物的寿命分为自然寿命和经济寿命。自然寿命（physical life）是从建筑物竣工之日开始到建筑物主要结构构件和设备的自然老化或损坏而不能继续保证建筑物安全使用为止的时间。经济寿命（economic life）是从建筑物竣工之日开始到建筑物对房地产价值不再有贡献为止的时间。如收益性建筑物的经济寿命就是从建筑物竣工之日开始在正常市场和运营状态下产生的收益大于运营费用的持续时间。

建筑物的经过年数分为实际经过年数和有效经过年数。实际经过年数（actual age）是指从建筑物竣工之日开始到估价时点为止的日历年数。有效经过年数（effective age）是指估价时点时的建筑物状况和效用所显示的经过年数。

建筑物的剩余寿命（remaining life）是其寿命减去经过年数之后的寿命，分为剩余自然寿命和剩余经济寿命。剩余自然寿命（remaining physical life）是其自然寿命减去实际经过年数之后的寿命。剩余经济寿命（remaining economic life）是其经济寿命减去有效经过年数之后的寿命。

利用年限法求取建筑物折旧时，建筑物的寿命应为经济寿命，经过年数应为有效经过年数，剩余寿命应为剩余经济寿命。

(2) 直线法

年限法中最主要的是直线法。直线法是迄今应用得最普遍、最简单的一种折旧方法，假设在建筑物的经济寿命期间每年的折旧额相等，直线法的年折旧额计算公式为：

$$D_i = D = \frac{C-S}{N} = \frac{C(1-R)}{N} \qquad R = \frac{S}{C}$$

式中 D_i——第 i 年的折旧额，或称做第 i 年的折旧；
　　　C——建筑物的重新购建价格；
　　　S——建筑物的净残值，是建筑物的残值减去清理费用后的余额；
　　　N——建筑物的经济寿命；
　　　R——建筑物的净残值率；
$(C-S)$——称为折旧基数。

年折旧额与重新购建价格的比率称为年折旧率，如果用 d 来表示，即：

$$d = \frac{D}{C} = \frac{C-S}{NC} = \frac{1-R}{N}$$

t（t 为有效经过年数）年末的累计的折旧额为：

$$E_t = Dt = (C-S)\frac{t}{N} = C(1-R)\frac{t}{N}$$

式中 E_t——建筑物的折旧总额。

采用直线法折旧下的建筑物在估价时点的价值为：

$$V = C - E_t = C - (C-S)\frac{t}{N} = C\left[1 - (1-R)\frac{t}{N}\right]$$

$$V = C(1 - Dt)$$

(二) 实际观察法

实际观察法不是直接以建筑物的有关年限来求取建筑物的折旧，而是注重建筑物的实际损耗程度。

建筑物的损耗可以分为可修复和不可修复的损耗。

修复是指恢复到新的或相当于新的状况，有的是修理，有的是更换。预计修复所必需的费用小于或等于修复所能带来的不动产价值增加额的，是可修复的，反之，是不可修复的。即

修复所必需的费用≤修复后的不动产价值－修复前的不动产价值

对于可修复项目，估算采用最优修复方案使其恢复到新的或相当于新的状况下所必需的费用作为折旧额。

对于不可修复项目，根据估价时点时的剩余使用寿命是否短于整体建筑物的剩余经济寿命，将其分为短寿命项目和长寿命项目两类。短寿命项目是剩余使用寿命短于整体建筑物剩余经济寿命的部件、设备、设施等，它们在建筑物剩余经济寿命期间迟早需要更换，甚至可能更换多次。长寿命项目是剩余使用寿命等于或长于整体建筑物剩余经济寿命的部件、设备、设施等，它们在建筑物剩余经济寿命期间是不需要更换的。

短寿命项目采用年限法计算折旧额。

长寿命项目是合在一起，根据建筑物重新购建价格减去可修复项目的修复费用和各短寿命项目的重新购建价格后的余额、建筑物的经济寿命、有效经过年数或剩余经济寿命，采用年限法计算折旧额。

(三) 成新折扣法

根据建筑物的建成年代、新旧程度或完损程度等，判定出建筑物的成新率，或者用建筑物的寿命、经过年数计算出建筑物的成新率，然后将建筑物的重新购建价格乘以该成新率来直接求取建筑物的现值。这种方法被称为成新折扣法，计算公式为：

$$V = C \times q$$

式中　V——建筑物的现值；

　　　C——建筑物的重新购建价格；

　　　q——建筑物的成新率，%。

这种成新折扣法比较粗略，主要用于初步估价，或者同时需要对大量建筑物进行估价的场合，尤其是开展大范围的建筑物现值摸底调查。

在实际估价中，成新率是一个综合指标，可按下列3个步骤进行计算：

① 用年限法计算成新率；

② 根据建筑物的建成年代对上述计算结果做初步判断，看是否吻合；

③ 采用实际观察法对上述结果做进一步的修正，并说明修正的理由。

三、求取建筑物折旧应注意的问题

(一) 估价上的折旧与会计上的折旧的本质区别

估价上的折旧与会计上的折旧有以下几方面的不同。

（1）估价上的折旧注重价值的减损，即"减价修正"，会计上的折旧注重原始价值的摊销与回收；

（2）会计上 C 是资产的原值，不随时间的变化而变化，估价上 C 是房地产的重新建造成本，随时间的变化而变化；

（3）会计上资产原值与累计折旧额之差称为资产的账面价值，与实际市场价值没有必要相同，估价上，不动产的重新建造成本与累计折旧额之差称为资产的实际价值，必须与市场价值相一致。

（二）土地使用年限对建筑物经济寿命的影响

我国土地制度中，土地使用权有偿有限期使用情况下，建筑物经济寿命与土地使用期限可能不是同时结束，因此，在求取建筑物折旧时应注意土地使用期限对建筑物经济寿命的影响，特别是土地使用期限与建筑物经济寿命不是同时结束时。计算建筑物折旧所采用的建筑物经济寿命遇到情况的处理分别作如下处理。

（1）建筑物的建设期不计入耐用年限，即建筑物的经济寿命应从建筑物竣工验收合格之日起计；

（2）建筑物经济寿命短于土地使用权年限时，应按建筑物经济寿命计算折旧；

（3）建筑物经济寿命长于土地使用权年限时，分为以下两种情况。

① 出让合同约定土地出让期限届满需要无偿收回国有建设用地使用权时，根据收回时建筑物的残余价值给予土地使用者相应补偿的，应按照建筑物经济寿命计算建筑物折旧。

② 出让合同约定土地出让期限届满需要无偿收回国有建设用地使用权时，建筑物也无偿收回的，应按照建筑物经济寿命减去其晚于土地使用期限的那部分寿命后的寿命计算建筑物折旧。

四、应用举例

1. 在出让取得的国有建设用地上建造的普通商品住宅，出让年限为 70 年，建设期为 2 年，住宅经济寿命为 50 年，则在计算建筑物折旧时，经济寿命应取为（　　）年。

　　A. 52　　　　B. 50　　　　C. 68　　　　D. 70

2. 在出让取得国有建设用地上建造的商场，出让年限为 40 年，建设期为 3 年，商场经济寿命为 60 年，在这种情况下，计算该建筑物折旧的经济寿命为（　　）年。

　　A. 37　　　　B. 40　　　　C. 60　　　　D. 63

3. 某综合办公楼建设期为 3 年，有效经过年数为 10 年，现补办了土地使用权出让手续，土地使用权出让年限为 50 年，建筑物剩余经济寿命为 35 年，则计算该建筑物折旧的经济寿命应为（　　）年。

　　A. 35　　　　B. 45　　　　C. 48　　　　D. 50

4. 在原划拨国有建设用地上建造的办公楼，在其建成 15 年后补办了出让手续，出让年限为 50 年，办公楼经济寿命为 60 年，在这种情况下，计算该建筑物折旧的经济寿命为（　　）年。

　　A. 45　　　　B. 50　　　　C. 60　　　　D. 65

5. 由旧厂房改造的超级市场，在该旧厂房建成 6 年后补办了出让手续，出让年限为 40

年，建筑物经济寿命为50年，在这种情况下，计算该建筑物折旧的经济寿命为（　　）年。

  A. 40　　　　　B. 44　　　　　C. 46　　　　　D. 50

【答案】

  1. B、2. A、3. B、4. C、5C。

  建筑物经济寿命与土地使用年限关系的几种情况如图5-1所示。

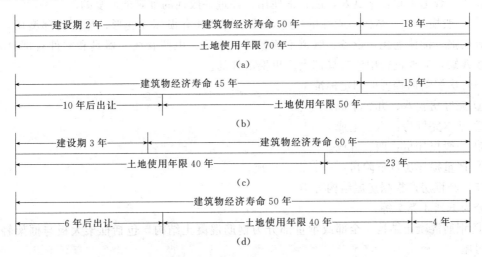

图5-1　建筑物经济寿命与土地使用年限关系的几种情况

第五节　应用成本法涉及的有关规定

一、房屋完损等级评定的有关规定

  房屋完损等级是用来检查房屋维修养护情况的一个标准，是确定房屋真实新旧程度和测算房屋折旧的一个重要依据。

  房屋的完好程度越高，其现值就越接近于重新购建价格。

  1984年11月8日，原城乡建设环境保护部发布了《房屋完损等级评定标准》，同年12月12日发布了《经租房屋清产估价原则》。有关内容如下。

  (1) 房屋完损等级是根据房屋的结构、装修、设备三个组成部分的各个项目完好、损坏程度分为以下5类。

  ① 完好房。

  ② 基本完好房。

  ③ 一般损坏房。

  ④ 严重损坏房。

  ⑤ 危险房。

  (2) 房屋组成部分

  ① 房屋结构组成分为地基基础、承重构件、非承重墙、屋面、楼地面。

② 房屋装修组成分为门窗、外抹灰、内抹灰、顶拥、细木装修。
③ 房屋设备组成分为水卫、电照、暖气及特种设备（如消防栓、避雷装置等）。
(3) 房屋完损等级的判定依据
① 完好房　结构构件完好，装修和设备完好、齐全完整，管道畅通，现状良好，使用正常。或虽然个别分项有轻微损坏，但一般经过小修就能修复的。
② 基本完好房　结构基本完好，少量构部件有轻微损坏，装修基本完好，油漆缺乏保养，设备、管道现状基本良好，能正常使用，经过一般性的维修能恢复的。
③ 一般损坏房　结构一般性的损坏，部分构部件有损坏或变形，屋面局部漏雨，装修局部有破损，油漆老化，设备、管道不够畅通，水卫、电照管线、器具和零件有部分老化、损坏或残缺，需要进行中修或局部大修更换部件的。
(4) 房屋新旧程度的判定标准
① 完好房：八、九、十成。
② 基本完好房：六、七成。
③ 一般损坏房：四、五成。
④ 严重损坏房及危险房：一、二、三成。
(5) 经租房产根据房屋结构分类
分为下列4类7等。
① 钢筋混凝土结构　全部或承重部分为钢筋混凝土结构，包括框架大板与框架轻板结构等房屋。
② 砖混结构一等　部分钢筋混凝土，主要是砖墙承重的结构，外墙部分砌砖、水刷石、水泥抹面或涂料粉刷，并设有阳台，内外设备齐全的单元式住宅或非住宅房屋。
③ 砖混结构二等　部分钢筋混凝土，主要是砖墙承重的结构，外墙是清水墙，没有阳台，内部设备不全的非单元式住宅或其他房屋。
④ 砖木结构一等　材料上等、标准较高的砖木（石料）结构。这类房屋一般是外部有装修处理、内部设备完善的庭院式或花园洋房等高级房屋。
⑤ 木结构二等　结构正规，材料较好，一般外部没有装修处理，室内有专用上、下水等设备的普通砖木结构房屋。
⑥ 砖木结构三等　结构简单，材料较差，室内没有专用上、下水等设备，较低级的砖木结构房屋。
⑦ 简易结构　如简易楼、平房、木板房、砖坯房、土草房、竹木捆绑房等。
(6) 各种结构房屋的耐用年限
① 钢筋混凝土结构　生产用房50年，受腐蚀的生产用房35年，非生产用房60年。
② 砖混结构一等　生产用房40年，受腐蚀的生产用房30年，非生产用房50年。
③ 砖混结构二等　生产用房40年，受腐蚀的生产用房30年，非生产用房50年。
④ 砖木结构一等　生产用房30年，受腐蚀的生产用房20年，非生产用房40年。
⑤ 砖木结构二等　生产用房30年，受腐蚀的生产用房20年，非生产用房40年。
⑥ 砖木结构三等　生产用房30年，受腐蚀的生产用房20年，非生产用房40年。
⑦ 简易结构10年。
(7) 房屋残值率
房屋残值是指房屋达到使用年限，不能继续使用，经拆除后的旧料价值。
清理费用是指拆除房屋和搬运废弃物所发生的费用。

残值减去清理费用，即为残余价值，其与房屋造价的比例为残值率。

各种结构房屋的残值率一般为。

① 钢筋混凝土结构　0。
② 砖混结构一等　2％。
③ 砖混结构二等　2％。
④ 砖木结构一等　6％。
⑤ 砖木结构二等　4％。
⑥ 砖木结构三等　3％。
⑦ 简易结构　0。

二、房屋折旧的有关规定

1992年6月5日建设部、财政部制定的《房地产单位会计制度——会计科目和会计报表》对经租房产折旧作了有关规定。

计算折旧必须确定房产的价值、使用年限、残值和清理费用，计算公式为：

$$年折旧额 = 原价 \times (1 - 残值率) \div 耐用年限$$

第六节　成本法总结和应用举例

一、成本法总结

成本法总结见图5-2。

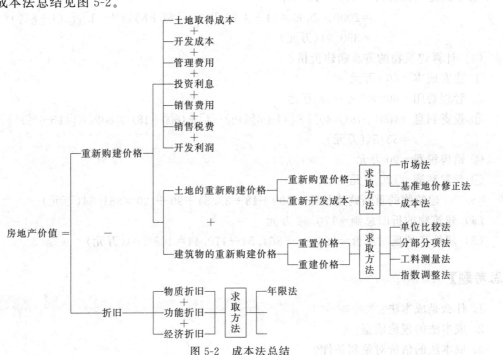

图5-2　成本法总结

二、应用举例

【例 5-1】 某宗房地产的土地总面积为 1000m², 是 10 年前通过征收农地取得的, 当时取得的费用为 18 万/亩, 现时重新取得该类土地需要的费用为 620 元/m²; 地上建筑物总建筑面积 2000m², 是 8 年前建成交付使用的, 当时的建筑造价为每平方米建筑面积 600 元, 现时建造类似建筑物的建筑造价为每平方米建筑面积 1200 元, 估计该建筑物有八成新。试选用所给资料测算该宗房地产的现时总价和单价。

解: 该题需要注意的是重新购建价格应是估价时点的价格。

该宗房地产的现时总价＝土地重新购建价格＋建筑物重新购建价格×成新率
$$=620\times1000+1200\times2000\times80\%$$
$$=2540000(元)$$

该宗房地产的现时单价＝该宗房地产的现时总价/建筑面积
$$=2540000/2000=1270(元/m^2)$$

【例 5-2】 某公司于 5 年前以出让方式取得一宗面积 2000m² 的 40 年使用权的土地, 并于 3 年前建成物业投入使用, 总建筑面积为 5000m²。现时重新取得 40 年土地使用权的出让价格为 2000 元/m², 重新建造建筑物的建安成本为 600 万元（建设期为 2 年, 第一年投入 40%, 第二年投入 60%, 可视为年中集中投入）, 管理费用为建安成本的 3%, 年利率为 6%, 销售税费为 90 万元, 开发利润为 120 万元。门窗、墙面等的总折旧费为 170.44 万元。试计算该宗房地产现时的价格（土地资本化率为 8%）。

解:（1）运用成本法计算公式为:

房地产价格＝土地重新购建价格＋建筑物重新购建价格－建筑物折旧

（2）求土地的重新购建价格:

35 年的土地使用权价格＝$V_{40}\times K_{35}/K_{40}$
$$=2000\times2000\times(1+8\%)^{40-35}\times[(1+8\%)^{35}-1]/[(1+8\%)^{40}-1]$$
$$=390.94(万元)$$

（3）计算建筑物的重新购建价格

① 建安成本＝600 万元

② 管理费用＝600×3%＝18 万元

③ 投资利息＝$(600+18)\times40\%\times[(1+6\%)^{1.5}-1]+(600+18)\times60\%\times[(1+6\%)^{0.5}-1]$
$$=33.54(万元)$$

④ 销售税费＝90 万元

⑤ 开发利润＝120 万元

建筑物的重新购建价格＝600＋18＋33.54＋90＋120＝861.54(万元)

（4）建筑物的折旧总额＝170.44 万元

（5）房地产的现时总价＝390.94＋861.54－170.44＝1082.04(万元)

【思考题】

1. 什么是成本法?
2. 成本法的理论依据?
3. 成本法的估价对象和条件?

4. 成本法估价的操作步骤？

5. 成本法的公式？

6. 建筑物重新购建价格的求取？

7. 建筑物折旧的求取？

【练习题】

1. 某房地产的建筑面积为 2500m²，现状价值为 2000 万元，若现在将该房地产拆除重建，拆除费用为 100 万元，残值为 45 万元，后续必要支出及应得利润为 4000 元/m²，重建后的房地产市场价格为 15000 元/m²。该房地产的市场价值为（　　）万元。

　　A. 1945　　　　B. 2000　　　　C. 2695　　　　D. 2750

2. 关于成本法估价中土地取得费用、建设成本、管理费用、销售费用估算的说法，正确的是（　　）。

　　A. 应按它们在过去实际发生时点的实际水平来估算

　　B. 应按它们在过去实际发生时点的正常水平来估算

　　C. 应按它们在未来预计发生时点的正常水平来估算

　　D. 应按它们在价值时点的正常水平来估算

3. 某写字楼因停车位数量不能满足需要，租金明显低于市场租金，由此造成的该写字楼折旧属于（　　）。

　　A. 外部折旧　　B. 功能落后折旧　　C. 功能缺乏折旧　　D. 使用磨损折旧

4. 某商场是 6 年前一栋已使用 5 年的旧厂房改变用途并简单装修而成，同时补办了土地使用权出让手续，土地使用期限为 40 年，出让合同约定建设用地使用期限届满时建筑物的残余价值应给予相应补偿。建筑物经济寿命为 60 年，残值为零，采用直线法计算该商场建筑物目前的成新率为（　　）。

　　A. 75.56%　　　B. 81.67%　　　C. 85.00%　　　D. 86.67%

5. 某综合楼的土地取得成本为 1000 万元，建设成本为 800 万元，管理费用为 60 万元，投资利息为 140 万元，营业税及附加和其他销售税费分别为售价的 5.6% 和 20%，契税税率为 4%，直接成本利润率为 25%。该综合楼的价值为（　　）万元。

　　A. 2651.52　　B. 2667.75　　C. 2705.63　　D. 2771.49

6. 某商品住宅项目开发利润为 300 万元，土地取得成本为 600 万元，建设成本为 900 万元，管理费用为 50 万元，销售费用为 60 万元，投资利息为 150 万元，销售税金为 120 万元。该商品住宅项目的成本利润率为（　　）。

　　A. 15.96%　　　B. 17.05%　　　C. 23.44%　　　D. 25.86%

7. 某房屋的建筑面积为 100m²，单位建筑面积的重置价格为 1000 元/m²，建筑物自然寿命为 45 年，残值率为 2.5%。经测算，至价值时点该建筑物有效年龄为 10 年，建筑物市场价格为 7.5 万元。假设该建筑物在经济寿命内每年折旧率相等。该建筑物的经济寿命为（　　）年。

　　A. 29　　　　B. 39　　　　C. 40　　　　D. 45

8. 某办公楼的建筑面积为 20000m²，土地面积为 10000m²，土地已取得 9 年，取得土地 2 年后建成。目前该办公楼的市场价格为 5200 元/m²，土地重新购置价格为 4800 元/m²，建筑物重置价格为 3200 元/m²，建筑物自然寿命为 50 年，残值率为 2%，建筑物折旧总额为（　　）万元。

第五章　成本法　83

A. 800   B. 878   C. 896   D. 1129

9. 关于投资价值与市场价值异同点的说法，正确的有（   ）。
   A. 市场价值是客观的价值，而投资价值是建立在主观的、个人因素基础上的价值
   B. 用收益法评估投资价值时，净收益的计算通常要扣除所得税，而评估市场价值时通常不扣除所得税
   C. 用收益法评估投资价值和市场价值时，其中的报酬率取值应相同
   D. 用成本法评估投资价值和市场价值时，其中的利息取值可能不同
   E. 投资价值的评估结果一般大于市场价值的评估结果

10. 成本法估价中，征收集体土地的土地征收补偿费用的内容包括（   ）。
    A. 土地补偿费与安置补助费   B. 地上附着物和青苗的补偿费
    C. 征地管理费   D. 安排被征地农民的社会保障费
    E. 场地平整费

11. 某商业大楼建造期2年，建成8年后补办了土地使用权出让手续，土地使用年限为40年，建筑物的经济寿命为35年，评估时该建筑物的折旧年限应取（   ）年。
    A. 35   B. 45   C. 48   D. 50

12. 某住宅小区附近新建了一座酿酒厂，由此引起的该住宅小区房地产价值贬值属于（   ）。
    A. 物质折旧   B. 功能折旧   C. 经济折旧   D. 会计折旧

13. 某宗土地取得成本为1000万元，开发成本为1500万元，管理费用为75万元，销售费用为35万元，投资利润率为12%，则开发利润为（   ）万元。
    A. 180.0   B. 300.0   C. 309.0   D. 313.2

14. 投资利润率的计算公式是（   ）。
    A. 开发利润/（土地取得成本＋开发成本＋管理费用）
    B. 开发利润/（土地取得成本＋开发成本）
    C. 开发利润/（土地取得成本＋开发成本＋投资费用）
    D. 开发利润/开发完成后的房地产价值

15. 在成本法求取折旧中，采用（   ）更符合实际情况。
    A. 有效经过年数   B. 实际经过年数   C. 剩余经过年数   D. 自然经过年数

16. 下列哪种房地产最适合用成本法估价（   ）。
    A. 学校   B. 公园   C. 商场   D. 普通商品住宅

17. 以下哪些属于重新购建价格（   ）。
    A. 建筑物的重置价格   B. 土地的重置价格
    C. 建筑物的重建价格   D. 土地的重建价格

18. 在成本法中，直接成本利润率的计算基数包括（   ）。
    A. 土地取得成本   B. 开发成本   C. 管理费用
    D. 销售费用   E. 投资利息

19. 关于重新购建价格的说法，正确的有（   ）。
    A. 重新购建价格是指重新开发全新状况的估价对象的实际支出
    B. 重新购建价格相当于账面价值
    C. 重新购建价格是客观的重新购建价格
    D. 建筑物的重新购建价格是全新状况的建筑物的重新购建价格

E. 土地的重新购建价格是法定最高出让年限的土地使用权价格

20. 成本法中的"开发利润"是指（　　）。
    A. 开发商所期望获得的利润
    B. 开发商所能获得的最终利润
    C. 开发商所能获得的平均利润
    D. 开发商所能获得的税后利润
    E. 开发商所能获得的税前利润

21. 在运用成本法时最主要的有（　　）。
    A. 区分计划成本和实际成本
    B. 区分实际成本和客观成本
    C. 结合实际成本来确定评估价值
    D. 结合实际开发利润来确定评估价值
    E. 结合市场供求分析来确定评估价值

22. 某建筑物实际经过年数为10年，估价人员现场查勘后认为该建筑物建筑设计过时和维修保养差造成功能折旧和物质折旧高于正常建筑物，判断其有效经过年数为18年，剩余经济寿命为22年，残值率为4%，用直线法计算该建筑物的成新率为（　　）。
    A. 43.2%　　　B. 50%　　　C. 56.8%　　　D. 70%

23. 功能折旧是指建筑物在功能上的相对缺乏，落后或者过剩所造成的建筑物价值的损失。造成建筑物功能折旧的主要原因有（　　）等。
    A. 意外破坏的损毁　　　　　　B. 市场供给过量
    C. 建筑设计的缺陷　　　　　　D. 人们消费观念的改变
    E. 周围环境条件恶化

24. 某宗房地产的土地总面积为1200m²，是10年前通过征用农地取得的，当时的花费为15万元/亩，现时重新取得该类土地需要花费650元/m²；地上建筑物总建筑面积为2300m²，是7年前建成交付使用的，当时的建筑造价为600元/m²建筑面积，现时建筑类似建筑物的建筑造价为250元/m²建筑面积，估计该建筑物有八成新。则根据所给资料测算出该宗房地产的现时单价为（　　）元/m²。
    A. 2567　　　B. 1339　　　C. 1145　　　D. 1117

25. 成本法估价的操作步骤有（　　）。
    A. 市场调查
    B. 搜集有关房地产开发建设的成本、税费、利润等资料
    C. 测算重新购建价格
    D. 测算折旧
    E. 求取积算价格

26. 某建筑物，政府主管部门规定的该类房地产建筑物的耐用年限N与该建筑物的实际年龄、尚可使用年数n之间的关系为（　　）。
    A. $N=t+n$　　B. $N<t+n$　　C. $N>t+n$　　D. A、B、C都有可能

27. 某房地产的土地面积为500m²，土地价格为2000元/m²；建筑面积为1000m²。成本法估算建筑物重置价格为1800元/m²；市场上同类房地产的正常房地价格为2500元/m²，则该房地产中建筑物的实际价值比重置价格低（　　）元/m²。
    A. 200　　　B. 300　　　C. 700　　　D. 1000

28. 某企业开发某土地，土地重新取得成本为 1000 元/m²，正常开发成本为 1500 元/m²，管理费用为前两项的 5%，投资利息占直接成本的 5%，销售费用为 100 元/m²，直接成本利润率为 6%，则开发后的地价为（　　）元/m²。

  A. 1840　　　　　　B. 2840　　　　　　C. 2966　　　　　　D. 3000

29. 估价上的折旧注重的是（　　）。

  A. 原始取得价值的减价修正　　　　B. 资产市场价值的真实减损
  C. 重置价值的摊销与回收　　　　　D. 原始取得价值的摊销与回收

30. 建筑物的年龄有实际年龄和有效年数，它们之间的关系为（　　）。

  A. 有效年龄等于实际年龄　　　　　B. 有效年龄短于实际年龄
  C. 有效年龄长于实际年龄　　　　　D. 有效年龄可能短于或长于实际年龄

【答案】

  1. C、2. D、3. B、4. B、5. A、6. B、7. B、8. A、9. AB、10. ABCD、11. A、12. C、13. C、14. A、15. A、16. AB、17. AC、18. AB、19. CD、20. CE、21. BE、22. C、23. CD、24. B、25. BCDE、26. D、27. B、28. D、29. B、30. D

【本章小结】

  成本法是先分别求取估价对象在估价时点的重新购建价格和折旧，然后将重新购建价格减去折旧来求取估价对象价值的方法。通过成本法评估得出的不动产价格称为积算价格。成本法的基本公式根据估价对象的价格构成不同而有所不同。新开发土地的价格为从获取土地到开发完成全部售出的全过程中发生的一系列费用和相应的利润之和。旧的房地，其价值等于房地重新购建价格减去建筑物折旧，或者土地重新购建价格减去建筑物折旧。其中，土地的重新购建价格可采用市场法、基准地价修正法求取；建筑物的重新购建价格分为重建价格和重置价格，一般的建筑物均采用重置价格。建筑物的折旧分为物质折旧、功能折旧和外部折旧，可采用年限法、市场提取法和分解法求取。

第六章

收益法

【学习目标】

收益法主要适用于收益性不动产的估价。通过本章的学习,应该理解收益法的基本概念和原理,了解收益法的适用范围,熟练掌握收益法公式和估价程序,理解净收益和报酬率的本质特征,在此基础上,培养熟练运用收益法评估不动产价格的能力。

第一节 收益法概述

一、收益法的含义

收益法(income approach,income capitalization approach)运用适当的资本化率,将预期的估价对象房地产未来各期的正常纯收益(客观纯收益)折算到估价时点上的现值,求其之和,以此估算估价对象的客观合理价格或价值。根据将预测的未来收益转换为价值的方式不同,即资本化方式的不同,收益法分为直接资本化法和报酬资本化法。采用收益法得出的价格,称为收益价格。收益法是收益性房地产价格评估的常用方法。

收益法利用了经济学中的预期收益原理,即某宗房地产的客观合理价格或价值,为该房地产的产权人在拥有该房地产的期间内从中所获得的各年净收益的现值之和。

二、收益法的理论依据

收益法以经济学中的预期收益原理为主要理论基础。预期原理即为:未来收益权利的现在价值。由于不动产使用的长久性,在其耐用年限内,将会源源不断地给权利人带来经济收益。因此,不动产的价格等于产权人在拥有该不动产的期间从中所获得的全部经济收益的现值。预期原理说明,决定不动产的当前价值的重要因素不是过去的因素而是未来的因素。

对于投资者来说,将资金用于购买不动产获取的收益,与将资金存入银行获取利息所起的作用相同,所以有如下关系:

$$不动产的价格=不动产的净收益/利率$$

例如:某人拥有的不动产每年可以产生 2 万元的净收益,此人另有 40 万元资金以 5% 的年利率存入银行每年可得到 2 万元的利息,对于该人来说,这宗不动产与 40 万元的资金等价，即值40万元。

总体来说，预期收益原理表明了三个方面的内容。

（1）预期因素决定当前价值 在不动产估价中，不动产当前的价值，通常不是基于其历史价格、开发建设所花费的成本或者过去的市场状况，而是基于不动产未来所能带来的收益。

（2）价格等于预期收益资本化 将估价时点视为现在，那么现在购买一宗有一定期限收益的不动产，预示着在其未来的收益期限内可以源源不断地获取纯收益，如果现有一笔资金可与这未来一定期限内的净收益的现值和等值，则这笔资金就是该宗不动产的价格。

（3）预期收益具有时间价值 现代的收益法是建立在资金具有时间价值的观念上的。资金的时间价值也称为货币的时间价值，是指现在的100元钱比将来的100元钱具有更高的价值。有了自己的时间价值观念之后，收益性不动产的价值就是其未来净收益的现值之和，该价值的高低主要取决于以下3个因素。

① 未来预期净收益的大小。
② 获得预期净收益期限的长短。
③ 获得预期净收益的可靠性。

三、收益法适用的估价对象和条件

收益法适用的估价对象 有经济收益或有潜在经济收益的房地产，如住宅（特别是公寓）、写字楼、旅馆、商店、餐馆、游乐场、影剧院、停车场、汽车加油站、标准厂房（用于出租的）、仓库（用于出租的）、农地等。它不限于估价对象本身现在是否有收益，只要估价对象所属的这类房地产有获取收益的能力即可。

收益法估价需要具备的条件 房地产未来的收益和风险都能够准确地量化或者预测。

四、收益法估价的操作步骤

报酬资本化法估价的步骤为：①确定未来收益期限；②求取未来净收益；③求取报酬率；④选用恰当的报酬资本化法公式计算收益价格。

直接资本化法估价的步骤为：①求取未来某一年的某种收益；②求取资本化率或收益乘数；③选用恰当的直接资本化法公式计算收益价格。

第二节 收益法的公式

一、报酬资本化法的公式

报酬资本化法最一般的公式为：

$$V = \frac{A_1}{1+Y_1} + \frac{A_2}{(1+Y_1)(1+Y_2)} + \cdots + \frac{A_n}{(1+Y_1)(1+Y_2)\cdots(1+Y_n)} = \sum_{i=1}^{n} \frac{A_i}{\prod_{i=1}^{n}(1+Y_i)}$$

式中 V——不动产在估价时点的收益价格，通常称为现值；

A——不动产的未来净运营收益,通常简称净收益。其中 $A_1, A_2, \cdots, A_n$ 分别为相对于估价时点而言的未来第 1 期、第 2 期、…、第 n 期末的净收益;

Y——不动产的报酬率(折现率)。其中,$Y_1, Y_2, \cdots, Y_n$ 分别为相对于估价时点而言的未来第 1 期、第 2 期、…、第 n 期末的报酬率;

n——不动产的收益期限,是从估价时点开始计算的未来可以获取净收益的时间,通常为收益年限。

根据未来收益期限和净收益的情况不同,报酬资本化法的公式不完全相同。

(一)净收益每年不变的公式

净收益每年不变的公式具体有两种情况:一是收益期限为有限年,二是收益期限为无限年。

1. 收益期限为有限年且净收益每年不变的公式

$$V = \frac{A}{Y}\left[1 - \frac{1}{(1+Y)^n}\right]$$

此公式的假设前提是:①A 每年不变;②Y 每年不变且大于 0;③收益期限为有限年 n。

【例 6-1】 某宗物业是在政府有偿出让的土地上开发建设的,当时获得的土地使用年限为 50 年,至今已使用了 6 年;预计利用该宗物业正常情况下每年可获得净收益 8 万元;该宗物业的报酬率为 8.5%。试计算该宗物业的收益价格。

解:$V = A\dfrac{(1+Y)^n - 1}{Y(1+Y)^n} = 8 \times \dfrac{(1+8.5\%)^{50-6} - 1}{8.5\% \times (1+8.5\%)^{50-6}} = 91.52(万元)$

2. 收益期限为无限年且净收益每年不变的公式

$$V = \frac{A}{Y}$$

$$V = \lim_{n \to \infty} \frac{A}{Y}\left[1 - \frac{1}{(1+Y)^n}\right] = \frac{A}{Y}$$

此公式的假设前提是:①A 每年不变;②Y 每年不变且大于 0;③收益期限为无限年。

【例 6-2】 某宗物业预计未来每年的净收益为 8 万元,收益期限可视为无限年,该类物业的报酬率为 8.5%。试计算该宗物业的收益价格。

解:$V = \dfrac{A}{Y} = \dfrac{8}{8.5\%} = 94.12(万元)$

3. 净收益每年不变的公式的作用

净收益每年不变的公式有如下作用:①直接测算价格;②用于土地使用期限、收益期限等不同的房地产或者租赁期限不同的租赁权(简称不同期限房地产)价格之间的换算;③用于比较不同期限房地产价格的高低;④用于市场法中因期限不同特别是土地使用期限不同进行的价格调整。

(二)净收益在前若干年有变化的公式

1. 收益期限为有限年的公式

$$V = \sum_{i=1}^{t} \frac{A_i}{(1+Y)^i} + \frac{A}{Y(1+Y)^t}\left[1 - \frac{1}{(1+Y)^{n-t}}\right]$$

此公式的假设前提是：①净收益 A 在未来 t 年（含第 t 年）有变化，分别为 A_1，A_2，…，A_t，在第 t 年以后无变化为 A；②报酬率为 Y，Y 不等于 0；③收益期限为有限年 n。

【例 6-3】 某宗物业的收益期限为 38 年，通过预测得到其未来 5 年的净收益分别为 20 万元、22 万元、25 万元、28 万元、30 万元，从未来第 6 年到第 38 年每年的净收益将稳定在 35 万元左右，该类物业的报酬率为 10%。试计算该宗物业的收益价格。

解：$V = \sum_{i=1}^{t} \dfrac{A_i}{(1+Y)^i} + \dfrac{1}{(1+Y)^t} \cdot A \dfrac{(1+Y)^{n-t}-1}{Y(1+Y)^{n-t}}$

$= \dfrac{20}{1+10\%} + \dfrac{22}{(1+10\%)^2} + \dfrac{25}{(1+10\%)^3} + \dfrac{28}{(1+10\%)^4} + \dfrac{30}{(1+10\%)^5}$

$+ \dfrac{35}{(1+10\%)^5} \times \dfrac{(1+10\%)^{38-5}-1}{10\% \times (1+10\%)^{38-5}} = 300.86 \text{（万元）}$

2. 收益期限为无限年的公式

$$V = \sum_{i=1}^{t} \dfrac{A_i}{(1+Y)^i} + \dfrac{A}{Y(1+Y)^t}$$

此公式的假设前提是：①净收益 A 在未来 t 年（含第 t 年）有变化，分别为 A_1，A_2，…，A_t，在第 t 年以后无变化为 A；②报酬率为 Y，Y 不等于 0；③收益期限为无限年。

（三）净收益按一定数额递增的公式

1. 收益期限为有限年的公式

$$V = \left(\dfrac{A}{Y} + \dfrac{b}{Y^2}\right)\left[1 - \dfrac{1}{(1+Y)^n}\right] - \dfrac{b}{Y} \times \dfrac{n}{(1+Y)^n}$$

式中，b 为净收益逐年递增的数额，其中，净收益未来第 1 年为 A，未来第 2 年为 $(A+b)$，未来第 3 年为 $(A+2b)$，依此类推，未来第 n 年为 $[A+(n-1)b]$。

此公式的假设前提是：①净收益未来第 1 年为 A，此后按数额 b 逐年递增；②报酬率为 Y，Y 不等于 0；③收益期限为有限年 n。

2. 收益期限为无限年的公式

$$V = \dfrac{A}{Y} + \dfrac{b}{Y^2}$$

此公式的假设前提是：①净收益未来第 1 年为 A，此后按数额 b 逐年递增；②报酬率为 Y，Y 不等于 0；③收益期限为无限年。

（四）净收益按一定数额递减的公式

净收益按一定数额递减的公式只有收益期限为有限年一种，其公式为：

$$V = \left(\dfrac{A}{Y} - \dfrac{b}{Y^2}\right)\left[1 - \dfrac{1}{(1+Y)^n}\right] + \dfrac{b}{Y} \times \dfrac{n}{(1+Y)^n}$$

式中，b 为净收益逐年递减的数额，其中，净收益未来第 1 年为 A，未来第 2 年为 $(A-b)$，未来第 3 年为 $(A-2b)$，依此类推，未来第 n 年为 $[A-(n-1)b]$。

此公式的假设前提是：①净收益未来第 1 年为 A，此后按数额 b 逐年递减；②报酬率为 Y，Y 不等于 0；③收益期限为有限年 n。

(五)净收益按一定比率递增的公式

1. 收益期限为有限年的公式

$$V=\frac{A}{Y-g}\left[1-\left(\frac{1+g}{1+Y}\right)^n\right]$$

式中,g 为净收益逐年递增的比率,其中,净收益在未来第 1 年为 A,未来第 2 年为 $A(1+g)$,未来第 3 年为 $A(1+g)^2$,依此类推,未来第 n 年为 $A(1+g)^{n-1}$。

此公式的假设前提是:①净收益未来第 1 年为 A,此后按比率 g 逐年递增;②净收益逐年递增的比率 g 不等于报酬率 r;③收益期限为有限年 n。

2. 收益期限为无限年的公式

$$V=\frac{A}{Y-g}$$

此公式的假设前提是:①净收益未来第 1 年为 A,此后按比率 g 逐年递增;②净收益逐年递增的比率 g 不等于报酬率 r;③收益期限为无限年。

(六)净收益按一定比率递减的公式

1. 收益期限为有限年的公式

$$V=\frac{A}{Y+g}\left[1-\left(\frac{1-g}{1+Y}\right)^n\right]$$

式中,g 为净收益逐年递减的比率,其中,净收益在未来第 1 年为 A,未来第 2 年为 $A(1-g)$,未来第 3 年为 $A(1-g)^2$,依此类推,未来第 n 年为 $A(1-g)^{n-1}$。

此公式的假设前提是:①净收益未来第 1 年为 A,此后按比率 g 逐年递减;②净收益逐年递增的比率 g 不等于报酬率 r;③收益期限为有限年 n。

2. 收益期限为无限年的公式

$$V=\frac{A}{Y+g}$$

此公式的假设前提是:①净收益未来第 1 年为 A,此后按比率 g 逐年递增;②净收益逐年递增的比率 g 不等于报酬率 r;③收益期限为无限年。

(七)预知未来若干年后的价格的公式

预测不动产未来 t 年期间的净收益分别为 A_1,A_2,…,A_t,第 t 年末的价格为 V_t,则其现在的价格为:

$$V=\sum_{i=1}^{t}\frac{A_i}{(1+Y)^i}+\frac{V_t}{(1+Y)^t}$$

式中 V——不动产现在的价格;

A_i——不动产未来 t 年期间的净收益,简称期间收益;

V_t——不动产在未来第 t 年末的价格(或第 t 年末的市场价值,或第 t 年末的残值;如果购买不动产的目的是为了持有一段时间后转售,则为预测的第 t 年末转售时的价格减去销售税后的净值,简称期末转售收益。期末转售收益是在持有期末转售不动产时可以获得的净收益);

t——持有不动产的期限,简称持有期。

公式原型为：

$$V=\frac{A_1}{1+Y}+\frac{A_2}{(1+Y)^2}+\cdots+\frac{A_t}{(1+Y)^t}+\frac{V_t}{(1+Y)^t}$$

此公式的假设前提是：①已知不动产未来 t 年期间的净收益为 A_1、A_2，…，A_t；②已知不动产在未来第 t 年末的价格为 V_t；③期间收益和期末转售收益具有相同的报酬率 Y。

上述公式中如果净收益每年不变为 A，则公式变为：

$$V=\frac{A}{Y}\left[1-\frac{1}{(1+Y)^t}\right]+\frac{V_t}{(1+Y)^t}$$

二、直接资本化法的公式

（一）直接资本化法的含义及基本公式

直接资本化法是预测估价对象未来第一年的收益，然后将未来第一年的收益除以合适的资本化率或乘以合适的收益乘数来求取估价对象价值的方法。其中，将未来第一年的收益乘以合适的收益乘数来求取估价对象价值的方法，具体称为收益乘数法。

资本化率是不动产的某种年收益与其价格的比率，即：

$$资本化率＝年收益/价格$$

利用资本化率将年收益转换为价值的直接资本化法的常用公式是：

$$V=NOI/R$$

式中　V——不动产价值；

　　　NOI——不动产未来第一年的净收益；

　　　R——资本化率。

收益乘数是不动产的价格除以其某种年收益所得的倍数，即：

$$收益乘数＝价格/年收益$$

利用收益乘数将年收益转换为价值的直接资本化法公式为：

$$不动产价值＝年收益×收益乘数$$

（二）几种收益乘数法

1. 毛租金乘数法

毛租金乘数法是将估价对象未来某一年或某一个月的毛租金乘以相应的毛租金乘数来求取估价对象价值的方法。毛租金乘数一般用于土地或出租型住宅的估价。但由于它的计算方法比较粗糙，往往作为市场法或其他收益法的一个补充。毛租金乘数法的公式如下：

$$不动产价值＝毛租金×毛租金乘数$$

2. 潜在毛收入乘数法

潜在毛收入乘数法是将估价对象某一年的潜在毛收入乘以潜在毛收入乘数来求取估价对象价值的方法。与毛租金乘数法相比，潜在毛收入乘数相对全面一些，它考虑了不动产租金以外的收入，但同样没有考虑不动产空置率和运营费用的差异。当估价对象与可比实例不动产的空置率差异不大，并且运营费用比率相似，则使用潜在毛收入乘数法是一种简单可行的方法。潜在毛收入乘数法的公式如下：

不动产价值＝某一年的潜在毛收入×潜在毛收入乘数

3. 有效毛收入乘数法

有效毛收入乘数法是将估价对象某一年的有效毛收入乘以有效毛收入乘数来求取估价对象价值的方法。它考虑了房地产租金以外的收入和房地产的空置率，但没有考虑运营费用的差异，只适用于做粗略的估价。当估价对象与可比实例不动产的空置率有较大差异，而且这种差异预计还将继续下去时，则使用有效毛收入乘数比使用潜在毛收入乘数更为合适。有效毛收入乘数法的公式如下：

不动产价值＝某一年的有效毛收入×毛收入乘数

4. 净收益乘数法

净收益乘数法是将估价对象某一年的净收益乘以净收益乘数来求取估价对象价值的方法。公式如下：

不动产价值＝某一年的净收益×净收益乘数

由于净收益乘数与资本化率是互为倒数的关系，通常很少直接采用净收益乘数法形式，而采用资本化率将净收益转换为价值的形式，即：

不动产价值＝净收益/资本化率

三、报酬资本化法与直接资本化法的比较

（一）直接资本化法的优缺点

直接资本化法的优点是：①不需要预测未来许多年的净收益，通常只需要测算未来第一年的收益；②资本化率或收益乘数直接来源于市场上所显示的收益与价值的关系，能较好地反映市场的实际情况；③计算过程较简单。

但由于直接资本化法利用的是未来第一年的收益来资本化，所以要求有较多与估价对象的净收益流模式相同的房地产来求取资本化率或收益乘数，对可比实例的依赖很强。例如，要求选取的房地产的收益变化与估价对象的收益变化相同，否则估价结果会有误。假设估价对象的净收益每年上涨2％，而选取的房地产的净收益每年上涨3％，如果以该房地产的资本化率8％将估价对象的净收益转换为价值，则会高估估价对象的价值。

（二）报酬资本化法的优缺点

报酬资本化法的优点是：①指明了房地产的价值是其未来各期净收益的现值之和，这既是预期原理最形象的表述，又考虑到了资金的时间价值，逻辑严密，有很强的理论基础；②每期的净收益或现金流量都是明确的，直观并容易理解；③由于具有同等风险的任何投资的报酬率应是相近的，所以不必直接依靠与估价对象的净收益流模式相同的房地产来求取报酬率，而通过其他具有同等风险的投资的收益率也可以求取报酬率。

但由于报酬资本化法需要预测未来各期的净收益，从而较多地依赖于估价师的主观判断，并且各种简化的净收益流模式不一定符合实际情况。当相似的预期收益存在大量的可比市场信息时，直接资本化法是相当可靠的。当市场可比信息缺乏时，报酬资本化法则能提供一个相对可靠的评估价值，因为估价师可以通过投资者在有同等风险的投资上所要求的收益率来确定估价对象的报酬率。

第三节　收益法公式中相关变量的求取

一、收益期限的确定

收益期限是估价对象自估价时点起至未来可以获得收益的时间。收益期限应根据建筑物剩余经济寿命、建设用地使用权剩余期限等来确定。

建筑物剩余经济寿命与建设用地使用权剩余期限有以下 3 种情况。

（1）两者同时结束　此时，收益期限等于建筑物剩余经济寿命，也等于建设用地使用权剩余期限。

（2）建筑物剩余经济寿命早于建设用地使用权剩余期限结束　此时，不动产的价值等于以建筑剩余经济寿命为收益期限计算的不动产价值，加上建筑物剩余经济寿命结束后的剩余期限建设用地使用权在估价时点的价值。

（3）建筑物剩余经济寿命晚于建设用地使用权剩余期限结束　此时分为两种情况：一种是出让合同约定给予补偿的情况，另一种是出让合同约定不给予补偿的情况。

出让合同约定土地出让期限届满需要无偿收回国有建设用地使用权时，对收回的建筑物予以补偿：房地产的价值等于以建设用地使用权剩余期限为收益期限计算的房地产价值，加上建设用地使用权剩余期限结束时建筑物的残余价值折算到估价时点的价值。

对出让合同约定土地出让期限届满需要无偿收回国有建设用地使用权时，对收回的建筑物不予补偿的，以建设用地使用权剩余期限为收益期限。

二、净收益的求取

（一）净收益测算的基本原理

收益性不动产获取收益的方式，可分为出租和营业两大类。因此净收益的求取也分为两种情况：一是出租型不动产净收益的求取，二是营业型不动产净收益的求取。

1. 出租不动产的净收益确定

出租型不动产净收益从测算的基本公式为：

净收益＝潜在毛租金收入－空置和收租损失＋其他收入－运营费用＝有效毛收入－运营费用

其中，潜在毛收入，是房地产在充分利用、没有空置下所能获得的归因于房地产的总收入；有效毛收入，是从潜在毛收入中扣除空置和收租损失以后得到的归因于不动产的收入；运营费用，是维持不动产正常使用或营业的必要费用，包括房地产税、保险费、人员工资及办公费用、保持不动产正常运转的成本、为承租人提供服务的费用等，运营费用与有效毛收入之比，称为运营费用率。

潜在毛收入、有效毛收入、运营费用、净收益等，通常以年度计，并假设在年末发生。

2. 经营型不动产的净收益确定

经营型不动产的净收益测算与基于出租收入的净收益测算，主要有两个方面的区别：①潜在毛收入或有效毛收入变成了经营收入；②要扣除属于其他资本或经营的收益。基于租金收入测算的净收益由于归属于其他资本或经营的收益在房地产租金之外，即实际上已经扣除，所以不再扣除归属于其他资本或经营的收益。

（二）不同收益类型不动产净收益的求取

1. 出租的房地产净收益求取

出租不动产是收益法估价的典型对象，包括出租的住宅、写字楼、商铺、厂房、土地等，其净收益通常为租赁收入扣除由出租人负担的费用后的余额。其中，租赁收入包括租金收入和租赁保证金或押金的利息收入。出租人负担的费用，根据房租构成因素（地租、房屋折旧、维修费、管理费、投资利息、保险费、房地产税、租赁费用、租赁税费和利润），一般为其中的维修费、管理费、保险费、房地产税、租赁费用、租赁税费。在实际中出租人负担的费用是出租人与承租人约定或按惯例由出租人负担的部分。

在实际求取净收益时，通常是在分析租约的基础上决定所要扣除的费用。如果租约约定保证合法、安全、正常使用所需要的一切费用均由出租人负担，则应将它们全部扣除；如果租约约定部分或全部费用由承租人负担，则出租人所得的租赁收入就接近于净收益，此时扣除的费用项目就要相应减少。当按惯例确定出租人负担的费用时，要注意与租金水平相匹配。

不动产租赁中，如果出租人负担的费用项目多，名义租金就会高一些；如果承租人负担的费用项目多，名义租金就会低一些。

2. 营业的不动产净收益的求取

（1）商业经营的不动产，应根据经营资料测算净收益，净收益为商品销售收入扣除商品销售成本、经营费用、商品销售税金及附加、管理费用、财务费用和商业利润。

（2）工业生产的不动产，应根据产品市场价格以及原材料、人工费用等资料测算净收益，净收益为产品销售收入扣除生产成本、产品销售费用、产品销售税金及附加、管理费用、财务费用和厂商利润。

（3）农地净收益的测算，是由农地年产值扣除种苗费、肥料费、水利费、农药费、农具费、人工费、畜工费、机工费、农舍费、投资利息、农业税、农业利润等。

3. 自用或尚未使用的房地产净收益求取

自用或尚未使用的房地产，可以根据同一市场上有收益的类似房地产的有关资料按上述相应的方式测算净收益，或者通过类似房地产的净收益直接比较得出净收益。

4. 混合收益的不动产净收益的求取

其净收益视具体情况采用下列3种方式之一求取。
（1）首先测算各种类型的收入，然后测算各种类型的费用，再将总收益减去总费用。
（2）把费用分为变动费用和固定费用，将测算出的各种类型的收入分别减去相应的变动费用，予以加总后再减去总的固定费用。变动费用是其总额随着业务量的变动而变动的费用；固定费用是其总额随着业务量的变动而不变的费用。
（3）把混合收益的房地产看成是各种单一收益类型不动的简单组合，先分别根据各自的收入和费用求出各自的净收益，然后将所有的净收益相加。

（三）求取净收益应注意的问题

1. 有形收益和无形收益

有形收益是由不动产带来的直接货币收益。无形收益是指不动产带来的间接利益。求取净收益时不仅要包括有形收益，还要考虑无形收益。无形收益难以货币化，可通过选取较低的资本化率加以考虑。若无形收益已通过有形收益得到体现，则不应再单独考虑，如显示形象地位的写字楼有较高的租金。

2. 实际收益和客观收益

实际收益是在现状下实际取得的收益，不能直接用于估价。

客观收益是排除了实际收益中属于特殊的、偶然的因素后所能得到的一般正常收益，可以作为估价的依据。

估价中采用的潜在毛收入、有效毛收入、运营费用或净收益，除有租约限制的之外，都应采用正常客观的数据。利用估价对象本身的资料直接推算出的潜在毛收入、有效毛收入、运营费用或净收益，应与类似不动产的正常情况下的潜在毛收入、有效毛收入、运营费用或净收益进行比较。若与正常客观的情况不符，应进行适当的调整修正，使其成为正常客观的。

有租约限制的，租约期内的租金宜采用租约所确定的租金，租约期外的租金应采用正常客观的租金。

【例 6-4】 某门市的土地剩余使用年限为 3 年，可出租面积 200 平方米，从现在租赁出去，期限为 2 年，约定好月租金是 180 元/平方米，且每年不变，附近类似门市的正常月租金是 200 元/平方米、报酬率是 10%，运营费用率为 30%，请计算该门市现在带租约出售时的正常价格。

解： 租赁期限内的年净收益 $= 200 \times 180 \times (1-30\%) \times 12$
$$= 302400(元)$$

租赁期限外的年净收益 $= 200 \times 200 \times (1-30\%) \times 12$
$$= 336000(元)$$

该门市的正常价格 $= 302400/(1+10\%) + 302400/(1+10\%)^2 + 336000/(1+10\%)^3$
$$= 777268(元)$$

收益法的一种变通形式是"成本节约资本化法"。当一种权益或资产虽然不产生收入，但可以帮助其所有者避免原本可能发生的成本时，就可以采用这种方法评估其价值。该方法的实质是，某种权益或资产的价值等于其未来有效期内可以节约的成本的现值之和。承租人权益价值评估是这种方法的典型运用。承租人权益的价值等于剩余租赁期间各期合同租金与市场租金差额的现值之和。如果合同租金低于市场租金，则承租人权益就有价值；反之，如果合同租金高于市场租金，则承租人权益就是负值。

【例 6-5】 承租人甲与出租人乙于 5 年前签订了一套住宅的租赁合同，该套住宅面积为 $200 m^2$，租赁期限为 8 年，年租金固定不变为 480 元/m^2。现市场上类似住宅的年租金为 600 元/m^2。若折现率为 8%，请计算承租人甲当前的权益价值。

解： 承租人甲当前的权益价值 $= A \times [1-1/(1+Y)^n]/Y$
$$= (600-480) \times [1-1/(1+8\%)^3]/8\%$$
$$= 6.19(万元)。$$

同一宗不动产，有租约限制下的价值（也称为出租人权益价值、带租约的房地产价值）、无租约限制下的价值（也称为完全产权价值、不动产本身的价值）和承租人权益价值三者之间的关系为：

有租约限制下的价值＝无租约限制下的价值－承租人权益价值

3. 乐观估计、保守估计和最可能估计

要求估价师同时给出净收益的三种估计值：一是乐观的估计值；二是较保守的估计值；三是最可能的估计值。除了评估不动产抵押价值应遵循谨慎原则而选用较保守的估计值外，其他目的的估价都应选用最可能的估计值。

三、报酬率的求取

(一) 报酬率的实质

报酬率即折现率，是与利率、内部收益率同类性质的比率，为投资回报与所投入资本的比率，即：

$$报酬率 = 投资回报 / 所投入的资本$$

为了进一步搞清楚报酬率的内涵，需要搞清楚一笔投资中投资回收与投资回报的概念及其之间的区别。投资回收是指所投入资本的收回，即保本。投资回报是指所投入资本全部回收之后所获得的额外资金，即报酬。

可将购买收益性不动产视为一种投资行为，投资需要投入的资本是不动产价格，试图获取的收益是不动产预期产生的净收益。投资既要获得收益，又要承担风险。从全社会来看，报酬率与所投资风险正相关，风险大的投资，其报酬率也高，反之则低。

因此，在不动产估价中选用的报酬率，应等同于与获取估价对象产生的净收益具有同等风险的投资的报酬率。

(二) 报酬率的求取方法

1. 累加法

累加法是将报酬率视为包含无风险报酬率和风险报酬率两大部分，然后分别求出每一部分，再将它们相加得到报酬率的方法。无风险报酬率又称安全利率，是无风险投资的报酬率，一般选用同一时期的国债利率或银行存款利率。

风险报酬利率是指承担额外风险所要求的补偿，即超过无风险报酬率以上部分的报酬率，具体是估价对象不动产存在的具有自身投资特征的区域、行业、市场等风险的补偿。

2. 市场提取法

市场提取法是利用与估价对象不动产具有类似收益的可比实例不动产的价格、净收益等资料，选用相应的报酬资本化公式，反求出报酬率的方法。

（1）在 $V = A/Y$ 的情况下，是通过 $Y = A/V$ 来求取 Y，即可以将市场上类似不动产的净收益与其价格的比率作为报酬率。

（2）在 $V = A/Y \times [1 - 1/(1+r)^n]$ 的情况下，可通过下式求取 Y。在手工计算的情况下，是先采用试错法试算，计算到一定程度后再采用线性内插法求取。

设 $A/Y \times [1 - 1/(1+r)^n] - V = 0$

（3）在 $V = A/(Y-g)$ 的情况下，通过 $Y = A/V + g$ 来求取 Y。

3. 投资报酬率排序插入法

（1）调查、搜集估价对象所在地区的不动产投资、相关投资及其报酬率和风险程度的资料，如各种类型的政府债券利率、银行存款利率、公司债券利率、基金收益率、股票收益率及其他投资的报酬率等。

（2）将所搜集的不同类型投资的报酬率按从低到高的顺序排列，制成图表。

（3）将估价对象与这些类型投资的风险程度进行分析比较、考虑管理的难易、投资的流动性以及作为资产的安全性等，判断出同等风险的投资，确定估价对象风险程度应落的位置。

（4）根据估价对象风险程度所落的位置，在图表上找出对应的报酬率，从而就求出了估价对象的报酬率。

四、资本化率和收益乘数的求取

资本化率和收益乘数都可采用市场提取法，通过市场上近期交易的与估价对象的净收益流模式（包括净收益的变化、收益期限的长短）等相同的许多类似房地产的有关资料（由这些资料可求得年收益和价格）求取。

第四节　投资组合技术和剩余技术

一、投资组合技术

投资组合技术主要有土地与建筑物的组合和抵押贷款与自由资金的组合。

（一）土地与建筑物的组合

资本化率分为综合资本化率、土地资本化率、建筑物资本化率。运用直接资本化法估价时，由于估价对象不同，例如评估的是房地价值还是土地价值或建筑物价值，采用的资本化率应有所不同。综合资本化率是求取房地价值时应当采用的资本化率；土地资本化率是求取土地价值时应当采用的资本化率；建筑物资本化率是求取建筑物价值时应当采用的资本化率。综合资本化率、土地资本化率和建筑物资本化率三者要严格区分，根据估价对象的不同，选取相对应的资本化率。

综合资本化率、土地资本化率和建筑物资本化率三者既有不同，但又是相互联系的。当已知两种资本化率时，可以求出另外一种资本化率。它们之间的关系按下式确定：

$$R_0 = L \times R_L + B \times R_B$$

式中　R_0——综合资本化率，%，适用于土地与建筑物合一的估价；

R_L——土地资本化率，%，适用于土地资本估价；

R_B——建筑物资本化率，%，适用于建筑物估价；

L——土地价值占房地产价值的比率，%；

B——建筑物价值占房地价值的比率，%，$L+B=100\%$。

根据综合资本化率、土地资本化率和建筑物资本化率三者之间的关系，当已知两种资本化率时，可以求出另外一种资本化率公式如下：

$$R_0 = (V_L \times R_L + V_B \times R_B)/(V_L + V_B)$$

$$R_L = [(V_L + V_B)R_0 - V_B \times R_B]/V_L$$

$$R_B = [(V_L + V_B)R_0 - V_L \times R_L]/V_B$$

（二）抵押贷款与自有资金的组合

购买不动产的资金通常由两部分构成：一部分是自有资金，另一部分是抵押贷款。因此，不动产的报酬率必须同时满足这两部分资金对投资报酬的要求。自有资金对应的资本化率为自有资金资本化率，抵押贷款对应的资本化率为抵押贷款常数，综合资本化率为抵押贷款常数与自有资金资本化率的加权平均数，即：

$$R_0 = M \times R_M + (1-M) \times R_E$$

式中　R_0——综合资本化率，%；

　　　M——贷款价值比率，%，抵押贷款额占房地产价值的比率，一般介于60%~90%；

　　　R_M——抵押贷款资本化率（年抵押贷款常数），%，第一年还本息额与抵押贷款额的比率；

　　　R_E——自有资本要求的正常收益率，%。

二、剩余技术

剩余技术（residual technique）是当已知整体不动产的净收益、其中某一构成部分的价值和各构成部分的资本化率时，从整体不动产的净收益中扣除归属于已知构成部分的净收益，求出归属于另外构成部分的净收益，再用相应的资本化率资本化从而得出不动产中未知部分构成部分的价值的方法。

（一）土地剩余技术

土地与地上建筑物共同产生收益，但如果用收益法以外的方法能求得建筑物的价值时，可利用收益法公式求得归属于建筑物的净收益，得到归属于土地的净收益，再用土地资本化率资本化，即可求得土地的价值。这种技术称为土地剩余技术。土地剩余技术的公式为：

$$V_L = \frac{A_0 - V_B \times R_B}{R_L}$$

式中　V_L——土地价值；

　　　A_0——土地与地上建筑物共同产生的净收益（通常是通过房租求取的净收益）；

　　　V_B——建筑物价值（采用收益法以外的方法，多数情况下是采用成本法求取）；

　　　R_B——建筑物资本化率；

　　　R_L——土地资本化率。

将建筑物价值与土地价值相加可得到整体不动产价值。

【例6-6】　某宗不动产每年净收益为50万元，建筑物价值为200万元，建筑物资本化率为12%，土地资本化率为10%。试计算该宗不动产价值。

解：土地价值=（50-200×12%）÷10%=260（万元）

该不动产价值=土地价值+建筑物价值=460（万元）

（二）建筑物剩余技术

土地与地上建筑物共同产生收益，但如果用收益法以外的方法（如市场法）能求得土地的价值时，则可利用收益法公式求得归属于土地的净收益，得到归属于建筑物的净收益，再用建筑物资本化率资本化，即可求得建筑物的价值。这种技术称为建筑物剩余技术。建筑物剩余技术的公式为：

$$V_B = \frac{A_0 - V_L \times R_L}{R_B}$$

将建筑物价值与土地价值相加可得到整体不动产价值。

建筑物剩余技术还可用来测算建筑物的折旧。将建筑物的重新构建价格减去运用建筑物剩余技术求取的建筑物价值即为建筑物的折旧。

（三）自有资金剩余技术

自有资金剩余技术是在已知抵押贷款金额的情况下，求取自有资金权益价值的剩余技术。自有资金剩余技术的公式为：

$$V_E = \frac{A_0 - V_M \times R_M}{R_E}$$

式中　V_E——自有资金权益价值；
　　　A_0——不动产净收益；
　　　V_M——抵押贷款金额或价值；
　　　R_M——抵押贷款利率；
　　　R_E——自有资金资本化率。

（四）抵押贷款剩余技术

抵押贷款剩余技术是在已知自有资金数量的情况下，求取抵押贷款金额或价值的剩余技术。它是从净收益中减去在自有资金资本化率下能满足自有资金的收益，得到属于抵押贷款部分的收益，然后除以抵押贷款利率得到抵押贷款金额或价值。抵押贷款剩余技术的公式为：

$$V_M = \frac{A_0 - V_E \times R_E}{R_M}$$

第五节　收益法总结和应用举例

一、收益法总结

1. 报酬资本化法和直接资本化法

收益法根据资本化方式的不同，分为直接资本化法和报酬资本化。
不动产价值＝不动产净收益/报酬率
不动产价值＝不动产收益×收益乘数
本章难点在收益法计算公式、难点是净收益的求取和报酬率、资本化率的确定。

2. 净收益与资本化率的匹配

资本化率分为综合资本化率、土地资本化率、建筑物资本化率。运用直接资本化法估价时，由于估价对象不同，例如评估的是房地价值还是土地价值或建筑物价值，采用的资本化率应有所不同。

(1) 由土地收益求取土地价值

土地价值＝土地净收益/土地资本化率

(2) 由建筑物收益求取建筑物价值

建筑物价值＝建筑物净收益/建筑物资本化率

(3) 由房地收益求取房地价值

房地价值＝房地净收益/综合资本化率

(4) 由房地收益单独求取土地价值（土地剩余技术）

土地价值＝（房地产净收益－建筑物净收益）/土地资本化率

＝（房地产净收益－建筑物价值×建筑物资本化率）/土地资本化率

＝房地净收益/综合资本化率－建筑物价值

(5) 由房地收益单独求取建筑物价值（建筑物剩余技术）

建筑物价值＝（房地产净收益－土地净收益）/建筑物资本化率

＝（房地产净收益－土地价值×土地资本化率）/建筑物资本化率

＝房地净收益/综合资本化率－土地价值

二、应用举例

1. 某旅馆共有 300 张床位，平均每张床位每天向客人实收 50 元，年平均空房率为 30%，平均每个月运营费用为 14 万。据调查，当地同档次旅馆一般床位价格每床每天 45 元，年平均空房率为 20%，正常营业每月总费用占每月总收入的 30%；该类不动产的资本化率为 10%。请选用所给资料测算该旅馆的价值。

解： 该题主要是注意区分实际收益与客观收益及在何种情况下应该采用何种收益进行估价问题；在估价中，一般除了有租约限制的以外，都应该采用客观收益。在弄清楚此问题基础上，该旅馆价值测算如下：

年有效毛收入＝300×45×365×(1－20%)

＝394.20(万元)

年运营费用＝394.2×30%＝118.26(万元)

年净收益＝394.2－118.26＝275.94(万元)

旅馆价值＝275.94÷10%＝2759.4(万元)

2. 某宗不动产建成于 2000 年底，此后收益年限为 48 年；2001 年底至 2004 年底分别获得净收益 83 万元、85 万元、90 万元、94 万元；预计，2005 年底至 2007 年底可分别获得净收益 94 万元、93 万元、96 万元，从 2008 年底起每年可获得净收益将稳定在 95 万元；该类不动产的报酬率为 9%。试利用上述资料测算该宗不动产 2004 年底的收益价格。

解： 注意区分过去收益与未来收益问题。该宗房地产在 2004 年底的收益价格为：

$$V = \sum_{i=1}^{t} \frac{A_i}{(1+Y)^i} + \frac{A}{Y(1+Y)^t}\left[1 - \frac{1}{(1+Y)^{n-t}}\right]$$

$$= \frac{94}{1+9\%} + \frac{93}{(1+9\%)^2} + \frac{96}{(1+9\%)^3}$$

$$+ \frac{95}{9\%(1+9\%)^3} \times \left[1 - \frac{1}{(1+9\%)^{44-3}}\right]$$

＝1029.92(万元)

3. 今有一平房，基地面积 150m²，建筑面积 100m²，土地使用权年限 60 年，从 1998 年 8 月 20 日起计。该建筑于 1999 年 8 月 20 日建成投入使用，经济寿命 60 年。该建筑物原值 500 元/m²，残值率为 2%。此平房出租每月租金 2000 元，押金 1 万元。押金运用收益率 8%。租金损失准备金按 1 个月租金收入计提。税费包括房产税、营业税、城市维护建设税和教育费附加，四税合计为年租金收入的 17.5%，管理费用按年租金收入 5% 计提，维修费和保险费均按建筑物原值 2% 计提。试根据上述资料，评估该出租房屋 2006 年 8 月 20 日的收益价格。（报酬率为 10%）

解：(1) 潜在毛收入 $=2000\times12+10000\times8\%$
$$=24800（元）$$
(2) 有效毛收入 $=24800-2000=22800$（元）
(3) 运营费用 $=22000\times17.5\%+22000\times5\%+50000\times2\%\times2$
$$=6950（元）$$
(4) 净效益 $=22800-6950=15850$（元）
(5) 收益价格 $=\dfrac{15850}{10\%\times\left[1-\dfrac{1}{(1+10\%)^{52}}\right]}$
$$=157384.14（元）$$

4. 某宾馆总建筑面积 10000m²；一层建筑面积 2000m²，其中 500m² 为宾馆大堂，1500m² 出租用于餐厅和咖啡厅；其余各层为宾馆客房、会议室和自用办公室。该宾馆共有客房 190 间（建筑面积 7600m²），会议室 2 间（建筑面积 200m²），自用办公室 3 间（建筑面积 200m²）；当地同档次宾馆每间客房每天的房价为 200 元，年平均空置率为 30%；会议室的租金平均每间每次 500 元，平均每间每月出租 20 次；附近同档次一层商业用途房地产的正常市场价格为每平方米建筑面积 15000 元，同档次办公楼的正常市场价格为每平方米建筑面积 8000 元。该宾馆正常经营平均每月总费用占客房每月总收入的 40%。当地宾馆这种类型的房地产的资本化率为 8%。试利用上述资料估计该宾馆的正常总价格。

解：(1) 计算一层餐厅和咖啡厅的价格：
$$15000\times1500=22500000（元）=2250（万元）$$
(2) 计算宾馆客房年总收益：
$$200\times190\times365\times(1-30\%)=9709000（元）=970.9（万元）$$
(3) 计算宾馆会议室年总收益：
$$500\times20\times2\times12=240000（元）=24（万元）$$
(4) 计算宾馆年总费用：$970.9\times40\%=388.36$（万元）
(5) 计算宾馆自营部分年净收益：
$$970.9+24-388.36=606.54（万元）$$
(6) 计算宾馆自营部分价格（大堂、客房、会议室、办公室）：
$$60654\div8\%=7581.75（万元）$$
(7) 计算该宾馆的正常总价格：
$$7581.75+2250=9831.75（万元）$$

【思考题】

1. 什么是收益法？

2. 收益法的理论依据？
3. 收益法使用的估价对象和条件？
4. 收益估价的操作步骤？
5. 报酬资本化法和直接资本化法的含义及其主要区别是什么？
6. 收益法的公式？
7. 净收益求取时应注意的事项？
8. 什么是投资组合技术和剩余技术？

【练习题】

1. 利用收益法或假设开发法评估房地产的投资价值，采用的报酬率或折现率应是（　　）。
　　A. 典型投资者所要求的社会一般报酬率　　B. 典型投资者所要求的社会最高报酬率
　　C. 特定投资者所要求的最低报酬率　　　　D. 特定投资者所要求的最高报酬率

2. 某人承租了一商业房地产，租期为3年，每年年末支付租金。该房地产在3年租期内的净租金为50万元/年，同期的市场净租金为65万元/年，报酬率为7%，该承租人权益价值为（　　）万元。
　　A. 39.36　　　　B. 45.00　　　　C. 131.22　　　　D. 170.58

3. 某酒店5年来年均有效毛收入为420万元，运营费用为220万元，去年底该酒店附近新建一工厂，因噪声污染将造成该酒店今年有效毛收入减少40万元，运营费用减少25万元，该酒店剩余收益期为10年，假设降低后的收益水平在剩余收益期内保持不变，报酬率为8.5%。目前该酒店房地产的价值减损额为（　　）万元。
　　A. 66.34　　　　B. 98.42　　　　C. 984.20　　　　D. 1213.85

4. 某公司5年前与一办公楼所有权人签订了租赁合同，租用其中建筑面积1000m^2的写字楼，约定租赁期限为20年，第一年租金为24万元，以后每年租金在上年租金基础上增加1万元，第8年以后每年租金与第8年租金相同。目前市场上类似办公楼的年租金为360元/m^2（建筑面积）。该类房地产的报酬率为10%，目前该承租人权益价值为（　　）万元。
　　A. 39.48　　　　B. 40.67　　　　C. 41.81　　　　D. 46.84

5. 某套100m^2的期房一年后竣工投入使用，目前类似现房的市场价格为10000元/m^2，预计一年后涨至10500元/m^2，每年末租赁净收益为40000元/套。年折现率为12%，年贷款利率为7%，期房风险补偿为现房价格的3%，该期房目前的市场价格为（　　）万元。
　　A. 93.26　　　　B. 93.43　　　　C. 98.11　　　　D. 98.28

6. 某宗房地产的收益期限为8年，未来第一年的有效毛收入为80万元，运营费用为45万元，此后每年的有效毛收入和运营费用在上年基础上分别递增4%和3%，该房地产的报酬率为6%。该房地产的收益价格为（　　）万元。
　　A. 183.78　　　　B. 257.55　　　　C. 873.19　　　　D. 1427.16

7. 某写字楼年净收益为420万元，未来三年内仍然维持该水平，预计三年后该写字楼价格为现在价格的1.3倍，该写字楼未来获得净收益的报酬率和三年后实现1.3倍现在价格的写字楼价格的报酬率相同，均为13%。该写字楼现在的价格为（　　）万元。
　　A. 992　　　　B. 3306　　　　C. 10014　　　　D. 12723

8. 关于有租约限制房地产估价的说法，错误的是（　　）。
　　A. 因估价目的不同，评估有租约限制房地产价值时可不考虑租约限制
　　B. 承租人权益价值可能为负值

C. 出租人权益价值与合同租金及市场租金有关
D. 承租人权益价值等于房地产剩余经济寿命期间合同租金与市场租金差额的现值之和

9. 某在建商城的建设用地使用权于2年前以出让方式取得，土地使用期限40年，不可续期。预计尚需1.5年建成，总建筑面积为50000m²，可供出租的面积为总建筑面积的80%；经市场调查，目前当地该类商城的市场租金为每月90元/m²，空置率为10%；预测该商城建成后当地该类商城的市场租金为每月100元/m²，空置率为15%，运营费用率为30%。报酬率为10%，折现率为12%，该商城开发完成后的现值为（　　）万元。
A. 22253　　　　B. 23352　　　　C. 26488　　　　D. 27796

10. 收益法估价中求取净收益时，通常不作为运营费用扣除的有（　　）。
A. 电梯折旧费　　　　B. 租赁保证金利息　　　　C. 房地产税
D. 企业（个人）所得税　　E. 房屋保险费

11. 关于资本化率应用及内涵的说法，正确的有（　　）。
A. 资本化率应用在直接资本化法中
B. 资本化率是有效毛收入乘数的倒数
C. 资本化率是通过折现方式将房地产收益转换为价值的比率
D. 资本化率能明确表示房地产的获利能力
E. 资本化率通常用未来第一年的净收益除以价格来计算

12. 收益法估价中采用 $V=A\{1-[(1+g)/(1+Y)]^n\}/(Y-g)$ 的公式时，按照估价对象类似房地产客观租金逐年递增的比率确定 g（元）值。
A. 估价对象实际租金逐年递增的比率
B. 估价对象类似房地产实际租金逐年递增的比率
C. 估价对象类似房地产客观租金逐年递增的比率
D. 估价对象类似房地产客观租金逐年递减的比率

13. 从投资角度理解，投资人购买收益性房地产的目的是为了（　　）。
A. 购买房地产本身　　　　B. 购买该房地产未来所能产生的一系列收益
C. 满足投资需求　　　　D. 抵御风险

14. 关于收益法中求取房地产未来净收益估价值的说法，正确的有（　　）。
A. 评估投资价值可选用较乐观的估计值
B. 评估抵押应选用较保守的估计值
C. 评估期房市场价格应选用最高的估计值
D. 评估买卖价格应选用最可能的估计值
E. 评估保险价值应选用最低的估计值

15. 有一空置写字楼，目前不仅无收益，而且要缴纳房产税等，其收益价格估算可采用（　　）。
A. 类似写字楼的客观收益　　　　B. 市场比较法
C. 该写字楼的实际收益　　　　D. 无法估算

16. 某写字楼预计持有两年后出售，持有期的净收益每年216万元，出售时的价格为5616万元，报酬率为8%，则该写字楼目前的收益价格为（　　）万元。
A. 4858　　　　B. 5200　　　　C. 2700　　　　D. 6264

17. 某宗房地产预计未来第一年的总收益和总费用分别为12万元和7万元，此后分别逐年递增2%和1%，该类房地产的报酬率为8%，该房地产的价格为（　　）万元。
A. 100　　　　B. 42　　　　C. 63　　　　D. 77

18. 收益法适用的条件是房地产的（　　）。
    A. 收益能够量化　　　　　　　B. 风险能够量化
    C. 收益或风险其一可以量化　　D. 收益和风险均能量化

19. 某门市的土地剩余使用年限为3年，可出租面积200m²，从现在租赁出去，期限为2年，约定好月租金=180元/m²，且每年不变，附近类似门市的正常月租金是200元/m²、报酬率是10%，运营费用率为30%，则该门市现在带租约出售时的正常价格是（　　）。
    A. 700000元　　B. 695554元　　C. 777268元　　D. 800500元

20. 收益法的理论依据是（　　）。
    A. 生产费用价值论　　B. 经济原理
    C. 替代原理　　　　　D. 预期原理

21. 在建筑物剩余经济寿命早于建设用地使用权剩余期限结束的情况下，房地产的价值包含（　　）。
    A. 以土地使用权剩余期限为收益期限计算的房地产价值
    B. 以土地使用权年限为收益期限计算的房地产价值
    C. 以建筑物剩余自然寿命为收益期限计算的房地产价值
    D. 以建筑物剩余经济寿命为收益期限计算的房地产价值
    E. 建筑物剩余经济寿命结束后的剩余期限建设用地使用权在估价时点的价值

22. 判定一宗房地产是否为收益性房地产，关键是看该房地产（　　）。
    A. 目前是否有经济收入　　　　B. 过去是否带来了经济收益
    C. 是否具有产生经济收益的能力　D. 目前的收入是否大于运营费用

23. 某商铺建筑面积为500m²，建筑物的剩余经济寿命和剩余土地使用年限为35年，市场上类似商铺按建筑面积计的月租金为120元/m²，运营费用率为租金收入的25%，该类房地产的报酬率为10%。该商铺的价值为（　　）万元。
    A. 521　　B. 533　　C. 695　　D. 711

24. 承租人甲与出租人乙于5年前签订了一套住宅的租赁合同，该套住宅面积为200m²，租赁期限为8年，年租金固定不变为480元/m²。现市场上类似住宅的年租金为600元/m²。若折现率为8%，则承租人甲当前的权益价值为（　　）万元。
    A. 6.19　　B. 6.42　　C. 7.20　　D. 9.58

25. 收益性房地产的价值到底主要取决于（　　）。
    A. 已经获得净收益的大小　　B. 未来获得净收益的风险
    C. 未来获得净收益的大小　　D. 目前总收益的大小
    E. 未来获得净收益期限的长短

26. 有甲乙两宗房地产，甲房地产的收益年限为50年，单价为3500元/m²，报酬率为8%；乙房地产收益年限为30年，单价为3000元/m²，报酬率为6%。那么，甲的价格（　　）乙的价格。
    A. 高于　　B. 低于　　C. 等于　　D. 条件不足，无法确定

27. 某建筑物的重置价格为100万元，自竣工之日到估价时点已有10年，根据建筑物的实际情况，认为维修保养得好，有效年龄相当于12年，经济寿命为35年，残值率为5%。如果用直线法计算该建筑物的年折旧额、折旧总额，则该建筑物的现值为（　　）万元。
    A. 32.57　　B. 27.14　　C. 67.43　　D. 50.25

28. 某宗房地产建成于 2002 年 3 月 1 日，此后收益期限为 39 年；2003 年 3 月 1 日至 2006 年 3 月 1 日分别获得净收益为 90 万元、92 万元、95 万元、97 万元；预计 2007 年 3 月 1 日至 2009 年 3 月 1 日可分别获得净收益 98 万元、100 万元、103 万元，从 2010 年 3 月 1 日起每年可获得的净收益将稳定在 105 万元；该类似房地产的报酬率为 9%。则该宗房地产 2006 年 3 月 1 日的收益价格为（　　）万元。

  A. 1276.43　　　B. 1345.68　　　C. 1208.64　　　D. 1097.34

29. 有一空置写字楼，目前不仅无收益，而且要缴纳房产税等，其收益价格估算可采用（　　）。

  A. 类似写字楼的客观收益　　　　B. 市场比较法
  C. 该写字楼的实际收益　　　　　D. 无法估算

30. 收益法在需要利用土地与地上建筑物共同产生的收益单独求取土地的价值或建筑物的价值时，需要采用（　　）。

  A. 房地剩余技术　　　B. 市场剩余技术　　　C. 土地剩余技术
  D. 建筑物剩余技术　　E. 自有资金剩余技术

【答案】

1. C、2. A、3. B、4. C、5. B、6. B、7. C、8. D、9. B、10. BD、11. AE、12. C、13. B、14. ABD、15. A、16. B、17. A、18. D、19. C、20. D、21. DE、22. C、23. A、24. A、25. BCE、26. B、27. C、28. D、29. A、30. CD

【本章小结】

  收益法是运用适当的资本化率，将预期的估价对象房地产未来各期的正常纯收益（客观纯收益）折算到估价时点上的现值，求其之和，以此估算估价对象的客观合理价格或价值的方法。根据将预测的未来收益转换为价值的方式不同，即资本化方式的不同，收益法分为直接资本化法和报酬资本化法。采用收益法得出的价格，称为收益价格。收益法是收益性房地产价格评估的常用方法。

1. 报酬资本化法和直接资本化法

收益法根据资本化方式的不同，分为直接资本化法和报酬资本化。

$$不动产价值 = 不动产净收益 / 报酬率$$

$$不动产价值 = 不动产收益 \times 收益乘数$$

本章难点在收益法计算公式、难点是净收益的求取和报酬率、资本化率的确定。

2. 净收益与资本化率的匹配

资本化率分为综合资本化率、土地资本化率、建筑物资本化率。运用直接资本化法估价时，由于估价对象不同，例如评估的是房地价值还是土地价值或建筑物价值，采用的资本化率应有所不同。

（1）由土地收益求取土地价值

$$土地价值 = 土地净收益 / 土地资本化率$$

（2）由建筑物收益求取建筑物价值

$$建筑物价值 = 建筑物净收益 / 建筑物资本化率$$

(3) 由房地收益求取房地价值
$$房地价值 = 房地净收益 / 综合资本化率$$
(4) 由房地收益单独求取土地价值（土地剩余技术）
$$\begin{aligned}土地价值 &= (房地产净收益 - 建筑物净收益)/土地资本化率\\ &= (房地产净收益 - 建筑物价值 \times 建筑物资本化率)/土地资本化率\\ &= 房地净收益/综合资本化率 - 建筑物价值\end{aligned}$$
(5) 由房地收益单独求取建筑物价值（建筑物剩余技术）
$$\begin{aligned}建筑物价值 &= (房地产净收益 - 土地净收益)/建筑物资本化率\\ &= (房地产净收益 - 土地价值 \times 土地资本化率)/建筑物资本化率\\ &= 房地净收益/综合资本化率 - 土地价值\end{aligned}$$

第七章
假设开发法

【学习目标】

假设开发法的本质是以不动产的预期收益能力为导向，求取待估对象价格。通过本章的学习，应理解假设开发法的含义和理论依据，了解假设开发的适用范围与适用条件，熟练掌握假设开发法的公式和估价程序，准确确定假设开发法计算中的各参数，培养熟练运用假设开发法中的静态与动态方式评估不动产价格的能力。

第一节　假设开发法概述

一、假设开发法的含义

假设开发法也称为剩余法、预期开发法、开发法，是预测估计对象开发完成后的价值和后续开发建设的必要支出及应得利润，然后将估价对象开发完成后的价值减去后续开发建设的必要支出及应得利润来求取估价对象价值的方法。

在本质上，假设开发法与收益法相同，是以不动产的预期收益（具体为预测的不动产开发完成后的价值减去预测的后续开发建设的必要支出及应得利润后的余额）为导向来求取不动产的价值。

在表现形式上，假设开发法是评估新开发的不动产（如新建商品房）价值的成本法的"倒算法"。两者的差别是：成本法中的土地价值为已知，需要求取的是开发完成后的不动产价值；而假设开发法中，开发完成后的不动产价值通过预测得到，需要求取土地价值。

二、假设开发法的理论依据

假设开发法的理论依据与收益法相同，是预期原理，通过预测该土地开发完成后的价格，减去预测的在未来开发经营过程中必须付出的各项成本、费用、税金以及应当获得的开发利润后的余额。

假设开发法的基本思路可以通过开发商购置待建土地的报价过程这一具体事例来加以体现：某开发商准备购置一块土地开发成房屋出售，为了获得一定的开发利润，开发商一般可这样确定购置该土地的最高价格：首先研究这块土地的内外条件，如坐落位置、面积大小、周围环境、规划所允许的用途、容积率和覆盖率等,并分析不动产市场状况,据此选择这块土地的开发方案;选定了开发方案后,开发商就要预测大楼建成后的总售价,然后计算建造该大楼需要支付的总费用(主要包括前期费、建安工程费、配套费以及利息和税收等),这些数据确定之后,开发商就可将楼价减去总开发费用,再减去所要获得的开发利润后的余额作为购置该土地的最高价格。

假设开发法更深层的理论依据类似于地租原理,即任何一块土地的地租都等于该块土地所提供的产品的市场价格减去该块土地生产该产品的个别生产价格,具体表现为:

地租＝市场价格－生产成本－平均利润－资本利息

地租是每年的租金剩余,而假设开发法测算的通常是一次性的价格剩余。

三、假设开发法适用的估价对象和条件

(一)假设开发法适用的估价对象

假设开发法适用的估价对象是:具有开发或再开发潜力并且其开发完成后的价值可采用市场法、收益法等方法求取的不动产,都适用假设开发法估价。

假设开发法的估价对象称为"待开发不动产":包括可供开发建设的土地(包括生地、毛地、熟地,典型的是各种不动产开发用地)、在建工程(不动产开发项目)、可重新改造或改变用途的旧房(包括改建、扩建、重新装饰装修等,如重建,则属于毛地的范畴)。

对于有城市规划设计条件要求,但城市规划设计条件尚未明确的待开发不动产,难以采用假设开发法估价。因为在该不动产的法定开发利用前提未确定的情况下,其价值也就不能确定。如果在这种情况下仍然需要估价的话,估价人员可根据所推测的最可能的城市规划设计条件来估价,但必须将该最可能的城市规划设计条件列为估价的假设和限制条件,并在估价报告中作出特别的提示,说明其对评价结果的影响,或估价结果对它的依赖性。

(二)假设开发法估价需要具备的条件

假设开发法主要是从开发商的角度进行分析的,在分析测算时,必须遵循以下前提条件:必须假设土地或房地产的利用为最佳开发利用方式,包括用途、使用强度、建筑物的设计等;售价的预测和成本的测算必须符合合法原则,符合国家有关政策,包括税收政策;正确分析不动产市场行情,掌握不动产市场中的有关数据信息,正确预测售价和开发成本;假设在开发期间各项成本的投入是均匀投入或分段均匀投入;开发商的利润和开发成本为社会正常平均水平。

假设开发法的可行性主要取决于最佳开发利用方式的选择和未来开发完成的房地产销价的推测,只要做到这两项预测具有一定的准确性,假设开发法的可靠性也就有了一定的保证。要做到这两项预测具有一定的准确性,总体来看就是要求不动产市场比较规范和稳定,具体来说应具备如下五个条件:要有一个明朗、开放及长远的不动产政策;要有一整套稳定、健全的不动产法规;要有一个完整、公开的不动产信息库;要有一个稳定、清晰及全面的有关不动产投资与交易的税费清单;要有一个长远、公开及稳定的政府土地供给(出让)计划。

(三)假设开发法的用途

假设开发法除了能用于待开发不动产价格评估外,还可以为不动产投资者提供以下

分析。
(1) 测算待开发不动产的最高价格；
(2) 测算不动产开发项目的预期利润；
(3) 测算不动产开发中可能的最高费用。

四、假设开发法估价的操作步骤

运用假设开发法一般可以分为下列 6 大步骤进行。
(1) 调查、分析待开发不动产状况和当地不动产市场状况；
(2) 选取最佳的开发利用方式，确定开发完成后的不动产状况；
(3) 预测后续开发经营期；
(4) 预测开发完成后价值；
(5) 预测后续必要支出及应得利润；
(6) 测算待开发房地产价值。

第二节 假设开发法的基本公式

一、假设开发法最基本的公式

假设开发法最基本的公式为：
待开发不动产价值＝开发完成后价值－后续必要支出及应得利润
后续必要支出及应得利润＝取得税费＋后续开发成本＋后续管理费用＋后续销售费用＋后续投资利息＋后续销售税费＋后续开发利润
如果采用成本法求取开发完成后的不动产价值，则：
开发完成后的不动产价值＝待开发不动产价值＋待开发不动产取得税费＋开发成本＋管理费用＋销售费用＋投资利息＋销售税费＋开发利润
对于公式中具体应减去的项目，掌握的基本原则是设想得到估价对象后，往后至开发完成还需要支出的一切合理、必要的费用、税金及应取得的利润。所以，如果是已经投入的费用，则它就包含在待开发不动产的价值内，不应作为扣除项。
另外，运用假设开发法估价应注意的问题有两个：①要把握待开发不动产的状况和开发完成后的房地产状况；②要把握开发完成后的不动产经营方式。
将待开发不动产的状况和开发完成后的不动产状况结合起来，假设开发法估价的情形有以下几种：①估价对象为生地，在生地上进行房屋建设；②估价对象为生地，将生地开发成熟地；③估价对象为毛地，在毛地上进行房屋建设；④估价对象为毛地，将毛地开发成熟地；⑤估价对象为熟地，在熟地进行房屋建设；⑥估价对象为在建工程，将在建工程续建成房屋；⑦估价对象为旧房，将旧房装饰装修改造成新房。
开发完成后的不动产经营方式有：①销售（包括预售、建成后销售）；②出租；③营业（如商场、宾馆、度假村等，投资者将其建成后也可能自己直接经营）。

二、按估价对象和开发完成后的不动产状况细化的公式

(一) 求生地价值的公式

1. 在生地上进行房屋建设的公式

生地价值＝开发完成后价值－生地取得税费－由生地建成房屋的成本－
管理费用－销售费用－投资利息－销售税费－开发利润

相应的成本法的公式为：

开发完成后价值＝生地价值＋生地取得税费＋由生地建成房屋的成本＋
管理费用＋销售费用＋投资利息＋销售税费＋开发利润

2. 将生地开发成熟地的公式

生地价值＝开发完成后的熟地价值－生地取得税费－
由生地开发成熟地的成本－管理费用－销售费用－
投资利息－销售税费－开发利润

相应的成本法的公式为：

开发完成后的熟地价值＝生地价值＋生地取得税费＋由生地建成熟地的成本＋
管理费用＋销售费用＋投资利息＋销售税费＋开发利润

(二) 求毛地价值的公式

1. 在毛地上进行房屋建设的公式

毛地价值＝开发完成后价值－毛地取得税费－由毛地建成房屋的成本－
管理费用－销售费用－投资利息－销售税费－开发利润

相应的成本法的公式为：

开发完成后价值＝毛地价值＋毛地取得税费＋由毛地建成房屋的成本＋
管理费用＋销售费用＋投资利息＋销售税费＋开发利润

2. 将毛地开发成熟地的公式

毛地价值＝开发完成后的熟地价值－毛地取得税费－由毛地开发成熟地的成本－
管理费用－销售费用－投资利息－销售税费－开发利润

相应的成本法的公式为：

开发完成后的熟地价值＝毛地价值＋毛地取得税费＋由毛地开发成熟地的成本＋
管理费用＋销售费用＋投资利息＋销售税费＋开发利润

(三) 求熟地价值的公式(在熟地上建设房屋)

熟地价值＝开发完成后价值－熟地取得税费－由熟地建成房屋的成本－
管理费用－销售费用－投资利息－销售税费－开发利润

相应的成本法的公式为：

开发完成后价值＝熟地价值＋熟地取得税费＋由熟地建成房屋的成本＋
管理费用＋销售费用＋投资利息＋销售税费＋开发利润

（四）求在建工程价值的公式（将在建工程建成房屋）

在建工程价值＝续建完成后价值－在建工程取得税费－续建成本－
　　　　　　管理费用－销售费用－投资利息－销售税费－续建利润

相应的成本法的公式为：

续建完成后价值＝在建工程价值＋在建工程取得税费＋续建成本＋
　　　　　　管理费用＋销售费用＋投资利息＋销售税费＋续建利润

（五）求旧房价值的公式（将旧房重新改造或改变用途成新房）

旧房价值＝重新改造或改变用途后价值－旧房取得税费－
　　　　重新改造或改变用途的成本－管理费用－销售费用－
　　　　投资利息－销售税费－利润

相应的成本法的公式为：

重新改造或改变用途后价值＝旧房价值＋旧房取得税费＋重新改造或改变用途的成本＋
　　　　　　管理费用＋销售费用＋投资利息＋销售税费＋利润

三、按开发完成后的不动产经营方式细化的公式

开发完成后的不动产适宜销售的，其价值适用市场法评估；适宜出租或营业的，其价值适用收益法评估

（一）适用于开发完成后的不动产销售的公式

$$V=V_p-C$$

（二）适用于开发完成后的不动产出租或营业的公式

$$V=V_r-C$$

式中　V——待开发不动产的价值；
　　V_p——采用市场法测算的开发完成后价值；
　　V_r——采用收益法测算的开发完成后价值；
　　C——后续必要支出及应得利润。

第三节　假设开发法的方法

一、假设开发法的方法

不动产开发具有周期长的特点，其开发成本、管理费用、销售费用、销售税费、开发完成后的不动产价值等实际发生的时间不尽相同，特别是大型的不动产开发项目。因此，运用假设开发法估价必须考虑资金的时间价值。考虑资金的时间价值可有两种不同的方式：一是折现的方式，这种方式下的假设开发法称为现金流量折现法；二是计算利息的方式，这种方

式下的假设开发法称为传统方法。

（一）现金流量折现法与传统方法的区别

对开发完成后的不动产价值、开发成本、管理费用、销售费用、销售税费等的测算，在传统方法中主要是根据估价时的不动产市场状况作出的，即它们基本上是静止在估价作业期时的数额；而在现金流量折现法中，是模拟开发过程，预测他们在未来发生时所发生的数额，即要进行现金流量预测。

传统方法不考虑各项支出、收入发生的时间不同，即不是将它们折算到同一时间上的价值，而是直接相加减，但要计算利息，计息期通常到开发完成时止，既不考虑预售，也不考虑延迟销售；而现金流量折现法要考虑各项支出、收入发生的时间不同，即首先要将它们折算到同一时间点上的价值（最终是折算到估价时点上），然后再相加减。

在传统方法中投资利息和开发利润都单独显现出来，在现金流量折现法中这两项都不单独显现出来，而是隐含在折现过程中。所以，现金流量折现法要求折现率既包含安全收益部分（通常的利率），又包含风险收益部分（利润率）。这样处理是为了与投资项目评估中的现金流量分析的口径一致，便于比较。

（二）现金流量折现法和传统法的优缺点

从理论上讲，现金流量折现法测算的结果比较精确，但比较复杂；传统方法测算的结果比较粗略，但相对要简单些。就它们的精确与粗略而言，在现实中可能不完全如此。由于存在众多的未知因素和偶然因素会使预测偏离实际，准确地预测是十分困难的。尽管如此，估价中宜采用现金流量折现法。在难以采用现金流量折现法时可采用传统方法。

二、假设开发法计算中各参数的确定

（一）开发经营期

开发经营期的起点是（假设）取得估价对象（待开发不动产）的日期，即估价时点，终点是预计未来开发完成后的房地产经营结束的日期。

确定开发经营期的目的，是为了把握开发成本、管理费用、销售费用、销售税费等发生的时间和数额，预测开发完成后的不动产售价或租金，以及各项收入和支出的折现或计算投资利息等。

确定开发经营期的方法可采用类似于市场法的方法，即根据同一地区、相同类型、同等规模的类似开发项目已有的正常开发经营期来估计。

开发期一般能较准确地估计。但在现实中因某些特殊因素的影响，可能使开发期延长。如房屋拆迁或土地征用中遇到"钉子户"，基础开挖过程中发现重要的文物等，都可能导致工程停工，使开发期延长。但这类特殊的非正常因素在估计开发期时一般不考虑。经营期、特别是销售期，通常是难以准确估计的，在估计时应考虑未来不动产市场的景气状况。

（二）开发完成后的不动产价值

开发完成后的不动产价值，是指开发完成时的不动产状况的市场价值。该市场价值所对应的日期，通常也是开发完成时的日期，而不是在购买待开发不动产时或开发期间的某个日期（但在市场较好时考虑预售和市场不好时考虑延期租售的是例外）。

开发完成后的不动产价值一般是通过预测求取。对于销售的不动产，通常采用市场法，并考虑类似不动产价格的未来变动趋势，或采用市场法与长期趋势法相结合，即根据类似不动产过去和现在的价格及其未来可能的变化趋势来推测。比较的单位通常是单价而非总价。

对于出租和营业的不动产，如写字楼、商店、旅馆、餐馆，预测其开发完成后的价值，可以先预测其租赁或经营收益，再采用收益法将该收益转换为价值。

（三）开发成本、管理费用、销售费用、销售税费

在实际估价中测算开发成本，管理费用、销售费用、销售税费时，可根据当地的房地产价格构成情况来分项测算，测算时需要预测。

开发成本、管理费用可采用类似于市场法的方法来求取，即通过当地同类不动产开发项目当前的开发成本和管理费用大致为多少来推算，如果预计建筑材料价格、建筑人工费等在未来可能有较大变化，还要考虑未来建筑材料价格、建筑人工费等的变化对开发成本和管理费用的影响。

销售费用和销售税费通常按照开发完成后的不动产价值的一定比率来测算。

（四）投资利息

投资利息测算只有在传统方法中才需要。在传统方法中，正确地测算投资利息需要把握下列六个方面，即应计息的项目、计息期的长短、计息的方式、利率的高低、计息周期、名义利率和实际利率。其中，应计息项目包括：未知的需要求取的待开发不动产价值、待开发不动产取得税费、后续的开发成本、管理费用和销售费用。销售税费一般不计算利息。

一项费用的计息期的起点是该项费用发生的时点，终点通常是建设期的终点，一般不考虑预售和延迟销售的情况；未知的需要求取的待开发不动产价值是假设在估价时点一次性付清，因此其计息的起点是估价时点；后续的开发成本、管理费用、销售费用假设在所发生的时间段内均匀发生，并具体视为集中发生在该时间段的期中。

（五）开发利润

开发利润测算也只有在传统方法中才需要。测算开发利润的方法，通常是以一定基数乘以同一市场上类似不动产开发项目所要求的相应平均利润率。在测算时要注意计算基数与利润率的对应。

（六）投资者购买待开发不动产应负担的税费

投资者购买待开发不动产应负担的税费，是假定一旦购买了待开发不动产，在交易时作为买方应负担的有关税费，如契税、交易手续费等。该项税费通常是根据当地的规定，按待开发不动产价值的一定比率测算。

（七）折现率

折现率是在采用现金流量折现法时需要确定的一个重要参数，应等同于同一市场上类似不动产开发项目所要求的平均报酬率，它体现了资金的利率和开发利润率两部分。

（八）参数测算中应注意的有关问题

1. 注意假设开发法的三种估价前提

估价对象仍然由其拥有者或开发商开发建设，可将这种估价前提简称为"自己开发前提"；估价对象要被其拥有者或开发商自愿转让给他人开发建设，可将这种估价前提简称为"自愿转让前提"；估价对象要被迫转让给他人开发建设，可将这种估价前提简称为"被迫转让前提"。

一般情况下，自己开发前提下评估出的价值＞自愿转让前提下评估出的价值＞被迫转让前提下评估出的价值。

2. 应考虑开发完成后的不动产价值以外的收益

在实际估价中特别是评估投资价值时，有时还应考虑某些额外的收入或节省的费用。

第四节　假设开发法总结和应用举例

一、假设开发法总结

对上述假设开发法的内容进行归纳总结可知。

（1）假设开发法的估价对象是具有开发或再开发潜力的不动产，统称为待开发不动产，可分为待开发的土地、在建工程、可装饰装修改造或可改变用途的旧房三大类。

（2）假设开发法在本质上是一种收益法，在形式上是成本法的倒算法，其估价结果为开发完成后的价值减去开发成本、管理费用、投资利息、销售费用、销售税费、开发利润和投资者购买待开发房地产应负担的税费。

（3）未来开发完成后的价值可以用市场法或长期趋势法求取，也可以用收益法求取。

（4）根据考虑资金时间价值的方式不同，假设开发法分为现金流量折现法和传统方法。

二、应用举例

【例 7-1】 某开发商拟购入 200 亩土地，规划允许建筑面积 $4 \times 10^5 \text{m}^2$，单位建筑面积的建造成本为 1050 元/m^2，专业费用为建造成本的 6%，区内设施配套费预计为建造成本的 15%，税收为销售收入的 5%，年利息率为 12%，开发商的直接成本利润率为 30%，预计单位建筑面积楼价为 3000 元/m^2。使用传统方法求开发商能承受的地价。（总开发时间 4 年，开发成本均匀投入，单利计息）

解： 本题应注意三个方面：第一，购买待开发不动产之费用应计利息；第二，建造成本等是在开发期间均匀投入的，故视之为在开发期中一次性投入；第三，成本利润率是以土地取得成本与开发成本、销售费用之和为基础的，本题中没有销售费用项，故只取前两项之和。

根据题意应采用假设开发法之传统方法来计算。

（1）设开发商能承受的地价为 V

(2) 开发完成后的总价值

$$3000 \times 40 = 120000(万元)$$

(3) 建造成本、专业费用及配套费用

$$1050 \times 40 \times (1 + 6\% + 15\%) = 50820(万元)$$

(4) 投资利息

$$V \times 12\% \times 4 + 50820 \times 12\% \times 2 = 0.48V + 12196.80(万元)$$

(5) 税费

$$120000 \times 5\% = 6000（万元）$$

(6) 开发商利润

$$(V + 50820) \times 30\% = 0.3V + 15246$$

(7) $V = (2) - (3) - (4) - (5) - (6)$

$= 120000 - 50820 - 0.48V - 12196.80 - 6000 - 0.3V - 15246$

$= 35737.2 - 0.78V$

则 $V = 20077.08$（万元）

【例 7-2】 有一成片荒地需要估价，获知该成片荒地的总面积为 $2 km^2$，适宜进行"五通一平"开发后的分块有偿转让；附近地区位置相当的小块"五通一平"的熟地单价为 800 元/m^2；将该片成荒地开发成"五通一平"的熟地的开发成本为 2.5 亿元/km^2，开发期 3 年，开发成本在 3 年开发期内均匀投入；年贷款利率为 12%，投资利润率为 20%；土地转让中卖方需缴纳的税费为转让地块价格的 6%；购买荒地需要交纳的税费为荒地价格的 4%，熟地可转让土地面积的比率为 60%。试用静态方法估算该成片荒地的总价和单价。

解： 设该成片荒地的总价为 P。

(1) 总开发价值 $= 800 \times 2 \times 10^6 \times 60\% = 9.6$(亿元)

(2) 总开发成本 $= 2.5 \times 2 = 5$(亿元)

(3) 总利息 $= P \times (1 + 4\%) \times [(1 + 12\%)^3 - 1] + 5 \times [(1 + 12\%)^{1.5} - 1] = 0.421P + 0.926$(亿元)

(4) 总转让税费 $= 9.6 \times 6\% = 0.576$(亿元)

(5) 购买该成片荒地的税费 $= P \times 4\% = 0.04P$(亿元)

(6) 总利润 $= (1.04P + 5) \times 20\% = 0.208P + 1$(亿元)

(7) 根据假设开发法公式得：

$$P = (1) - (2) - (3) - (4) - (5) - (6) = 1.257(亿元)$$

单价 $= 1.257$ 亿元$/2 km^2 = 65.85$(元/m^2)

【例 7-3】 需要评估一宗"七通一平"熟地 2001 年 9 月的价格，获知该宗土地的面积为 $5000 m^2$，土地剩余使用年限为 65 年，建筑容积率为 2，适宜建造某种类型的商品住宅；预计取得该土地后建造该类商品住宅的开发期为 2 年，建筑安装工程费按建筑面积算为 800 元/m^2，勘察设计等专业费用及管理费为建筑安装工程费的 12%，第一年需要投入 60% 的建筑安装工程费、专业费用及管理费用；销售商品住宅时的广告宣传等费用为其售价的 2%，房地产交易中卖方需要缴纳的营业税为售价的 6%，购买土地方需要缴纳的契税等为交易价格的 3%；预计该商品住宅在建成时可全部售出，售出时的平均价格按建筑面积算为 2000 元/m^2。试利用所给资料采用假设开发法中的现金流量折现法估算该宗地 2001 年 9 月的总价，单价和楼面地价（折现率为 12%）。

解：（1）设该宗土地的总价为 P。

(2) 开发完成后的总价值
$$2000 \times 5000 \times 2 / (1+12\%)^2 = 1594.39(万元)$$

(3) 建安工程费等的总额
(假设各年建安工程费的在各年是均匀投入)
$$800 \times (1+12\%) \times 5000 \times 2 \times \left[\frac{60\%}{(1+12\%)^{0.5}} + \frac{40\%}{(1+12\%)^{1.5}}\right] = 810.36(万元)$$

(4) 销售税费总额
$$1594.39 \times (2\%+6\%) = 127.55(万元)$$

(5) 购买该宗土地的税费总额
$$P \times 3\% = 0.03P(万元)$$

(6) $P = 1594.39 - 810.36 - 127.55 - 0.03P$
$$P = 637.36(万元)$$
$$土地单价 = P/5000 = 1274.72(元/m^2)$$
$$楼面地价 = 1274.72/2 = 637.36(元/m^2)$$

【思考题】

1. 什么是假设开发法？
2. 假设开发法的理论依据是什么？
3. 假设开发法适用的估价对象和条件？
4. 假设开发法的操作步骤？
5. 假设开发法的基本公式及其细化公式？
6. 假设开发法计算中各参数如何确定？

【练习题】

1. 关于假设开发法估价中调查房地产开发用地状况的说法，错误的是（　　）。
   A. 弄清规划条件主要是为了选取最佳开发利用方式
   B. 弄清土地权益状况主要是为了预测开发完成后的房地产市场价格、租金等
   C. 弄清土地区位主要是为了确定房地产已投入成本的合理性
   D. 弄清土地实物状况主要是为了预测后续开发的必要支出

2. 运用假设开发法中的静态分析法估价，采用直接成本利润率计算后续开发的应得利润时，计算基数不包括（　　）。
   A. 待开发房地产价值　　　　B. 后续的建设成本
   C. 后续的管理费用　　　　　D. 待开发房地产取得税费

3. 关于假设开发法中静态分析法和动态分析法的说法，错误的是（　　）。
   A. 静态分析法中应根据价值时点的房地产市场状况测算后续建设成本
   B. 动态分析法中要进行现金流量预测
   C. 静态分析法中投资利息和开发利润都不显现出来，而是隐含在折现过程中
   D. 动态分析法中要考虑各项收入、支出发生的时间点

4. 某在建工程按正常建设进度建设1年后停工，停工半年后基坑进水，现人民法院强制拍卖该在建工程，预计拍卖处置正常期限为0.5年，之后处理基坑进水、清淤、协调施工约需0.25年。经市场调查，类似开发项目正常建设期为2.5年，开发完成后的市场价格为

5000元/m²。折现率为10%，用动态分析法估价时，开发完成后的市场价格的现值为（　　）元/m²。

  A. 3939.93　　　　B. 4034.93　　　　C. 4132.23　　　　D. 4231.87

5. 关于假设开发法中开发完成后的价值的说法，正确的有（　　）。

  A. 静态分析法中开发完成后的价值是开发完成后的房地产状况在价值时点的房地产市场状况下的价值

  B. 动态分析法中对适宜预售的房地产，开发完成后的价值是开发完成后的房地产状况在预售时的房地产市场状况下的价值

  C. 评估酒店等在建工程的价值时，预测开发完成后的价值可以包含家具、设备及特许经营权的价值

  D. 可用成本法根据当前的客观成本及应得利润测算开发完成后的价值

  E. 被迫转让开发前提下开发完成后的价值要低于自愿转让开发前提下开发完成后的价值

6. 在假设开发法的静态分析法中，应计利息的项目有（　　）。

  A. 待开发房地产的价值　　B. 后续建设成本　　C. 后续管理费用

  D. 后续销售税费　　　　E. 待开发房地产取得税费

7. 假设开发法估价中运用动态分析法时，其折现率可以理解为（　　）。

  A. 资金的利率　　　　　　B. 开发利率

  C. 既包含资金的利率，又包含开发利率

  D. 既包含投资风险补偿率，又包括开发利率

8. 在实际估价中，运用假设开发法估价结果的可靠性，关键取决于（　　）。

  A. 房地产具有开发或再开发潜力　　B. 将预期原理作为理论依据

  C. 正确判断了房地产的最佳开发方式　　D. 正确量化了已经获得的收益和风险

  E. 正确预测了未来开发完成后的房地产价值

9. 假设开发法用于房地产开发项目分析在选取有关参数和测算有关数值时，投资分析是站在（　　）的投资者的立场上。

  A. 特定　　　　B. 典型　　　　C. 单个　　　　D. 社会

10. 对于未来开发完成后的房地产适宜建成销售的，通常是预测（　　）房地产市场状况下的价值。

  A. 未来开发完成之时的　　　　B. 购买待开发房地产时的

  C. 建设期间的某个时间　　　　D. 全部租售出去时的

11. 运用假设开发法中的现金流量折现法估价时，无须做的是（　　）。

  A. 估算后续开发经营期　　　　B. 估算后续开发的各项支出、收入

  C. 估算后续开发各项支出、收入在何时发生

  D. 估算开发期中的利息和利润

12. 运用假设开发法中的现金流量折现法估价时，无须做的是（　　）。

  A. 估算后续开发经营期　　　　B. 估算后续开发的各项支出、收入

  C. 估算后续开发各项支出、收入在何时发生

  D. 估算开发期中的利息和利润

13. 运用假设开发法评估某待开发房地产的价值时，若采用现金流量折现法计算，则该待开发房地产开发经营期的起点应是（　　）。

A. 待开发房地产开发建设开始时的具体日期

B. 待开发房地产建设发包日期

C. 取得待开发房地产的日期

D. 房地产开发完成并投入使用的日期

14. 下列关于假设开发法的表述中，不正确的是（　　）。

A. 假设开发法在形式上是评估新开发完成的房地产价格的成本法的倒算法

B. 运用假设开发法可测算开发房地产项目的土地最高价格、预期利润和最高费用

C. 假设开发法适用的对象包括待开发的土地、在建工程和不得改变现状的旧房

D. 假设开发法通常测算的是一次性的价格剩余

15. 假设开发法中，选择最佳的开发利用方式最重要的是要选择最佳用途。而最佳用途的选择要考虑土地位置的（　　）。

A. 可接受性　　　　　B. 保值增值性　　　　　C. 现实社会需要程度

D. 未来发展趋势　　　E. 固定性

16. 在采用假设开发法中的传统方法进行房地产估价时，一般不计息的项目是（　　）。

A. 未知、需要求取的待开发房地产的价值

B. 投资者购买待开发房地产应负担的税费

C. 销售税费

D. 开发成本和管理费用

17. 在实际估价中，运用假设开发法估价结果的可靠性，关键取决于（　　）。

A. 房地产具有开发或者再开发的潜力

B. 将预期原理作为理论依据

C. 正确判断了房地产的最佳开发方式

D. 正确量化了已经获得的收益和风险

E. 正确预测了未来开发完成后的房地产价值

18. 某在建工程与 2014 年 4 月 1 日开工，2015 年 4 月 30 日因故停工，2015 年 6 月 1 日房地产估价机构受人民法院委托为司法拍卖而评估该在建工程的价值。该类建设项目正常建设期为 24 个月，假设该在建工程竞买后办理过户手续、施工等前期工作所需时间为 3 个月，则假设开发法估价中后续建设期为（　　）个月。

A. 10　　　　　B. 11　　　　　C. 13　　　　　D. 14

19. 关于假设开发法的静态分析法的说法，错误的是（　　）。

A. 开发完成后的房地产价值为价值时点的房地产市场状况下的价值

B. 开发完成后的房地产价值是未来开发完成后的房地产

C. 后续开发的必要支出为其未来发生时房地产市场的必要支出

D. 需测算后续开发的应得利润

20. 对于下列房地产，不宜采用假设开发法的是（　　）。

A. 在建工程　　　　　　　　B. 停建工程

C. 可改变用途的旧房　　　　D. 荒地

21. 对于发完成后的房地产价值、开发成本、管理费用、销售税费等的估算，在传统方法中主要是根据（　　）作出的。

A. 估价时的房地产状况　　　　B. 估价时的房地产市场状况

C. 开发完成后的房地产状况　　D. 开发完成后的房地产市场状况

22. 待开发房地产投资开发前后的状况包括有（　　）。
    A. 估价对象为生地，将生地开发为毛地
    B. 估价对象为毛地，将毛地开发为生地
    C. 估价对象为毛地，将毛地开发成在建工程
    D. 估价对象为熟地，将熟地建成房屋
    E. 估价对象为熟地，将熟地开发成在建工程

23. 运用假设开发法估价必须考虑货币的时间价值，但考虑货币的时间价值可有（　　）。
    A. 采用折现的方式   B. 采用计算利息的方式
    C. 采用现金流量计算的方式   D. 采用百分率计算的方式
    E. 采用房地产价格变动率的方式

24. 某房地产开发项目的土地使用期限为50年，项目建设期为5年，自估价时点至建成还需2.5年，建成后的建筑面积为11000m²，年净收益为350万元，若报酬率为7%，折现率为10%，建筑物经济寿命与土地使用期限同时结束，则建成后的房地产于估价时点的价值为（　　）万元。
    A. 3752   B. 3806   C. 4128   D. 4830

25. 某在建工程现拟拍卖，已知该在建工程是半年前通过一次性付款取得土地的，目前已经完成地上一层结构部分。半年后开始预售，1年后可竣工，销售期为1年，销售收入在销售期内均匀实现，则采用成本法评估该在建工程价值中计算土地取得费用的投资利息的计息期和采用假设开发法评估该在建工程价值中对开发完成后的价值进行折现时的折现期分别为（　　）。
    A. 0.5和1年   B. 0.5年和1.5年   C. 0.5年和2年   D. 1年和1.5年

26. 下列说法正确的是（　　）。
    A. 采用假设开发法的传统方法估价时，应计息项目包括后续的开发成本、管理费用、销售费用和销售税费等
    B. 后续的开发成本、管理费用、销售费用等必要支出的多少，可以不与开发完成后的房地产状况相对应
    C. 未知的需要求取的待开发房地产价值是假设在估价时点一次性付清，因此其计息的起点是估价时点
    D. 折现率仅体现了资金的利率

27. 假设开发法具体可为房地产投资者提供（　　）。
    A. 待开发房地产的最高价格
    B. 待开发房地产的平均价格
    C. 房地产开发项目的预期利润
    D. 房地产开发项目的平均利润
    E. 房地产开发中可能出现的最高费用

28. 下面对假设开发法适用条件的表述最为准确的是（　　）。
    A. 新开发房地产项目
    B. 用于出售用途的房地产项目
    C. 具有投资开发或再开发潜力的房地产
    D. 用于投资或再开发的房地产

29. 假设开发法中开发完成后价值对应的时间，下列说法正确的是（   ）。
    A. 开发完成后价值对应的时间是开发完成之时
    B. 开发完成后价值对应的时间是开发完成之后的时间
    C. 开发完成后价值对应的时间是开发完成之前的时间
    D. 开发完成后价值对应的时间不一定是开发完成之时

【答案】

1. C、2. C、3. C、4. B、5. ABCE、6. ABCE、7. C、8. CE、9. A、10. A、11. D、12. D、13. C、14. C、15. ACD、16. C、17. CE、18. D、19. A、20. D、21. B、22. BD、23. AB、24. A、25. A、26. C、27. ACE、28. C、29. D

【本章小结】

假设开发法也称为剩余法、预期开发法、开发法，是预测估计对象开发完成后的价值和后续开发建设的必要支出及应得利润，然后将估价对象开发完成后的价值减去后续开发建设的必要支出及应得利润来求取估价对象价值的方法。假设开发法的估价对象是具有开发或再开发潜力的不动产，统称为待开发不动产，可分为待开发的土地、在建工程、可装饰装修改造或可改变用途的旧房三大类。假设开发法在本质上是一种收益法，在形式上是成本法的倒算法，其估价结果为开发完成后的价值减去开发成本、管理费用、投资利息、销售费用、销售税费、开发利润和投资者购买待开发房地产应负担的税费。未来开发完成后的价值可以用市场法或长期趋势法求取，也可以用收益法求取。根据考虑资金时间价值的方式不同，假设开发法分为现金流量折现法和传统方法。

第八章
长期趋势法及其应用

【学习目标】

长期趋势法是依据一系列已知的不动产价格数据,运用一定的数学方法,对未来不动产价格进行推测和判断的一种估价方法。通过本章的学习,应该理解长期趋势法的含义和理论依据,熟练掌握各种长期趋势法的原理和估价程序,并能根据情况选择合适的方法评估不动产价格。

第一节 长期趋势法的概述

一、长期趋势法的含义

长期趋势法是运用预测科学的有关理论和方法,特别是时间序列分析和回归分析,来推测、判断不动产未来价格的方法。简单地说,预测就是由已知推测未知,由过去和现在推测未来。

二、长期趋势法的理论依据

不动产价格通常波动,在短期内难以看出其变动规律和发展趋势,但从长期来看,会呈现出一定的变动规律和发展趋势。因此,当需要评估(通常是预测)某宗(或某类)不动产的价格时,可以搜集该宗(或该类)不动产过去至现在较长一段时期的历史价格资料,并按照时间的先后顺序将这些历史价格编排成时间序列,从而找出该宗(或该类)不动产的价格随着时间的变化而变动的过程、方向、程序和趋势,然后进行外延或类推,这样就可以作出对该宗(或该类)不动产的价格在估价时点(通常为未来)比较肯定的推测和科学的判断,即评估(预测)出了该宗(或该类)不动产的价格。

三、长期趋势法适用的估价对象和条件

长期趋势法是根据不动产价格在过去至现在较长时期内形成的变动规律作出判断,借助历史统计资料和现实调查资料来推测未来,通过对这些资料的统计、分析得出一定的变动规

律,并假定其过去形式的趋势在未来继续存在。因此,长期趋势法适用的估价对象是价格无明显季节波动的房地产,估价需要具备的条件是拥有估价对象或类似不动产过去至现在较长时期的历史价格资料,并且要求所拥有的历史价格资料真实、可靠。拥有越长时间、越真实的历史价格资料,作出的推测、判断就会越准确、可信,因为长期趋势可以消除不动产价格的短期波动和意外变动等不规则变动。

四、长期趋势法估价的操作步骤

运用长期趋势法估价一般分为下列4个步骤:①搜集估价对象或类似不动产的历史价格资料,并进行检查、鉴别,以保证其真实、可靠;②整理上述搜集到的历史价格资料,将其化为同一标准(如单价、土地还有楼面地价。化为同一标准的方法与市场法中"建立比较基准"的方法相同),并按照时间的先后顺序将它们编排成时间序列,画出时间序列图;③观察、分析这个时间序列,根据其特征选择适当、具体的长期趋势法,找出估价对象的价格随着时间的变化而出现的变动规律,得出一定的模式(或数学模型);④以此模式去推测、判断估价对象在估价时点的价格。

长期趋势法主要有数学曲线拟合法、平均增减量法、平均发展速度法、移动平均法和指数修匀法。下面分节进行简要介绍。

第二节 数学曲线拟合法

数学曲线拟合法主要有直线趋势法、指数曲线趋势法和二次抛物线趋势法。这里仅介绍其中最简单、最常用的直线趋势法。

运用直线趋势法估价,估价对象或类似不动产历史价格的时间序列散点图,应表现出明显的直线趋势。在这种条件下,如果以 Y 表示各期的不动产价格,X 表示时间,则 X 为自变量,Y 为因变量,Y 依 X 而变。因此,不动产价格与时间的关系可用下列方程式来描述:

$$Y = a + bX$$

在上式中,a、b 为未知参数,如果确定了它们的值,直线的位置也就确定了。a、b 的值通常采用最小二乘法确定。根据最小二乘法求得的 a、b 的值分别如下:

$$a = \frac{(\Sigma Y - b \times \Sigma X)}{n}$$

$$b = \frac{(n \times \Sigma XY - \Sigma X \times \Sigma Y)}{[n \times \Sigma X^2 - (\Sigma X)^2]}$$

设 $\Sigma X = 0$ 时,

$$a = \frac{\Sigma Y}{n}$$

$$b = \frac{\Sigma XY}{\Sigma X^2}$$

在上述公式中,n 为时间序列的项数;ΣX、ΣX^2、ΣY、ΣXY 的值可以从时间序列的实际值中求得。在手工计算的情况下,为了减少计算的工作量,可使 $\Sigma X = 0$。其方法是:当时间序列的项数为奇数时,设中间项的 $X = 0$,中间项之前的项依次设为 -1,-2,-3,

…，中间项之后的项依次设为1，2，3，…；当时间序列的项数为偶数时，以中间两项相对称，前者依次设为-1，-3，-5，…，后者依次设为1，3，5，…

第三节 平均增减量法

当不动产价格时间序列的逐期增减量大致相同时，可以采用更简便的平均增减量法进行预测。其计算公式如下：

$$V_i = P_0 + d \times i$$

$$d = \frac{[(P_1-P_0)+(P_2-P_1)+\cdots+(P_i-P_{i-1})+\cdots+(P_n-P_{n-1})]}{n}$$

$$= (P_n - P_0)/n$$

式中 V_i——第 i 期（可为年、半年、季、月等，下同）房地产价格的趋势值；

i——时期序数，$i=1, 2, \cdots, n$；

P——基期不动产价格的实际值；

d——逐期增减量的平均数；

P_i——第 i 期不动产价格的实际值。

【例 8-1】 需要预测某宗房地产 2008 年、2009 年的价格，通过市场调研，获得该类不动产 2003～2007 年的价格，并计算其逐年上涨额如表 8-1 第 2、第 3 列所示。

表 8-1 某类不动产 2003～2007 年的价格   元/m²

年份	不动产价格的实际值	逐年上涨额	不动产价格的趋势值
2003	6810		
2004	7130	320	7145
2005	7460	330	7480
2006	7810	350	7810
2007	8150	340	8150

解： 从表 8-1 中可知该类房地产 2003～2007 年价格的逐年上涨额大致相同。因此可以计算其逐年上涨额的平均数，并用该逐年上涨额的平均数推算各年价格的趋势值。

该类不动产价格逐年上涨额的平均数计算如下：

$$d = \frac{[(P_1-P_0)+(P_2-P_1)+\cdots+(P_i-P_{i-1})+\cdots+(P_n-P_{n-1})]}{n}$$

$$= (320+330+350+340)/4 = 335(元/m^2)$$

据此预测该宗不动产 2008 年的价格为：

$$V_i = P_0 + d \times i$$

$$V_5 = 6810 + 335 \times 5 = 8485(元/m^2)$$

如果利用上述资料预测该宗不动产 2009 年的价格，则为：

$$V_6 = 6810 + 335 \times 6 = 8820(元/m^2)$$

例 8-1 采用逐年上涨额的平均数计算趋势值（见表 8-1 第 4 列），基本都接近于实际值。但需要注意的是，如果逐期上涨额时起时伏，很不均匀，也就是说时间序列的变动幅度较大，则计算出的趋势值与实际值的偏离也随之增大，这意味着运用这种方法预测的不动产价格的准确性随之降低。

运用平均增减量法进行估价的条件是，不动产价格的变动过程是持续上升或下降的，并且各期上升或下降的数额大致接近，否则就不适宜采用这种方法。

由于越接近估价时点的增减量对估价越重要，所以如果能用不同的权重对过去各期的增减量予以加权后再计算其平均增减量，就更能使评估价值接近或符合实际。至于在估价时究竟应采用哪种权重予以加权，一般需要根据不动产价格的变动过程和趋势以及房地产估价师的估价经验来判断确定。对于例8-1的逐年上涨额，可以选用表8-2的各种不同权重予以加权。表8-2的权重是根据一般惯例进行假设的。

表 8-2 不同权重

年份	第一种权重	第二种权重	第三种权重
2004	0.1	0.1	0.1
2005	0.2	0.2	0.1
2006	0.3	0.2	0.2
2007	0.4	0.5	0.6

例 8-1 的逐年上涨额如果采用表8-2的第二种权重予以加权，则其逐年上涨额的加权平均数为：

$$d = 320 \times 0.1 + 330 \times 0.2 + 350 \times 0.2 + 340 \times 0.5 = 338 (元/m^2)$$

采用这个逐年上涨额的加权平均数预测该宗房地产2008年的价格为：

$$V_i = P_0 + d \times i$$
$$V_5 = 6810 + 338 \times 5 = 8500 (元/m^2)$$

第四节　平均发展速度法

当不动产价格时间序列的逐期发展速度大致相同时，就可以计算其逐期发展速度的平均数，即平均发展速度，采用该平均发展速度进行预测。计算公式如下：

$$V_i = P_0 \times t^i$$

$$t = \sqrt[n]{\frac{P_1}{P_0} \times \frac{P_2}{P_1} \times \frac{P_3}{P_2} \times \cdots \times \frac{P_i}{P_{i-1}} \times \cdots \times \frac{P_n}{P_{n-1}}} = \sqrt[n]{\frac{P_n}{P_0}}$$

式中　t——平均发展速度。

【例 8-2】 需要预测某宗不动产2008年、2009年的价格。通过市场调研，获得该类不动产2003~2007年的价格并逐年上涨速度如表8-3中的第2列、第3列所示。

表 8-3 某类不动产 2003~2007 年的价格

年份	不动产价格的实际值/元/m²	逐年上涨速度/%	不动产价格的趋势值/元/m²
2003	5600		
2004	6750	120.5	6780
2005	8200	121.5	8200
2006	9850	120.1	9920
2007	12000	121.8	12000

解： 从表8-3可知该类房地产2003~2007年价格的逐年上涨速度大致相同，因此可以计算平均上涨速度，并且用其推算出各年价格的趋势值。

该类不动产价格平均发展速度计算如下：

$$t=\sqrt[4]{\frac{12000}{5600}}=1.21$$

即平均每年上涨21%。据此预测该宗不动产2008年的价格为：

$$V_i=P_0\times t^i$$
$$V_5=5600\times 1.21^5=14520(元/m^2)$$

预测该宗不动产2009年的价格为：

$$V_i=P_0\times t^i$$
$$V_6=5600\times 1.21^6=175800(元/m^2)$$

运用平均发展速度法进行预测的条件是，不动产价格的变动过程是持续上升或下降的，并且各期上升或下降的幅度大致接近，否则就不适宜采用这种方法。

与平均增减量法类似，由于越接近估价时点的发展速度对估价越重要，所以如果能用不同的权重对过去各期的发展速度予以加权后再计算其平均发展速度，就更能评估价值接近或符合实际。至于在估价时究竟应采用哪种权重予以加权，一般需要根据不动产价格的变动过程和趋势以及房地产估价师的估价经验来判断确定。

第五节 移动平均法

移动平均法是对原有价格按照时间序列进行修匀，即采用逐项递移的方法分别计算一系列移动的时序价格平均数，形成一个新的派生平均价格的时间序列，借以消除价格短期波动的影响，显现出价格变动的基本发展趋势。在运用移动平均法时，一般应按照不动产价格变化的周期长度进行移动平均。在实际运用中，移动平均法有简单移动平均法和加权移动平均法之分。

一、简单移动平均法

【例8-3】 某类不动产2007年1~12月的价格如表8-4中的第2列所示。由于各月的价格受某些不确定因素的影响，时高时低，变动较大，如果不予分析，则不易显现其发展趋势。如果把若干个月的价格加起来计算其移动平均数，建立一个移动平均数时间序列，就可以从平滑的发展趋势中明显地看出其发展变动的方向和程度，进而可以预测未来的价格。

表8-4　某类不动产2007年1~12月的价格　　　　　　　　　　　元/m²

月份	不动产价格的实际值	每5个月的移动平均数	移动平均数的逐月上涨额
1	6700		
2	6800		
3	6900	6840	
4	6800	6940	100
5	7000	7040	100
6	7200	7140	100
7	7300	7260	120
8	7400	7380	120

续表

月份	不动产价格的实际值	每 5 个月的移动平均数	移动平均数的逐月上涨额
9	7400	7500	120
10	7600	7620	120
11	7800		
12	7900		

在计算移动平均数时,每次应采用几个月来计算,需要根据时间序列的序数和变动周期来决定。如果序数多,变动周期长,则可以采用每 6 个月甚至每 12 个月来计算;反之,可以采用每 2 个月或每 5 个月来计算。对于上述房地产价格,采用每 5 个月的实际值计算其移动平均数。具体的计算方法是:把 1~5 月的价格加起来除以 5 得 6840 元/m^2,把 2~6 月的价格加起来除以 5 得 6940 元/m^2,把 3~7 月的价格加起来除以 5 得 7040 元/m^2,依此类推,计算结果见表 8-4 第 3 列。然后根据每 5 个月的移动平均数计算其逐月的上涨额,计算结果见表 8-4 中的第 4 列。

如果需要预测该类不动产 2008 年 1 月的价格,则计算方法如下:由于最后一个移动平均数 7620 与 2007 年 10 月与 2008 年 1 月相差 3 个月,所以预测该类不动产 2008 年 1 月的价格为:

$$7620+120\times 3=7980(元/m^2)$$

二、加权移动平均法

加权移动平均法是将估价时点之前每若干时期的不动产价格的实际值经过加权之后,再采用类似简单移动平均法的方法进行趋势估计。需要对不动产价格的实际值进行加权的理由,与在前面平均增减量法和平均发展速度法中所讲的相同。

第六节 指数修匀法

指数修匀法是以本期的实际值和本期的预测值为根据,经过修匀后得出下一期预测值的一种预测方法。

设:P_i 为第 i 期的实际值;V_i 为第 i 期的预测值;V_{i+1} 为第 $i+1$ 期的预测值;a 为修匀常数,$0 \leqslant a \leqslant 1$。则运用指数修匀法进行预测的公式为:

$$V_{i+1}=V_i+a(P_i-V_i)$$
$$=aP_i+(1-a)V_i$$

在实际计算时,采用

$$V_{i+1}=aP_i+(1-a)V_i$$

这个公式要比采用

$$V_{i+1}=V_i+a(P_i-V_i)$$

这个公式简便一些。

运用指数修匀法进行预测的关键,是确定 a 的值。一般认为 a 的值可以通过试算确定,例如,对于同一个预测对象用 0.3,0.5,0.7,0.9 进行试算,用哪个 a 修正的预测值与实际值的绝对误差最小,就选用这个 a 来修正最合适。

【思考题】

1. 什么是长期趋势法？
2. 长期趋势法的理论依据是什么？
3. 长期趋势法适用的估价对象和条件是什么？
4. 长期趋势法的操作步骤是什么？
5. 什么是数学曲线拟合法？
6. 什么是平均增减量法？
7. 什么是平均发展速度法？
8. 什么是移动平均法？
9. 什么是指数修匀法？

【练习题】

1. 估价对象类似房地产过去 5 年的价格分别为 7800 元/m^2、8140 元/m^2、8470 元/m^2、8800 元/m^2 和 9130 元/m^2。若每年价格变化量按时间序列由前往后权重分别为 0.1、0.2、0.3、0.4。则选用平均增减量法预测估价对象，未来第一年的价格为（　　）元/m^2。

  A. 9452   B. 9455   C. 9469   D. 9497

2. 某地区商品住宅价格自 2000 年至 2004 年分别为 681 元/m^2、712 元/m^2、744 元/m^2、781 元/m^2 和 815 元/m^2，采用平均增减量法预测该地区商品住宅 2006 年的价格为（　　）元/m^2。

  A. 849   B. 865   C. 882   D. 915

3. 长期趋势法包括（　　）等方法。

  A. 数学曲线拟合法   B. 平均增减量法   C. 平均发展速度法
  D. 年限法   E. 指数修匀法

4. 某类房地产 2001 年初至 2005 年初的价格分别为 2300 元/m^2、2450 元/m^2、2650 元/m^2、2830 元/m^2 和 3000 元/m^2，其增减量的权重分别为 0.1、0.3、0.2 和 0.4，按平均增减量趋势法估计，以 2001 年初为预测基期，则该类房地产与 2006 年初的价格最接近于（　　）元/m^2。

  A. 3100   B. 3195   C. 3285   D. 3300

5. 当房地产价格的变动过程持续上升或者下降，并且各期上升或下降的数额大致接近时，宜采用（　　）预测房地产的未来价格。

  A. 数学曲线拟合法   B. 平均增减量法
  C. 平均发展速度法   D. 移动平均法

6. 某城市 2000 年和 2005 年普通商品房的平均价格分别是 3500 元/m^2 和 4800 元/m^2，采用平均发展速度法预测 2008 年的价格最接近于（　　）元/m^2。

  A. 4800   B. 5124   C. 5800   D. 7124

7. 下列房地产估价活动中，适用长期趋势法的有（　　）。

  A. 比较某项目在不同档次商品房开发方式下的开发价值
  B. 判断某经营性房地产的未来运营费用水平
  C. 预测某地区限购政策出台后对房价的影响程度
  D. 对可比实例进行市场状况调整

E. 对房地产市场中出现的新型房地产的价格进行评估

8. 在运用长期趋势法测算房地产未来价格时,当房地产价格的变动过程是持续上升或者下降的,并且各期上升或下降的幅度比率大致接近,则宜选用(　　)方法进行测算。

A. 平均增减量法　B. 平均发展速度法　　C. 移动平均法　　D. 指数修匀法

9. 在房地产估价中,长期趋势法运用的假设前提是(　　)。

A. 过去形成的房地产价格变动趋势在未来仍然存在

B. 市场上能找到充分的房地产历史价格资料

C. 房地产市场在过去无明显的季节变动

D. 政府关于房地产市场调控的有关政策不会影响房地产的历史价格

10. 运用长期趋势法估价的一般步骤有(　　)。

A. 搜集估价对象或类似房地产的历史价格资料,并进行检查、鉴别

B. 整理搜集到的历史价格资料,画出时间序列图

C. 观察、分析时间序列,得出一定的模式

D. 以此模式去推测、判断估价对象在估价时点的价格

E. 对未来的价格进行分析和预测

11. 通过市场调研,获得某类房地产2002～2006年的价格分别为3405元/平方米、3565元/平方米、3730元/平方米、3905元/平方米、4075元/平方米,则采用平均增减量法预测该类房地产2008年的价格为(　　)元/平方米。

A. 4075.0　　B. 4242.5　　C. 4410.0　　D. 4577.5

12. 长期趋势法除了用于推测、判断房地产的未来价格,还可用于(　　)。

A. 假设开发法中开发完成后的房地产价值的预测

B. 收益法中未来租金、运营费用的预测

C. 成本法中对先前发生费用的正确性的校核

D. 市场比较法中对房地产状况进行调整

E. 某些缺乏的房地产历史价格资料的填补

13. 在运用移动平均法时,一般应按照房地产价格变化的(　　)进行移动平均。

A. 市场行情　　B. 周期长度　　C. 实际时间　　D. 变动程度

14. 某地区商品住宅价格自1997年至2002年分别为3100元/m^2、3260元/m^2、3440元/m^2、3620元/m^2、3800元/m^2、3980元/m^2,采用平均发展速度法预测2003年住宅价格为(　　)元/m^2。

A. 4120　　B. 4149　　C. 4184　　D. 4216

15. 某城市2000年和2005年普通商品房的平均价格分别是3500元/m^2和4800元/m^2,采用平均发展速度法预测2008年的价格最接近于(　　)元/m^2。

A. 4800　　B. 5124　　C. 5800　　D. 7124

16. 长期趋势法适用的对象是(　　)。

A. 价格有明显季节波动的房地产　　B. 价格无明显季节波动的房地产

C. 价格无明显变动的房地产　　D. 价格有明显变动的房地产

17. 利用直线趋势法对某类商品住宅2004～2013年的平均价格进行分析,拟合成一直线趋势,房产$Y=3522+385X$,其中Y为商品住宅价格,X为时间,且$\sum X=0$。经验证该方程拟合度较高,则利用该方程预测该类商品住宅2014年的平均价格为(　　)元/m^2。

A. 5447　　B. 5832　　C. 6987　　D. 7757

18. 在运用长期趋势法测算房地产未来价格时，当房地产价格的变动过程是持续上升的，并且各期上升的幅度大致接近，宜选用（　　）测算。
    A. 指数修匀法 B. 平均增减量法
    C. 平均发展速度法 D. 二次抛物线趋势法

19. 采用长期趋势法估价时，决定直线趋势法公式 $V=a+bX$ 中的常数 a、b 的因素应是（　　）
    A. 房地产的历史价格资料 B. 房地产的现时价格资料
    C. 房地产的未来价格资料 D. 房地产的历史、现时和未来价格资料的总和

20. 某类房地产 2007~2011 年的价格见下表，关于平均增减量法适用条件及其价格趋势值的说法，正确的有（　　）。

某类房地产 2007~2011 年的价格　　　　　元/m²

年份	2007	2008	2009	2010	2011
价格	5734	6105	6489	6870	7254

　　A. 房地产价格的变动过程应是持续上升或持续下降的
　　B. 各期房地产价格上升或下降的数额应大致相同
　　C. 2010 年的价格趋势值为 6900 元/m²
　　D. 2011 年的价格趋势值为 7253 元/m²
　　E. 2012 年的价格趋势值为 7634 元/m²

21. 某类房地产的历史价格变动时高时低，但整体上呈上升趋势，现在要预测该类房地产的未来价格，应选用的预测方法（　　）。
    A. 平均发展速度法 B. 平均增减量法
    C. 数学曲线拟合法 D. 中位数法

22. 某类房地产 2005~2009 年的价格见下表，各年增长量的权重分别为 0.1、0.2、0.2、0.5，则利用平均增减量法预测该类房地产 2010 年的价格为（　　）元/m²。

某类房地产 2005~2009 年的价格　　　　　元/m²

年份	2005	2006	2007	2008	2009
价格	6810	7130	7460	7810	8150

　　A. 8460 B. 8500 C. 8790 D. 8838

23. 用直线趋势法预测甲类房地产的价格变化趋势为 $V_{甲}=1480+80i$，乙类房地产的价格变化趋势为 $V_{乙}=1500+60i$，则该两类房地产的价格增长潜力相比（　　）。
    A. 甲类房地产比乙类房地产强 B. 乙类房地产比甲类房地产强
    C. 该两类房地产强弱程度相同 D. 该两类房地产强弱程度不可比

24. 根据有关统计资料，对某类房地产价格统计数据整理如下表，其中，2006 年的房地产价格统计数据缺失。则关于该类房地产价格的说法，正确的有（　　）。

某类房地产 2004~2009 年的价格　　　　　元/m²

年份	2004	2005	2006	2007	2008	2009
价格	6810	7130	—	7810	8150	8490

　　A. 利用平均增减量法模拟 2006 年的价格为 7482 元/m²
　　B. 利用平均增减量法预测 2010 年的价格为 8826 元/m²
　　C. 利用平均发展速度法模拟 2006 年的价格为 7438 元/m²

D. 利用平均发展速度法预测 2010 年的价格为 7438 元/m²

E. 无法利用平均增减量法预测 2010 年的价格为 8873 元/m²

【答案】

1. B、2. C、3. ABCE、4. B、5. B、6. C、7. BD、8. A、9. A、10. ABCD、11. B、12. ABE、13. B、14. C、15. C、16. B、17. B、18. C、19. A、20. ABE、21. C、22. B、23. A、24. ABCE

【本章小结】

长期趋势法是运用预测科学的有关理论和方法，特别是时间序列分析和回归分析，来推测、判断不动产未来价格的方法。运用长期趋势法估价一般分为以下 4 个步骤：①搜集估价对象或类似不动产的历史价格资料，并进行检查、鉴别，以保证其真实、可靠；②整理上述搜集到的历史价格资料，将其化为同一标准（如单价、土地还有楼面地价。化为同一标准的方法与市场法中"建立比较基准"的方法相同），并按照时间的先后顺序将它们编排成时间序列，画出时间序列图；③观察、分析这个时间序列，根据其特征选择适当、具体的长期趋势法，找出估价对象的价格随着时间的变化而出现的变动规律，得出一定的模式（或数学模型）；④以此模式去推测、判断估价对象在估价时点的价格。长期趋势法主要有数学曲线拟合法、平均增减量法、平均发展速度法、移动平均法和指数修匀法。

第九章 路线价法

【学习目标】

通过本章的学习，应该了解路线价法的含义和理论依据，掌握路线价法估价的步骤、深度百分率的编制，培养熟练应用路线价法评估不动产价格的能力。

第一节 路线价法概述

一、路线价法的含义

路线价法是在特定的街道上设定标准临街深度，从中选取若干标准临街宗地求其平均价格，将此平均价格称为路线价，然后利用临街深度价格修正率或其他价格修正率来测算该街道其他临街土地价值的一种估价方法。

城镇街道两侧的商业用地，如图9-1所示，即使它们的位置相邻、形状相同、面积相等，但由于临街状况不同，例如长方形土地是长的一边临街还是短的一边临街，梯形土地是宽的一边临街还是窄的一边临街，三角形土地是一边临街还是一顶点临街，以及是一面临街还是前后两面临街、街角地等，价值会有所不同，而且差异可能很大。凭直觉就可以作出以下判断：在图9-1(a)中，地块A的价值大于地块B的价值；在图9-1(b)中，地块C的价值大于地块D的价值；在图9-1(c)中，地块E的价值大于地块F的价值；在图9-1(d)中，地块G的价值大于地块H的价值。如果需要同时、快速地评估出城镇街道两侧所有商业用地的价值，则可以采用路线价法。

二、路线价法的理论依据

路线价法的理论依据主要是替代原理和土地价值的决定理论。

1. 替代原理

路线价法实质上是一种市场法，是市场法的派生方法，其理论依据与市场法相同，是不动产产价格形成的替代原理。因此路线价法与市场比较法类似，只不过以路线价取代了市场比较法中的可比实例价格，以深度等差异修正取代了区域因素和个别因素等的修正，其基本原理是替代原理和区位论的具体运用。

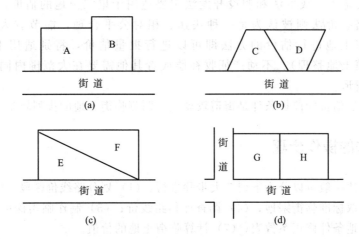

图 9-1 不同临街状况土地价值比较

在路线价法中,"标准临街宗地"可视为市场法中的"可比实例";"路线价"是若干"标准临街宗地"的平均价格,可视为市场法中经过交易情况修正、市场状况调整后的"可比实例价格";该街道其他临街土地的价值,是以路线价为基准,考虑该土地的临街深度、形状(如矩形、三角形、平行四边形、梯形、不规则形)、临街状况、临街宽度等,进行适当的调整求得。这些调整,可视为"不动产状况调整"。

路线价法与一般的市场法主要有以下3点不同:①不做"交易情况修正"和"市场状况调整",只做"不动产状况调整";②先对多个"可比实例价格"进行综合,然后再进行"不动产状况调整",而不是先分别对每个"可比实例价格"进行有关修正、调整,然后再进行综合;③利用相同的"可比实例价格"即路线价,同时评估出许多"估价对象"即该街道其他临街土地的价值,而不是仅评估出一个"估价对象"的价值。

在路线价法中不做"交易情况修正"和"市场状况调整"的原因是:①求得的路线价——若干标准临街宗地的平均价格,已是正常价格;②求得的路线价所对应的日期,与欲求取的其他临街土地价值的日期一致,都是估价时点时的。即"交易情况修正"和"市场状况调整"已提前在求取路线价中进行了。

2. 土地价值决定理论

对于城市土地来说,其有用性取决于接近性,因而城市土地的价格主要是由接近性决定的。首先,城市土地的价格随其距离街道的远近程度不同而有所变化,距离街道越远,价格越低。其次,对于邻接各街道而具有标志深度的土地来说,其价格也各不相同。因为土地的用途、街道的条件、房屋建筑物的状况、交通的便利程度以及其他设施状况等决定土地价格的各项因素并不相同。也就是说,路线价是有特定范围的,只有在同一区段内的各宗土地,才能根据该区段内的路线价计算其土地价格,超出这一区段,则又必须依据其他的路线价进行计算。

三、路线价法的估价对象和条件

路线价法主要适用于城镇街道两侧商业用地的估价。

市场法、收益法、成本法和假设开发法主要适用于单宗土地的估价，而且需要花费较长的时间。路线价法则被认为是一种快速、相对公平合理，能节省人力、财力，可以同时对许多宗土地进行估价的方法即可以进行批量估价，特别适用于不动产税收、市地重划（城镇土地整理）、不动产征收补偿或者其他需要在大范围内同时对许多宗土地进行估价的情形。

运用路线价法估价的前提条件是街道较规整，两侧临街土地的排列较整齐。

四、路线价法的操作步骤

运用路线价法一般可以分为下列 7 大步骤进行：（1）划分路线价区段；（2）设定标准临街深度；（3）选取标准临街宗地；（4）调查评估路线价；（5）制作临街深度价格修正率表；（6）制作其他宗地条件修正系数表；（7）计算临街土地的价值。

第二节 路线价的应用

一、划分路线价区段

地价相近、可及性相当并且相连的地段一般划分为同一路线价区段，路线价区段为带状地段。路线价区段一般以路线价显著增减的地点为界。地价区段划分标准有：商服繁华程度基本相同，城市地块交通条件相似、城市地块区位条件相似、地块附近的人流量相似、地块附近的位置相似。

根据价格的均值性，通常包括 4 种情况。

第一，一般情况下，一条街道划分为同一区段，只设一个路线价；

第二，对一些特别繁华、土地条件变化较大的街道，也可以分设路线价；

第三，某些不很繁华的地区，同一路线价区段也可延长至数个街道；

第四，在同一街道上，某一侧的繁华状况与对侧有显著差异，同一路线价区段也可附设两种不同的路线价，并视为两个路线价区段。

关于基准地评估区段划分的具体做法是：以道路、沟渠或其他明显地物为界；在确定有路线价标准的地价区段，以里地线为界；区位条件、交通条件相似的地块划分为同一区段；对商业街道的划分可分成零售商业、服装、饮食业、零售果杂、专业市场、农贸市场等。

路线价区段划分完毕，对每一路线段求取该路线段内标准宗地的平均地价，附设于该路线段上。

二、设定标准临街深度

标准临街深度即标准深度，是街道对地价影响的转折点：由此接近街道的方向，地价受街道的影响而逐渐升高；由此远离街道的方向，地价保持不变或者略有降低。标准深度的设定，直接关系到路线价的确定和深度指数表的编制。在实际估价中，为简化未来各宗土地价值的计算，设定的标准临街深度通常是路线价区段内各宗临街土地深度的众数。如某个路线价区段内临街土地的临街深度大多为 20 米，则标准临街深度应设定为 20 米。这样大多数地块的地价就可以直接计算，不需要用深度指数加以修正。

三、选取标准临街宗地

标准临街宗地，是路线价区段内具有代表性的宗地，也是确定其他地块价格的参照物。标准宗地除了满足标准临街深度，还需要在宽度、形状、街道状况、容积率等方面达到一定标准或具有代表性。一般来说，临街宽度为标准临街宽度，一面临街，用途为所在路线价区段具有代表性的用途，容积率为所在路线价区段具有代表性的容积率，土地使用年限、土地生熟程度等具有代表性。

当前，各国及地区对标准宗地面积的规定不同。以美国为代表的西方国家，是以宽 1 英尺、深 100 英尺的矩形地块作为标准宗地。我国台湾地区的标准宗地取宽 1 米、深 18 米。

四、调查评估路线价

路线价是附设在街道上的若干标准临街宗地的平均价格。通常在同一路线价区段内选择一定数量以上的标准临街宗地，或把样本宗地修正为标准宗地，运用收益法、市场法等估价方法，分别求出它们的单位价格或楼面地价。然后，求出这些标准临街宗地地价的平均数、众数或中位数，作为该路线价区段的路线价。

路线价可以用货币表示，也可以用相对数表示。美国是以绝对货币额表示，比较直观，易于理解和接受，便于计算和交易。日本则以点数表示，如 1 点＝1.2 日元。这种方式便于测算，并可以避免由于币值变动对价格的影响。

五、制作临街深度价格修正率表

深度指数也称深度百分率，是土地随临街深度的差异而表现出来的地价变化的相对程度。临街深度不是标准深度的地块，在运用路线价进行评估时都需要进行深度指数修正。深度指数制作是路线价法的难点和关键所在。

临街深度价格修正率是基于深度价格递减率，即临街土地中各部分的价值随远离道路的距离增加而有递减现象。最简单的是四三二一法则。如表 9-1 所示，该法则是将临街深度 100 英尺的临街土地，划分为与街道平行的四等份，各等份由于距离街道的远近不同，价值有所不同。从街道方向算起，第一个 25 英尺等份的价值占整块土地价值的 40%，第二个 25 英尺等份的价值占整块土地价值的 30%，第三个 25 英尺等份的价值占整块土地价值的 20%，第四个等份的价值占整块土地价值的 10%。

表 9-1 四三二一法则深度价格修正率的形式

临街深度/英尺	25	50	75	100	125	150	175	200
单独深度价格修正率/%	40	30	20	10	9	8	7	6
累计深度价格修正率/%	40	70	90	100	109	117	124	130
平均深度价格修正率/%	160	140	120	100	87.2	78.0	70.8	65.0

六、制作其他宗地条件修正系数表

一块临街宗地，可能不只是深度与标准宗地不同，在宽度、形状、宽深比、年限、容积率等方面也不相同。所以不能直接套用路线价，必须制定容积率修正系数、宽深比修正系数、土地使用年限修正系数等进行修正。

七、计算临街土地的价值

根据确定的路线价、深度指数修正表和其他修正表，即可由路线价估计公式计算各待估宗地的价格。路线价估价公式根据路线价的含义不同，主要有以下几个。

（1）当路线价是标准临街宗地的总价时，计算公式为：

$V(总价) = 标准临街宗地总价 \times \sum 单独深度价格修正率$

$V(单价) = (标准临街宗地总价 \times \sum 单独深度价格修正率)/估价对象土地面积$

$\quad\quad\quad = (标准临街宗地总价 \times \sum 单独深度价格修正率)/(临街宽度 \times 临街深度)$

如果临街宽度与标准宽度不同，则计算公式为：

$V(总价) = (标准临街宗地总价 \times \sum 单独深度价格修正率)/(临街宽度 \times 临街深度) \times 估价对象土地面积$

$\quad\quad\quad = 标准临街宗地总价 \times \sum 单独深度价格修正率 \times 临街宽度/标准宽度$

$V(单价) = V(总价)/估价对象土地面积$

$\quad\quad\quad = (标准临街宗地总价 \times \sum 单独深度价格修正率)/(临街宽 \times 临街深度)$

（2）当以单位宽度的标准临街宗地（如临街宽度1英尺、临街深度100英尺）的总价作为路线价时，也应采用累计深度价格修正率，计算公式为：

$V(总价) = 路线价 \times \sum 单独深度价格修正率 \times 临街宽度$

$V(单价) = V(总价)/估价对象土地面积$

$\quad\quad\quad = 路线价 \times \sum 单独深度价格修正率/临街深度$

（3）当以标准临街宗地的单价作为路线价时，应采用平均深度价格修正率，计算公式为：

$V(单价) = 路线价 \times 平均深度价格修正率$

$V(总价) = 路线价 \times 平均深度价格修正率 \times 临街宽度 \times 临街深度$

如果土地的形状和临街状况有特殊者，例如土地形状不是矩形，临街状况不是一面临街而是前后两面临街、街角地等，则在上述公式计算价值的基础上，还要做加价或减价调整。以标准宗地的单价作为路线价的情况为例，形状和临街状况特殊的土地的价值计算公式如下：

$V(单价) = 路线价 \times 平均深度价格修正率 \times 其他价格修正率$

$V(总价) = 路线价 \times 平均深度价格修正率 \times 其他价格修正率 \times 土地面积$

或者

$V(单价) = 路线价 \times 平均深度价格修正率 \pm 单价修正额$

$V(总价) = 路线价 \times 平均深度价格修正率 \times 土地面积 \pm 总价修正额$

【思考题】

1. 什么是路线价法？
2. 路线价法的理论依据是什么？估价对象和条件是什么？
3. 如何划分路线价区段？
4. 什么是深度百分率表？如何制作临街深度价格修正率表？
5. "四三二一"法则的原理是什么？它有什么优缺点？

【练习题】

1. 某临街深度30.48m（即100英尺），临街宽度20m的矩形土地，总价为12.92万元。按四三二一法则，其相邻临街深度15.24 m（即50英尺），临街宽度25m的矩形土地的总价为（　　）。
   A. 53.34万元　　B. 85.34万元　　C. 106.68元　　D. 213.36万元

2. 当以单位宽度的标准宗地的总价作为路线价时，临街宗地总价＝路线价×（　　）×临街宽度。
   A. 单独深度价格修正率　　　　B. 累计深度价格修正率
   C. 平均深度价格修正率　　　　D. 混合深度价格修正率

3. 在应用路线价法估价中，设定的标准临街深度宜为路线价区段内各宗临街土地的临街深度的（　　）。
   A. 简单算术平均数　　　　B. 加权算术平均数
   C. 众数　　　　　　　　　D. 中位数

4. 当以单位宽度的标准宗地的总价作为路线价时，临街宗地总价＝路线价×（　　）临街宽度。
   A. 单独深度价格修正率　　　　B. 累计深度价格修正率
   C. 平均深度价格修正率　　　　D. 混合深度价格修正率

5. 某临街深度30.48m（即100ft）、临街宽度20m的矩形土地，总价为121.92万元。按时四三二一法则，其相邻临街深度15.24m（即50ft），临街宽度25m的矩形土地的总价为（　　）万元。
   A. 53.34　　B. 85.34　　C. 106.68　　D. 213.36

6. 在划分路线价区段时，应符合的条件包括（　　）。
   A. 形状相似　　　　　　B. 在同一条街道上只有一个路线价区段
   C. 面积接近　　　　　　D. 地块相连
   E. 可及性相当

7. 确定路线价时，选取标准宗地应符合（　　）等的要求。
   A. 一面临街　　　　B. 两面临街　　　C. 土地形状为矩形
   D. 土地形状为正方形　　　E. 容积率为所在区段具有代表性的容积率

8. 下列关于路线价法的表述中，不正确的是（　　）。
   A. 路线价法实质是一种市场法，其理论依据与市场法相同，是房地产价格形成的替代原理
   B. 路线价法适用于城镇街道两侧商业用地的估价
   C. 运用路线价法的前提条件是街道较规整，两侧临街土地的排列较整齐

D. 路线价法是在特定的街道上设定标准临街宽度，从中选取若干标准临街用地求其平均价格

9. 一临街矩形地块甲的总价为 36 万元，临街宽度为 20ft，临街深度为 75ft。现有一相邻矩形地块乙，临街宽度为 30ft，临街深度为 125ft。运用四三二一法则，地块乙的总地价为（　　）万元。
  A. 65.4　　　　B. 81.8　　　　C. 87.2　　　　D. 109.0

10. 一前后临街、总深度为 50m 的矩形宗地，其前街路线价为 5000 元/m²，后街路线价为 3800 元/m²。如果按重叠价值估价法，该宗地的前街影响深度为（　　）m。
  A. 22　　　　B. 28　　　　C. 38　　　　D. 50

11. 某块临街深度为 50m、临街宽度为 30ft 的矩形土地甲，总价为 40 万元。其相邻的矩形土地乙，临街深度为 150ft，临街宽度为 15ft，则运用四三二一法则计算土地乙的总地价为（　　）万元。
  A. 23.4　　　　B. 28.6　　　　C. 33.4　　　　D. 46.8

12. 随着临街深度的递增，临街深度价格的修正率递增的是（　　）。
  A. 单独深度价格修正率
  B. 累计深度价格修正率
  C. 平均深度价格修正率
  D. 加权深度价格修正率

13. 在应用路线价法估价中，设定的标准临街深度宜为路线价区段内各宗临街土地的临街深度的（　　）。
  A. 简单算术平均数
  B. 加权算术平均数
  C. 众数
  D. 中位数

14. 根据标准临街宗地单价求得一宗临街深度为 50m、临街宽度为 20m 的土地总价为 280 万元。标准临街深度为 100m，假设相同临街深度的矩形宗地以临街宽度 20m 为基准，每增加临街宽度 1m 单价增加 1%。根据四三二一法则，求取临街深度为 75m、临街宽度为 25m 的矩形宗地单价为（　　）元/m²。
  A. 2000　　　　B. 2100　　　　C. 2400　　　　D. 2520

15. 关于路线价法中选取标准宗地的说法，正确的有（　　）。
  A. 应一面临街
  B. 土地形状应为矩形
  C. 临街宽度与临街深度之比应为 1∶1
  D. 用途应为所在区段的代表性用途
  E. 容积率一般设定为 1.0

16. 已知某临街深度 30.48m（即 100 英尺）、临街宽度 15m 的矩形土地，总价为 100 万元。相邻有一临街深度 45.72m（即 150 英尺）、临街宽度 15m 的矩形土地，根据四三二一和九八七六法则，其总价为（　　）万元。
  A. 109　　　　B. 117　　　　C. 124　　　　D. 130

17. 有一宗前后临街的矩形宗地，总深度 27 米，前街路线价为 2000 元/平方米，路线价为 1000 元/平方米，若按重叠价值法估价，则前街影响深度为（　　）。
  A. 9　　　　B. 13.5　　　　C. 15　　　　D. 18

18. 某宗土地的临街深度为 100ft，临街宽度为 60ft，市场价值为 1500 万元，根据哈柏法则，临街深度为 36ft、临街宽度为 60ft 的土地价值为（　　）万元。
  A. 600　　　　B. 738　　　　C. 900　　　　D. 960

【答案】

1. D、2. B、3. C、4. B、5. C、6. DE、7. ACE、8. B、9. B、10. B、11. C、12. B、13. C、14. D、15. ABD、16. B、17. D、18. C

【本章小结】

路线价法是在特定的街道上设定标准临街深度，从中选取若干标准临街宗地求其平均价格，将此平均价格称为路线价，然后利用临街深度价格修正率或其他价格修正率来测算该街道其他临街土地价值的一种估价方法。路线价法主要适用于城镇街道两侧商业用地的估价。运用路线价法一般可以分为7大步骤进行：(1) 划分路线价区段；(2) 设定标准临街深度；(3) 选取标准临街宗地；(4) 调查评估路线价；(5) 制作临街深度价格修正率表；(6) 制作其他宗地条件修正系数表；(7) 计算临街土地的价值。

第十章 其他地价评估

【学习目标】

通过本章的学习,应该了解城镇基准地价系数修正法的基本思路与适用范围,掌握不同情况下的补地价计算公式和高层地价分摊的方法,培养熟练评估其他地价的能力。

第一节 城镇基准地价评价

宗地价格是一宗土地的一定权益在某一时点的价格。土地的一定权益,分为出让土地使用权、划拨土地使用权、设有抵押权的土地使用权、设有地役权的土地使用权、有租约限制的土地使用权等。

宗地价格评估可以直接运用市场比较法、成本法、收益还原法、假设开发法等来评估。但是,宗地的类型和估价目的不同,具体适用的估价方法可能不完全相同。以宗地的类型来说,待开发土地,如将利用该土地建造某种类型的商品住宅或写字楼、商店、宾馆等,适用假设开发法估价;经新近人工开发或改造的宗地,如填海造地、开山造地、征用农地或拆除旧城区的旧建筑物后进行"三通一平"、"五通一平"或"七通一平"的土地,适用成本法估价;已有建筑物的宗地,如现有的写字楼、商店、宾馆、餐厅等的占地,适用收益还原法(具体是其中的土地剩余技术)估价。而不论宗地的类型如何,只要该类宗地有较发达的交易市场存在,可以找到较多的交易实例,均适用市场比较法估价。

在我国,城市宗地价格评估有特殊的方法,就是基准地价法及基准地价修正法,其实质是市场比较法。

(1)城镇基准地价概念

城镇基准地价是以一个城镇为对象,在该城镇一定区域范围内,根据用途相似、地块相连、地价相近的原则划分地价区段,调查评估出的各地价区段在某一时点的平均价格。

(2)评估步骤

城镇基准地价评估的步骤一般有以下几点。

① 确定基准地价评估的区域范围是以一个具体的城镇为对象,确定其基准地价评估的区域范围,比如是该城镇的整个行政区域,还是规划区、市区或建成区等。评估的区域范围大小,主要是根据实际需要和可投入评估的人力、财力、物力等情况来定。

② 明确基准地价的内涵、构成、表达方式、基准日期等，其中特别是明确拟评估的基准地价所对应的土地条件或状况，包括土地的基础设施完备程度、平整程度、权力性质（如是出让土地使用权还是划拨土地使用权）、使用年限、用途（商业、办公、居住、工业等）、容积率等。

③ 划分地价区段，所谓地价区段，是将用途相似、地块相连、地价相近的土地加以圈围而形成的一个个区域。一个地价区段可视为一个地价"均质"区域。通常可将土地划分为3类地价区段：a. 商业路线价区段；b. 住宅片区段；c. 工业片区段。划分地价区段的方法通常是就土地的位置、交通、使用现状、城市规划、不动产价格水平及收益情况等做实地调查研究，将情况相同或相似的相连土地划分为同一个地价区段。各地价区段之间的分界线应以道路、沟渠或其他易于辨认的界限为准，但商业路线价区段应以标准深度为分界线。

④ 抽查评估标准宗地的价格，这是在划分出的各地价区段内，选择数宗具有代表性的宗地，再由估价人员调查收集这些宗地的相关经营收益资料、市场交易资料或开发费用资料等，运用收益还原法、市场比较法、成本法、假设开发法等适宜的估价方法评估出这些标准宗地在合理市场下可能形成的正常市场价值，通常应求出单价或楼面地价。

⑤ 计算区段地价，区段地价是某个特定低价区段的单价或楼面地价，它代表或反映着该地价区段内土地价格的正常水平和总的水平。区段地价的计算，是分别以一个地价区段为范围，求各该地价区段内所抽查评估出的标准宗地单价或楼面地价的平均数、中位数或众数。计算出的区段地价，对于商业路线价区段来说是路线价，对于住宅区段或者工业片区段来说是区片价。

⑥ 确定基准地价，在上述区段地价计算的基础上做适当的调整后就是基准地价。在确定基准地价时，应先把握各地价区段间的好坏层次（多从好到坏），再把握期间的地价高低层次，以避免出现条件较差的区段的基准地价高于条件较好的区段的基准地价。

⑦ 提出基准地价应用的建议和技术，包括该基准地价的作用，将该基准地价调整为各宗地价格的方法和系数，如具体区位、土地使用年限、容积率、土地形状、临街状况等的修正方法和修正系数。

（3）基准地价修正法

基准地价修正法是指，在政府确定公布了基准地价的地区，通过具体区位、土地使用年限、容积率、土地形状、临街状况等的比较，由估价对象宗地所处地段的基准地价调整得出估价对象宗地价格的一种估价方法。

运用基准地价修正法估价的步骤如下：①搜集有关基准地价的资料；②查出估价对象所处地段的基准地价；③进项交易日期调整；④进行土地状况调整；⑤求出估价对象宗地的价格。

第二节 补地价的测算

补地价是指建设用地使用权人因改变国有建设用地使用权出让合同约定的土地使用条件等而应向国家缴纳的建设用地使用权出让金、土地出让价款、租金、土地收益等。需要补地价的情形可分为3类：①改变土地用途、容积率等规划条件，具体有建设用地使用权出让之后变更用途、变更容积率、既变更用途又变更容积率等情形；②延长土地使用期限（包括建设用地使用权期间届满后续期）；③转让、出租、抵押以划拨方式取得建设用地使用权的不动产。

对改变土地用途、容积率等规划条件的，补地价的数额理论上等于批准变更时新旧规划条件下的土地市场价格之差额，即：

（1）补地价＝新规划条件下的土地市场价格－旧规划条件下的土地市场价格，其中，对单纯提高容积率，改变土地用途并提高容积率的补地价来说，补地价的数额为：

$$补地价（单价）＝新楼面地价×新容积率－旧楼面地价×旧容积率$$

$$补地价（总价）＝补地价（单价）×土地总面积$$

（2）如果楼面地价不随容积率的改变而改变，则

$$补地价（单价）＝楼面地价×（新容积率－旧容积率）$$

或者

$$补地价（单价）＝\frac{旧容积率下的土地单价}{旧容积率}×（新容积率－旧容积率）$$

或者

$$补地价（单价）＝\frac{新容积率下的土地单价}{新容积率}×（新容积率－旧容积率）$$

第三节　高层建筑地价分摊

1. 高层建筑地价分摊的需要

在现代城市中，由于土地越来越稀缺，地价越来越高，以及建筑技术的日益发展，多层、高层建筑物越来越多。

与此同时，随着不动产交易活动的日益发展和产权多元化，一座建筑物只有一个所有者的格局被打破了，出现了一座建筑物内有着众多的所有者或使用者的情况，他们分别拥有该座建筑物的某一部分。

随着城市高层楼房日益增多，地价分摊问题已受到不动产评估人员的高度重视。现在一般认为，研究楼房地价分摊方法是为了更好地解决以下三个问题：①各部分占有的土地份额；②各部分享有的土地面积；③各部分享有的地价数额等。

2. 高层建筑地价分摊的方法

① 按建筑面积进行分摊

按建筑面积进行分摊的方法，是根据各自拥有的建筑面积的多少来分摊，即如果甲拥有的建筑面积为若干平方米，那么他应享有的地价数额为它所拥有的建筑面积乘以土地总价值与总建筑面积的比率（即楼面地价），它应占有的土地份额为它所拥有的建筑面积除以总的建筑面积。具体公式如下：

$$某部分占有的土地份额＝\frac{该部分的建筑物面积}{建筑物总面积}$$

$$某部分分摊的土地面积＝土地总面积×\frac{该部分的建筑物面积}{建筑物总面积}$$

$$某部分分摊的地价数额＝土地总面积×\frac{该部分的建筑物面积}{建筑物总面积}$$

$$＝楼面地价×该部分的建筑物面积$$

按建筑面积进行分摊的优点，是简单、可操作性强，但存在的问题也显而易见，如：当各楼层的使用用途不同时，或者同种用途由于楼层不同使用效用会有较大差异（如普通多层

住宅的一层效用与四、五层效用的差别）时，若按照建筑面积分摊，在我国当土地使用年期满，需要重新一次性交纳土地使用权出让金时，若按照楼房的每部分分摊的地价款都相等的做法，会引起各不同使用、所有者的异议，（即当各部分的土地价值需要显现时就会出问题）。它主要适用于各层用途相同且价格差异不大的建筑物，如住宅楼、办公楼。

② 按房地价值进行分摊

为了克服按照建筑面积分摊出现的不同部分的价值不同，但却分摊了等量的地价，可以依据各部分的不动产价值进行分摊。具体方法如下：

$$某部分占有的土地份额 = \frac{该部分的房地价值}{房地总价值}$$

$$某部分分摊的土地面积 = 土地总面积 \times \frac{该部分的房地价值}{房地总价值}$$

$$某部分分摊的地价数额 = 土地总价值 \times \frac{该部分的房地价值}{房地总价值}$$

按房地价值进行分摊比按建筑面积进行分摊要复杂一些，但更符合实际情况，主要适用于各部分的房地价值有差异但差异不是很大的建筑物。

③ 按土地价值进行分摊

按土地价值进行分摊的主要方法如下：

$$某部分占有的土地份额 = \frac{该部分的房地价值 - 该部分的建筑物价值}{房地总价值 - 建筑物总价值}$$

$$某部分分摊的土地面积 = 土地总面积 \times 该部分占有的土地份额$$

$$某部分分摊的土地数额 = 土地总价值 \times 该部分占有的土地份额$$

$$= 该部分的房地价值 - 该部分的建筑物价值$$

这种方法是理论上最完善的，实际应用的价值也很大，但是由于未来的房地价值是不断变动的，土地价值也是不断变动的，因此，需要间隔一定的年数进行分摊，但是间隔期宜多长是值得研究的。

上述分摊方法不仅适用于高层建筑地价分摊，而且适用于同一层或平房的不同部位分别为不同人所有、房地价值不相等时的地价分摊。例如：在繁华地段，沿街部分的房屋比里面的房屋价值高，在这同一房屋分别为两人或多人占用的情况下，就需要进行地价分摊，确定各自的土地占有份额。

【思考题】

1. 城镇基准地价系数修正法的操作步骤？
2. 什么情况下需要补地价？
3. 高层地价分摊的方法有几种？分别是什么？

【练习题】

1. 城市基准地价是以一个城市为对象，在该城市一定区域范围内，根据用途相似、地块相连、地价相近的原则划分地价区段。调查评估出的各地价区段在某一时点的（   ）。

    A. 基准价格   B. 平均价格   C. 正常价格   D. 市场价格

2. 城市基准地价是根据用途相似、地块相连、地价相近的原则划分地价区段，调查评估的各地价区段在某一时点的（   ）。

A. 最低价格　　　B. 平均价格　　　C. 出让地价　　　D. 标定地价

3. 评估基准地价或利用基准地价评估宗地价格，必须明确基准地价的内涵。基准地价的内涵包括（　　）。
   A. 基准日期　　　　　　　　B. 土地开发程度
   C. 基准地价修正体系　　　　D. 土地用途
   E. 基准地价公布日期

4. 基准地价修正系数法估价中的期日修正一般根据（　　）进行。
   A. 地价指数的变动频率　　　B. 地价指数的变动幅度
   C. 房价指数的变动频率　　　D. 房价指数的变动幅度

5. 某宗土地总面积 1000m²，容积率为3，现允许将容积率提高到5，楼面地价不变，现已算出应补地价30万元，则改变之前的地价为（　　）元/m²。
   A. 430　　　B. 450　　　C. 440　　　D. 420

6. 某宗土地的总面积为 5000m²，容积率为2，剩余使用年限为30年，用途为工业，现可依法变更为商业用地，容积率提高到3，剩余使用年限不变。现时该类工业用地50年期的建设用地使用权楼面地价为2000元/m²，工业用地报酬率为6%；变更后条件下40年期的商业建设用地使用权土地单价为12000元/m²，商业用地报酬率为10%。该土地因变更用途和容积率应补交的地价款为（　　）万元。
   A. 4000　　　B. 4004　　　C. 4021　　　D. 4037

7. 基准地价修正法评估国有建设用地使用权价值应具备的条件有（　　）。
   A. 政府确定并公布了征收农地区片价标准
   B. 估价对象位于基准地价覆盖区域
   C. 有完备的基准地价修正体系
   D. 估价对象宗地的开发程度与基准地价对应的开发程度一致
   E. 估价对象宗地的使用年限与基准地价对应的使用年限相同

8. 从理论上讲，可按（　　）分摊高层建筑地价。
   A. 建筑物价值　　　　　　　B. 房地产价值
   C. 土地价值　　　　　　　　D. 建筑面积
   E. 楼层

9. 某宗工业用地面积为 5000m²，容积率为1.0，楼面地价为800元/m²。若城市规划部门批准将该地块改为商住用地，容积率为8.0，其中商业用途建筑面积占40%，楼面地价为3000元/m²；居住用途建筑面积占60%，楼面地价为1000元/m²。该宗地块理论上应补交的地价为（　　）万元。
   A. 4000　　　B. 5900　　　C. 6800　　　D. 7200

10. 某建筑物共3层，总建筑面积为600m²，每层建筑面积相等，房地总价值为600万元，土地价值为200万元。其中一层房地产价值是二层的0.85倍，二层房地产价值是三层的1.2倍。关于土地份额的计算，正确的有（　　）。
    A. 按建筑面积分摊，一层占有的土地份额为33.3%
    B. 一层按房地产价值分摊的土地份额低于按土地价值分摊的土地份额
    C. 按房地价值分摊，二层占有的土地份额为37.3%
    D. 按土地价值分摊，二层占有的土地份额为45.2%
    E. 按土地价值分摊，三层占有的土地份额为31.7%

11. 如某宗土地总面积为 7500m², 容积率为 3, 相应的土地单价为 4500 元/m², 现允许容积率提高到 5, 假设容积率每提高 0.1, 楼面地价下降 1%, 则理论上因容积率提高应补交的地价款为（　　）万元。

  A. 1125　　　B. 1800　　　C. 2250　　　D. 3375

12. 运用基准地价修正法评估宗地价值时, 应明确的基准地价内涵的内容主要包括基准地价对应的（　　）。

  A. 容积率　　　　　　　　B. 土地用途
  C. 土地开发程度　　　　　D. 评估单位
  E. 土地使用权性质

13. 某宗房地产的总价值为 5000 万元, 其总地价为 2000 万元, 总建筑面积为 10000m², 甲拥有该大厦的某一部分, 该部分的房地价值为 90 万元, 该部分的建筑面积为 200m²。按土地价值进行分摊, 甲占有的土地份额为（　　）。

  A. 1%　　　B. 1.5%　　　C. 2%　　　D. 2.5%

14. 某大厦总建筑面积 1000m², 房地总价值 6000 万元, 其中, 土地总价值 2500 万元。某人拥有该大厦的某一部分, 该部分的房地价值为 180 万元, 建筑面积为 240m²。如果按照土地价值进行分摊, 则该人占有的土地份额为（　　）。

  A. 2.4%　　　B. 3.0%　　　C. 3.8%　　　D. 7.2%

15. 某居民楼总建筑面积为 5000m², 房地总价值为 1000 万元, 其中土地总价值为 500 万元。某人拥有该居民楼的一套单元式住宅, 建筑面积为 150m², 房地总价值为 35 万元。若按照土地价值进行分摊, 该人占有的土地份额为（　　）。

  A. 3%　　　B. 3.5%　　　C. 7%　　　D. 4%

16. 高层建筑地价分摊的方法有（　　）。

  A. 按建筑物价值进行分摊　　　B. 按房地价值进行分摊
  C. 按土地价值进行分摊　　　　D. 按建筑面积进行分摊
  E. 按楼面地价进行分摊

17. 某幢大厦的总建筑面积为 10000 平方米, 房地产总价值为 7000 万元。其中土地总价值为 3000 万元。王某拥有该大厦其中一部分, 该部分的建筑面积为 250 平方米, 房地产价值为 150 万元。若按照土地价值进行分摊, 则王某占有的土地份额为（　　）。

  A. 1.67%　　　B. 2.33%　　　C. 2.75%　　　D. 3.33%

【答案】

1. B、2. B、3. ABD、4. B、5. B、6. D、7. BC、8. BCD、9. C、10. ACD、11. A、12. ABCE、13. B、14. C、15. B、16. BCD、17. A

【本章小结】

  本章介绍的其他地价评估主要包括城镇基准地价评估和基准地价修正法, 补地价和高层建筑地价分摊。其中, 补地价主要是针对改变国有建设用地使用权出让合同约定的土地用途、容积率等而需要补交出让金等费用; 补地价测算是针对现代城市多层、高层建筑普遍化及同一栋房屋所有权主体分散化后出现的地价分摊问题。

第十章　其他地价评估

第十一章 不动产估价制度

【学习目标】
通过本章的学习，应该了解不动产估价制度的概念、产生的背景和主要内容，在此基础上了解我国与不同国家和地区的不动产估价制度。

第一节 国内不动产估价的制度

一、不动产估价制度的概念

不动产估价制度，指为合理评估不动产价格，维护当事人的合法权益，加强不动产估价市场的管理，规范不动产估价机构及其人员的行为，提高估价人员的道德与业务水准而制定的一系列的法规与准则。

实行不动产估价制度，可以规范不动产估价机构和人员的行为，提高估价人员的道德和职业水准，合理评估不动产价格，有利于加强不动产估价市场的管理，有利于规范不动产市场交易，有利于维护不动产权利有关当事人的合法权益。

一般而言，不动产估价制度，对不动产估价人员和机构的从业条件以及行为约束，通常包括以下方面：①从事不动产估价的人员要具备一定的条件；②通过登记注册严格控制不动产估价师的从业资格；③从事不动产估价的机构的条件及登记管理；④制定法规对不动产估价人员及估价机构的行为加以约束；⑤制定估价人员的职业道德和修养准则，并建立相应的惩罚制度；⑥不动产估价应具有独立性。

二、制度产生的背景

19世纪80年代末，由于中国对外开放的不断深入，商品经济浪潮的推动，不动产投资在中国的东部经济发达地区开始出现，房地产出租、出售等产权交易现象也公开或半公开地在一些商品经济发达地区产生。为了适应这一经济变革，不动产估价业也在中国开始萌芽，随即表现出强大的活力，在诸如土地出让、国企改革、企业重组、不动产税收、抵押贷款等社会经济活动中发挥了重要的作用。中华人民共和国国土资源部（国土资源部）、中华人民共和国住房和城乡建设部（建设部）、中华人民共和国财政部（财政部）等政府部门对不动产估价行为发布了一些行政法规和行业规范标准。

目前，经有关部门发布的与不动产估价有关的法规、规章和标准见表11-1。

表 11-1 与不动产估价有关的法规、规章和标准

名称	发布部门	实施日期	备注
城镇土地定级规程(试行)	原中华人民共和国国家土地管理局(原国家土地管理局)	1990年1月1日	
国有资产评估管理办法	中华人民共和国国务院(国务院)	1991年11月16日	国务院91号令
国有资产评估管理办法施行细则	原中华人民共和国国家国有资产管理局(原国家国有资产管理局)	1992年7月18日	国资办发[1992]36号
土地估价师资格考试暂行办法	原国家土地管理局	1993年2月13日	[1993]国土[籍]字第28号
城镇土地估价规程(试行)	原国家土地管理局	1993年6月22日	
城市房地产交易价格暂行办法	中华人民共和国国家计划委员会(国家计委)	1994年11月11日	计价格[1994]1714号
房地产估价师执业资格制度暂行规定	建设部、中华人民共和国人事部(人事部)	1995年3月22日	建房[1995]147号
注册资产评估师执业资格制度暂行规定	人事部、原国家国有资产管理局	1995年5月10日	人职发[1995]54号
土地估价报告规范格式	原国家土地管理局	1996年3月1日	
资产评估操作规范意见	中国资产评估协会	1996年5月7日	中评协[1996]83号
房地产估价规范	建设部、国家质量监督检验检疫总局(国家质量技术监督局)	1999年6月1日	GB/T50291-1999
关于印发《资产评估报告基本内容与格式的暂行规定》的通知	中华人民共和国财政部(财政部)	1999年3月2日	财评字[1999]91号
关于调整注册资产评估师执业资格考试有关规定的通知	人事部、财政部	1999年3月11日	人发[1999]23号

三、制度的主要内容

（1）不动产估价的行业管理

中国土地估价师协会的业务主管部门为中华人民共和国国土资源部，同时接受中华人民共和国民政部的监督管理。其在配合土地使用制度改革、促进土地资源的集约合理利用、推进土地市场建设中发挥了重要作用。

（2）不动产估价组织的管理

不动产估价机构是从事不动产估价业务的组织，自然人不能单独从事这项业务。对不动产估价组织的管理主要涉及该组织的登记注册管理、所具有的权利和义务、应承担的法律责任等内容。

1992年12月，国家土地估价委员会成立；1993年2月，原国家土地管理局，针对土地估价师资格认证、土地估价师考试、土地估价师资格注册登记、土地估价机构资格分级管理及其资格认证等作出了规定；1993年10月，组织了土地估价师资格考试，认证3218名土地估价师，行业组织框架初步建立。1994年5月，中国土地估价师协会成立；2003年底，国务院办公厅下发《关于加强和规范评估行业管理意见》，充分肯定了土地估价行业的改革与发展。

（3）不动产估价人员的管理

不动产估价人员包括潜在的估价人员、一般估价人员和估价师（鉴定评价师或不动产鉴

定师）三种。该项管理主要是指不同资格获取的方式和程序、所具有的权利和义务、应承担的法律责任等。

(4) 不动产估价法规与准则

1995年我国施行的《城市房地产管理法》明确规定，房地产价格评估是国家的法定制度。

① 土地估价行业的有关法规　1993年2月，原国家土地管理局颁布实施《土地估价师资格考试暂行办法》、《土地估价机构管理暂行规定》；1995年1月，原国家土地管理局、中华人民共和国国家工商行政管理总局（国家工商行政管理总局）联合下发《关于对土地价格评估机构进行登记管理有关问题的通知》；2001年2月，国土资源部下发《关于改革土地估价结果确认和土地资产处置审批办法的通知》，同年6月颁发实施《土地估价师继续教育暂行规定》；2003年4月，中国土地估价师协会起草了《土地评估机构注册办法》和《土地估价师注册办法》，并通过理事大会生效；2006年11月，国土资源部发布了《土地估价师资格考试管理办法》，自2007年1月1日起开始施行。

② 房地产估价行业的有关法规　1995年1月1日起开始实施《中华人民共和国城市房地产管理法》，规定"国家实行房地产价格评估制度"、"国家实行房地产价格评估人员资格认证制度"；1995年3月22日，国家建设部和人事部联合下发《房地产估价师执业资格制度暂行规定》、《房地产估价师执业资格考试实施办法》；1998年，建设部发布《房地产估价师注册管理办法》；1999年，国家质量技术监督局、建设部联合下发《房地产估价规范》；2005年，建设部发布《房地产估价机构管理办法》；2006年，建设部发布《注册房地产估价师管理办法》；2005年，国家人事部发布《关于做好香港、澳门居民参加内地统一举行的专业技术人员资格考试有关问题的通知》。

四、我国不动产估价制度

1. 内地的不动产估价制度

内地的不动产估价制度实行的是以政府为主、行业协会为辅的管理制度。政府及相关部门通过颁发法规、组织考试、执业管理等方式，推动估价行业的快速、规范发展。行业协会负责制定行业执业标准、开展业务培训和估价师的再教育工作；协助行政主管部门加强对行业的管理，不断提高不动产估价人员的素质和整个行业的服务水平。

(1) 我国不动产估价的相关法律、法规和部门规章

确立了不动产估价的法律地位。《城市房地产管理法》第33条规定："国家实行房地产价格评估制度"，第58条规定："国家实行房地产价格评估人员资格认证制度"。

实行对不动产估价师执业资格取得和对不动产估价机构资质认定的制度。按照《中华人民共和国行政许可法》和《国务院对确需保留的行政审批项目设定行政许可的决定》的规定，"价格评估机构资质认定"和"价格评估人员执业资格认定"都是予以保留行政许可项目。

制定了不动产估价标准和指导意见。2001年11月12日国家质量监督检验检疫总局发布了《中华人民共和国国家标准城镇土地估价规程》（GB/T 18508—2001），统一了土地估价程序和方法，介绍了城镇土地估价范围、引用标准、总则、估价原则及价格影响因素、基本估价方法、基准地价评估方法、宗地地价评估方法、主要用途及其他权利的土地价格评估方法等。为服务城镇土地估价及开展农用地估价，国家先后发布了《中华人民共和国国家标

准城镇土地分等定级规程》(GB/T 18507—2001)、《中华人民共和国国土资源行业标准农用地分等规程》(TD/T 1004—2003)、《中华人民共和国国土资源行业标准农用地定级规程》(TD/T 1004—2003)、《中华人民共和国国土资源行业标准农用地估价规程》(TD/T 1006—2003)。2003年建设部、人民银行、银监会三部门联合制定了《房地产抵押估价指导意见》，对房地产抵押估价的价值标准及其内涵、估价主体资格、估价报告的使用、相关责任的划分等内容进行了明确的规定，旨在规范房地产抵押估价行为，保证房地产抵押估价质量，维护房地产抵押当事人的合法权益，防范房地产信贷风险。

实行了不动产估价师执业资格全国统一考试制度。我国土地估价师资格考试始于1993年。2006年11月22日国土资源部颁布了《土地估价师资格考试管理办法》(2007年1月1日开始实施)。国务院于2014年10月23日取消土地估价师资格认证。

(2) 中国土地估价师协会

中国土地估价师协会于1994年5月在北京成立。业务主管部门为中华人民共和国国土资源部，同时接受中华人民共和国民政部的监督管理。

中国土地估价师协会的宗旨是联合全国土地估价组织和土地估价人员，进行自律管理；引导从业人员遵守国家的法律、法规，遵守土地估价执业道德，执行专业守则和估价规范，规范从业人员执业行为；促进土地估价师专业知识及专长技能的发展和深造；保障从业人员独立、客观、公正执业，维护支持中国土地估价师独特的专长特点、地位及利益；增进行业交流；调解执业中产生的争议；维护国家、企业和个人在土地方面的权益，为社会主义市场经济服务。

中国土地估价师协会的工作职责：搞好会员自律，配合行政主管部门落实行业管理；根据全国土地估价师资格考试委员会的决策，具体组织实施土地估价师资格考试、实践考核及执业登记工作；引导机构发展，规范机构管理；扩大协会规模，提供会员服务；研究技术理论，制定专业指引；净化估价环境，拓展新的业务领域；开展国际合作，提升社会环境；加强协同配合，联系同业协会共同发展。

我国土地估价机构实行注册制度。中国土地估价师协会和省、自治区、直辖市土地估价行业协会负责办理土地估价机构的注册。凡在中华人民共和国境内从事土地估价中介业务的评价机构，应进行注册，领取土地评估机构注册证书。经注册的土地估价机构名单向社会公布。

具有7名以上（含7名）注册土地估价师和50万元以上注册资本、具备在全国范围内从事土地估价业务能力的机构，向中国土地估价师协会注册。名单在国土资源部网站上公布。其他土地估价机构向省、自治区、直辖市土地估价行业协会注册，由省、自治区、直辖市土地行政主管部门向社会公告。新设土地估价机构应在省、自治区、直辖市土地估价行业协会注册，从业1年后，可向省、自治区、直辖市土地估价行业协会提出申请，符合在全国范围内从事土地估价业务条件的，由省、自治区、直辖市土地估价行业协会向中国土地估价师协会推荐注册。

(3) 中国房地产估价师与房地产经纪人学会

1993年1月，国家建设部和人事部联合发布了《关于认定房地产估价师有关问题的通知》。通知决定成立由建设部和人事部共同组成的"房地产估价师认定工作领导小组"，负责进行考试、评审和认定工作，并邀请港台地区著名房地产估价师（测量师）参加。这标志着我国内地的房地产估价师执业资格认证制度正式建立。同年5月，两部委经过严格评审，认定了首批140名中国房地产估价师，揭开了我国内地房地产业史上重要的一页。

目前的中国房地产估价师与房地产经纪人学会的前身是中国房地产估价师学会，其成立于 1994 年 9 月。中国房地产估价师学会的正式成立，标志着我国内地房地产估价事业已在规范化、标准化、制度化的发展道路上迈上了一个新的台阶，这对于发挥估价专业人员的技术保障作用、提高我国内地房地产市场的运作效率，对于加强房地产估价人员队伍的管理、提高队伍的整体水平，对于促进我国内地房地产咨询评估业沿着正规化方向发展，都有着重要的意义。2004 年 6 月，建设部为规范行业发展，发文决定将房地产经纪人执业资格注册工作转交给中国房地产估价师学会，随后中国房地产估价师学会更名为中国房地产估价师与房地产经纪人学会。

2. 香港特区的不动产估价制度

香港特区的评估行业协会主要有英国皇家特许测量师学会（香港分会）和香港测量师学会。香港测量师学会是一个有法人地位的独立团体，创建于 1984 年，1990 年香港立法局通过了《香港测量师学会条例》，1991 年立法局又通过了《测量师注册条例》，奠定了测量师学会及测量师的法律地位。目前，香港测量师学会是唯一代表香港测量师专业的社会团体。香港测量师分为四个组别：屋宇测量师、产业测量师、工料测量师、土地测量师。不动产估价是产业测量师的主要业务。《香港测量师注册条例》以及香港测量师学会的章程和细则是各个组别的测量师都要遵守的，产业测量师也不例外，这几个文件规定了测量师的管理部门、管理内容和执业的行为准则。关于不动产估价技术方面的标准，香港测量师学会于 1988 年 6 月发布了《香港不动产指南》（第 1 版）。1999 年出版了第 2 版《香港测量师学会物业资产评估指导性说明》，该版本的指南，包括 13 个指南和 10 个背景材料，适用于对公司账户和财务报表中所记录的所有固定资产的评估，也适用于股权转让和企业合并时所需进行的评估。

3. 台湾省的不动产估价制度

台湾省的民间土地估价主要服务于交易、司法、抵押等宗地地价评估，其从业机构主要有不动产鉴定公司和鉴定事务所。

2000 年 10 月 4 日，台湾省《不动产估价师法》颁布实施，《不动产估价师法》标志着台湾省不动产估价制度的正式建立，该法是台湾省不动产估价行业运行和管理的依据；2001 年 10 月制定公布了《不动产估价师法实施细则》；2001 年 12 月，台湾省举行第一次不动产估价师考试。

台湾省目前与土地估价、估价行业管理和地价管理相关的规定比较多，涉及管理和技术方面，主要有《土地管理法》《平均地权条例》《平均地权条例实施细则》《不动产估价师法》《不动产估价师法实施细则》《地价评议委员会及标准地价评议委员会组织规程》《地价调查估计规则》《土地建筑改良物估价规则》《不动产估价技术规则》等。

第二节　国外不动产估价制度

国外不动产估价行业以英国和美国为两种各有特色的并具有代表性的管理模式，本节对这两个国家的不动产估价制度着重进行介绍，也介绍了德国不动产估价制度。

一、英国不动产估价制度

1. 英国估价行业概况

英国不动产估价行业基本上可以分为政府管理下的估价体系和民间自律性估价体系两大体系。

政府管理下的不动产估价体系,主要服务于征税目的,房地产、土地交易过程中防止偷漏税。在组织上分为三个层次,即中央、大区和区估价办公室。中央级估价办公室设在财政部税务局之下,主要职能是制定有关政策,管理大区和区的估价工作。大区级估价办公室,全国共设有 5 个,主要职能是协调其所辖区内的估价工作。最初,大区和区级估价办公室都归当地税务部门直接管辖,由于估价工作的技术性、独立性越来越强,加之政府为减少行政开支而精减人员,因此,在随后的发展中,大区级和区级估价办公室逐渐从税务部门中独立出来,每个地区一般都设有总估价师、主任估价师、副主任估价师、督察估价师、初级估价师和估价助理员等,其主要职能是为政府对房地产征税及为公共部门提供估价服务,除此之外,也承揽一些其他的估价项目。

民间的估价机构则是完全不依赖任何部门的独立、客观、公正的社会中介服务组织,其组织形式主要是合伙制和有限责任公司,也有少量独资形式的。这些机构大都以咨询、顾问公司的形式存在,除估价业务外,还承揽许多相关的服务业务,如接受委托从事房地产买卖、销售、出租、承租、投资等业务。

民间估价机构在发展过程中,逐渐建立了自律性的行业协会组织。目前有关估价的协会有三家,其中影响最大的是英国皇家特许测量师学会(RICS),另外两家分别是估价师与拍卖师联合会(ISVA)和税收估价协会(IRRV)。目前三家协会正在寻求合并统一之路。由于 RICS 在英国的房地产估价中占有举足轻重的地位,对估价标准的制定和完善起着绝对主导作用,因此,下面作较为详细的介绍。

2. 英国皇家特许测量师学会(RICS)

1868 年,英国测量师学会成立,这是由当时分布在全国各地的规模不一的测量师协会和俱乐部经过充分协商联合组成的。1881 年获颁"皇家"荣誉,1946 年正式启用皇家特许测量师学会名称(The Royal Institution of Chartered Surveyor,简称 RICS),然而其创会时间一般都追溯到 1868 年。英国皇家特许测量师学会不仅是英国规模最大、最具权威性的估价行业组织,对于整个英联邦地区的评估业都具有非常重要的影响,目前拥有会员九万多人,其中从事不动产评估的约两万多人。

英国皇家特许测量师学会依据专业分工不同,分为 7 个小组,分别是土地及海洋测量组、矿业测量组、农业测量组、规划和发展测量组、产业测量组、建筑测量组、工料测量组。专业测量组主要对各个专业的操作规范进行修订,对本专业的测量师进行监管,其中地产和房产评估属于产业测量小组。

英国皇家特许测量师学会设有理事会,共有理事 70 人,理事由会员选举产生。理事会是协会的权力机构,协会的重要规章出台,都要经理事会通过。主席经理事会产生,由资深测量师轮流担任,每届任期一年。学会设主席一名,副主席三名。

英国皇家特许测量师学会是一个行业自律性组织,它不是直接对政府负责,而是对测量师负责。尽管如此,它与政府许多部门还是保持着密切的关系,以便及时了解政府部门有关房地产法规的变化,分析其对整个社会经济的影响及对评估行业的影响,并相应调整行业内部的规章制度,对政府有关部门的决策提供相关的咨询和建议。

作为行业自律性组织,RICS的一个主要职能就是制定并且不断修订和完善行业操作规范,这些规范意见包括评估的理论、方法和经验,测量师(Surveyor)在作业过程中,必须以这些基本的程序和规范为基础。RICS会员必须不断地接受培训和教育,以及时掌握理论与实践的发展状况,并接受学会的监督管理。

与专业小组相对应,测量师也分为七类,分别是土地及海洋测量师(LS)、矿业测量师(MS)、农业测量师(RPS)、规划和发展测量师(PDS)、产业测量师(CRS)、建筑测量师(BS)和工料测量师(QS)。土地测量师(LS)的主要职责并不是对土地进行估价,而是主要进行地形测量和坐标定位,并搜集和管理这方面的资料信息,对房地产进行估价的是产业测量师(CRS),这是七类测量师中最大的一个分支,主要工作包括物业评估、投资咨询和物业管理。(1)物业评估:评估各类物业出租、转让及抵押时的价值;在公司上市、收购、合并时评估公司的房地产价值;政府对房地产征税时为客户评估房地产价值;在有关物业价值的纠纷诉讼中提供专业意见等;(2)投资咨询:为诸如养老金基金会、保险公司,慈善机构及其他投资机构提供房地产买卖的咨询,帮助他们从中获得最大的收益;(3)物业管理:代理客户洽商房地产的购买、销售、出租、承租等业务,并代理客户洽商有关租金调整。续约及楼宇转租等事宜。其中进行房地产评估是产业测量师的主要任务。农业测量师(RPS)也涉及房地产评估业务,他们主要是对农村的房地产及牲畜栏进行评估。

RICS对测量师实行分级制,共分为五级,分别是:名誉会员(AHM)、学生会员(PM)、实习会员(DM)、执业会员(PAM)、资深会员(FM)。其中名誉会员是对测量师行业有特殊帮助和贡献的人士,并非真正从事测量师职业. 学生会员和见习会员没有正式执业资格,执业会员和资深会员具有正式执业资格,从执业会员到资深会员,一般需要15年左右的时间。

3. 会员资格取得

要想取得RICS的会员资格,须由RICS对申请人在知识水平、评估实践经验和执业能力三个方面进行考试、考核和答辩。

(1) RICS举办的产业测量师资格考试

RICS举办的产业测量师资格考试有三类。难度一次比一次大,考试科目包括估价、法律、经济学、规划、建筑、城市土地开发等。

(2) 知识水平的测试

该测试通过三个途经;第一,逐次通过RICS组织的三次考试;第二,取得各英国大学与评估有关的专业的学士学位及有两年以上的评估实践经验,以此资格报考只需要参加第三次考试,在英国经RICS认可的有资格参加产业测量资格考试的有英国亚伯汀(Aberdeen)、剑桥(Cambridge)、里丁(Reading)、优斯特(Ulster) 4所大学及牛津(Oxford Polytechnic)等14所理工学院的有关学系毕业生,这些学系有土地经济系、不动产管理系、城市不动产管理系、环境经济系、土地管理系、评估系等;第三,年满35岁及从事有关评估专业工作超过15年者,以此资格报考只需要参加第三次考试。

(3) 实践经验考核

以上三类申请者,除了具备第三种资格者可直接参加评估师考试外,其他两种资格者都必须从事评估工作二年以上,在整个实践过程中,由RICS委派测量师对其所从事工作进行记录,向RICS提交训练日记,由RICS对其从事的评估业务工作的数量和质量进行考核,经审查通过,方可参加测量师考试。

(4) 执业能力测试

具备了上述两项条件,还要通过由 RICS 组织的执业能力的评定。RICS 组织专门委员会对申请人进行答辩,申请人要能够回答委员会提出的各种问题,并对委员会设计的模拟实物工作提出解决方案。只有通过上述三个方面的测试,才能成为一名皇家特许产业测量师,取得测量师资格。

4. 评估收费与仲裁上诉

在英国,评估收费完全是由市场来调节的,政府部门和行业协会都不规定收费标准,收费额通过市场竞争来实现,收费高低取决于测量师的服务水平和信誉,而不是与待估房地产的评估值相联系。

评估值的大小及其是否客观公正关系到多方利益。在英国,因税收而发生的房地产评估是大量的、经常性的,房地产价值的评估结果直接关系到国家的税收和纳税人的经济利益,因此,税务部门和纳税人都对评估结果非常关心。其他因产权变更或土地征用等发生的评估也具有类似的情况,只要有一方提出异议,便会产生争议。解决争议的途径可以通过有关各方进行友好协商,重新评定评估结果。如果协商不能取得一致意见,则上诉到土地法庭,土地法庭一般由 7 人组成,其中主席 1 人,估价师 3 人,律师 3 人,主席必须曾任高等法院法官 7 年以上,估价师和律师必须是资深的。

二、美国不动产估价制度

1. 美国不动产估价制度概况

美国不动产估价业约有 100 多年的历史,最初的估价目的主要是财产保险、维护产权交易双方利益、资产抵押贷款、家庭财产侵害等,到 19 世纪 80 年代末,开始参与涉及联邦权益的估价,对不动产估价人员进行注册管理。不动产评估行业发展过程中,评估者自发地成立了许多综合或专业性的民间自律性评估组织,这些组织均有自己的规章制度。从规范资产评估业务与职业道德出发,美国一些协会又自发成立了资产评估促进委员会(Appraisal Foundation,简称 AF),并制订了统一的行业标准 USPAP。

2. 美国不动产估价的行政管理

80 年代以前,美国政府对不动产评估行业不予直接管理。美国出现银行贷款呆账、坏账严重,一大批金融机构倒闭,损失了数千亿美元的联邦(国有)储备基金。一些金融分析家认为,这种状况是由于政府放任不动产评估行业管理造成的。为了依照统一标准考核不动产评估人员的能力,规范其职业道德,以此来整顿不动产交易活动中的评估行为,维护联邦金融秩序,联邦政府于 1989 年颁布了《不动产评估改革》(即关于修订联邦金融法规的强制令第 11 号文件)。《不动产评估改革》是美国联邦政府有关不动产评估的最具代表性的法律文件。根据该文件设立了联邦金融制度监察委员会评估分会(Appraisal Subcommittee of the Federal Financial Institutions Examination Council,简称评监委)。该文件的主要内容有:制定该法令的目的,评监委的主要职责与权力,制定评估标准的程序和对注册评估人员的要求;联邦金融管理机构对评估标准的管理权限、对评估人员资格的管理办法;州注册评估人员的职能、州注册评估部门的建立;评监委对州评估人员注册部门的监督,以及对违反规定的处罚和对意外灾祸的处理等。

根据《不动产评估改革》文件,评监委的职责除了监督评估促进委员会的日常工作与人事组织外,主要有:(1)监督各州评估人员注册制度的实施。要求凡涉及联邦权益的评估必须具备一定的资格,并获得相应的证书;(2)监督联邦金融管理机构与联邦信托公司所制定法规的施行,包括:与联邦利益有关的交易中的评估标准;确定参与涉及联邦权益评估的注册人员的执业要求;(3)推行涉及联邦权益评估人员的全国性注册工作;(4)每年向国会报送上一年的年报,汇报评监委对国会每一项指派任务的执行情况。

评监委由财政部拨款设立,该委员会的开办费由财政部一次性拨款500万美元解决。对涉及联邦权益的评估人员,每人每年收取注册费25美元,最多不得超过50美元。

3. 美国不动产估价的行业管理

(1) 组织体系

美国不动产评估行业自律性组织较多,主要有美国注册评估师协会(American Association of Certified Appraisers)、美国评估师协会(American Society of Appraisers)、美国评估学会(Appraisal Institute,AI),以及一些专业性协会,如机器设备、不动产、公路、铁路评估师协会等。这些组织成立时间早,都有自己的章程和执业标准,并制发会员证书。随着资产评估行业的发展,各协会认识到需要统一的资产评估执业标准来规范整个行业。由全美八家主要评估社团发起,于1987年成立了资产评估促进委员会(Appraisal Foundation,简称AF)。这八家社团是:美国评估师协会、美国注册评估师协会、美国农场管理者及乡村评估者协会、评估学会、评估官员国际协会、国际通行权协会、国家独立继承不动产评估者协会、国家名作评估者协会。1995年已有16个评估协会(学会)加入该组织。这16个评估协会如下所示

  American Association of Certified Appraisers
  American Society of Appraisers
  American Society Farm Managers & Rural Appraisers
  Appraisal Institute
  International Right of Way Association
  National Association of Independent Fee Appraisers
  National Association of Master Appraisers
  American Bankers Association
  American Real Estate & Urban Economics Association
  America's Community Bankers
  Farm Credit Council
  Mortgage Bankers Association
  Mortgage Insurance Companies of America
  National Association of Realtors
  Real Estate Educators Association
  Mortgage Guaranty Insurance Corporation

AF具有下列特点:(1)它不是由美国政府创办的;(2)它不是美国政府的代理机构;(3)它不对评估师进行管理;(4)它不进行评估委派工作;(5)它的成员不以个人为单位;(6)它不是贸易组织。

AF下设评估资格审查部和评估标准部。评估资格审查部负责对申请加入该协会的会员进行资历审查、按规定的课程进行考试及再培训;评估标准部负责制定、修改全行业的评估标准USPAP。

AF 以建立统一的专业评估标准为目的，并于 1989 年被美国国会认定为制订和颁布评估标准和职业资格的专业机构。它的任务是颁布统一的执业评估操作标准（USPAP）以促进评估的职业化。于 1986～1987 年编写了 USPAP，于 1987 年获得特许。USPAP 包括：总则、原则、具体内容和咨询意见。USPAP 已经发展到不仅被从事评估的单位所采用，而且被制定与不动产有关的土地法所采用。它不是一成不变的文件，而是依据评估师及政府行政管理人员在实践中的建议和意见而不断变化、发展。USPAP 修订的程序是：考虑评估标准委员会（ASB）关注的问题；公开讨论和公布草案；对公众进行书面或口头调查；将收集的资料进行筛选、采纳以补充、修改草案。

在活动经费方面，不仅得到了金融、保险等其他行业协会组织的赞助，而且还得到了联邦金融制度监察委员会评估分会的资助。

美国评估学会（AI）于 1991 年由美国不动产评估学会和不动产评估协会联合成立，是美国最大的自律性组织之一，也是 AF 的主要成员。该组织有 200 多个分支机构遍布美国、加拿大和加勒比海一带，会员达 1.35 万人，主要会员是不动产评估师，目前颁发高级不动产评估师证书（SRA）4500 个。

美国评估师协会（ASA）成立于 30 年代，是一个国际性、非营利性和独立的评估组织，也是美国最早成立的一个有重要的全国性和多学科的评估协会。它教授有关课程，进行相关考试并授予职业证书。总部在华盛顿，也是 AF 的主要成员，目前已有会员 6500 名，包括企业、机器设备、不动产、珠宝及其他动产等评估专家。该协会在 50 个州的 17 个地区设有分会，受董事会领导，董事由 17 个地区分会推举产生。

（2）会员管理

任何一个协会的会员，均需在学历、评估工作经历、专业培训等方面经过必要的考核，但不同的协会所掌握的标准不同，管理方式也各有差异。

美国评估学会（AI）规定申请加入该组织的条件是：①具有 5 年资产评估工作经历；②具有 4 年制以上的大学学历（专业不限）；③参加资产评估专业培训约 400 小时，培训内容主要有职业道德、资产评估基本原理、资产评估程序、收益资本化、基本评估原理应用、市场分析、成本分析、评估报告的撰写等 10～11 门课程。考试合格后，发给"MAI"会员证书，取得证书后每年还需接受继续教育 30～40 小时。

美国评估师协会（ASA）会员分为两种：一是凡从事资产评估工作两年的均可成为会员；二是取得"ASA"证书的会员，此类会员须具有 4 年制大学学历，具有 5 年的资产评估工作经验，参加过 ASA 规定的课程培训且考试合格，并按照 USPAP 标准进行资产评估。凡是不遵守职业道德及违反该协会规定的，取消其会员资格。

（3）职业道德

评估师执业时必须遵守 USPAP 中的职业道德条款，这些条款规范了评估师个人的义务和责任，对于从事评估业务的团体和组织同样也具有约束力。其职业道德条款由四部分组成：行为、管理、保密和档案保管。

① 行为　评估师必须遵循这些道德标准并且称职地执业，不能从事非法、不道德或不适当的行为。如果一个评估师能被人合理地称为在提供无偏见的评估、复核或咨询的服务中充当无利害关系的第三者，他就必须客观、公正、独立，并不受个人利益的影响。在执业过程中，评估师使用或传播会引起误导或欺诈的报告，或默许雇员或其他人员传播会引起误导或欺诈的报告是不道德的。

② 管理　评估师的报酬如果是依赖于下列条件，则是违反职业道德的：评估值事先确

定；评估的价值量事先约定；取得与评估、复核或咨询服务有关的未经披露的付款、佣金或有价值物品。为招揽业务而进行虚假、误导或夸大的广告或以上述不正当手段拉拢评估项目的行为都是违反职业道德的。如果评估师并不是以无利害关系的方式从业，应在评估报告中披露报酬是与评估结果有关的，并在报告中及提供结果的文件中声明这种关系的基础。

③ 保密 评估师必须保守其与客户之间的保密关系。除以下个人或机构外，评估师不得向任何人泄露从客户获取的保密数据或为客户提供的评估结果：a. 客户或由客户特别授权的人；b. 法律程序允许的第三方；c. 经授权的专业检查委员会。当然，经授权的专业检查委员会成员泄露提供给委员会的信息或数据也是违反职业道德的。

④ 档案保管 评估业务书面材料包括书面报告原件、口头论证和报告的总结、准则所要求的所有数据和说明以及其他用以支持评估师论点、结论的资料、工作档案及包括所存在电子、磁媒介或其他载体中的资料以及说明评估中所使用的其他资料存放地点的索引。

评估师必须有包括口头证据和报告在内的关于评估、评估复核或咨询服务的书面记录，并至少将其保存 5 年，在司法诉讼过程中提供的文件在结束后至少保存 2 年。工作档案应在法律程序需要时可由评估师调用。

（4）执业能力

在接受一项评估业务前，或达成评估业务协议前，评估师必须明确将要解决的问题并且必须具有相应的专业知识和富有成效的经验完成评估业务。否则应该做到以下几点：①接受业务前向客户披露缺乏专业知识或经验；②采取所有适当的措施，富有成效地完成评估任务；③在报告中说明专业知识或经验的缺乏，并说明为有效完成评估业务所采取的措施。

如果评估师获得一项评估业务，但缺乏足以完成该业务的专业知识或经验，该评估师必须在接受业务委托前，向客户披露本人缺乏足以有效完成该业务的专业知识或经验，并采取有效措施有效地完成该项评估业务，这些措施主要包括以下几种：评估师个人研习，与其他可以合理认为具有相关专业知识和经验的评估师共同进行评估；或者聘用其他具有所需知识或经验的人士。

虽然能力条款要求评估师在承接业务前明确问题，披露任何在能力上的缺乏，但在进行评估过程中，一些事实、条件也可能会使评估师认识到他缺乏有效完成该评估业务所必需的专业知识或经验。如发生这种情况，评估师有义务向客户通报，并遵守上述①、②、③条款。

一个评估师在他人提供的不动产评估报告上签字要对该项评估和评估报告的内容负全部责任。每个书面不动产评估报告应包括一个署名证明书：我以我的知识和信仰保证：报告中陈述的事实是真实的和正确的。报告的分析、观点和结论仅限于在报告的假设和限制性条件下成立，是我个人公正的专业化分析、观点和结论。我与本报告中的被估资产没有现实的和未来的利益关系，也同有关当事人没有个人利益关系或对他们持有偏见。我的报酬与评估的价值、有关的评估结果或以后发生的事无关。我的分析、观点、结论和这份报告符合专业评估统一执业标准。我已经（或尚未）对报告中的被估资产进行过个人检查。（如果一个以上人签署该报告，该证明书应清楚地说明哪个人对被估资产做过或未做过检查。）没有人对报告署名者提供过重要的专业帮助。（如果有特例，提供重要的专业帮助者的名字应说明。）

三、德国不动产估价制度

1. 德国不动产估价制度概况

德国不动产估价制度的特点，是通过制定一系列的法规来对土地估价的整个行业、组织和个人进行管理。这些法规主要有《联邦建筑法》《城市建筑促进法》《建设法手册》《土地开发法》《不动产交易底价评估条例》《建设使用条例》等。

2. 德国土地评估委员会

土地及其他财产价格的评估由评估委员会负责实施。德国的市（镇）、县都设有估价委员会，地区和州设有高级估价委员会，统一负责所辖范围内的土地估价工作。如有必要，几个行政区范围内可以设立高级评价委员会。

估价委员会的主要任务的主要任务是：评估标准低价，评价土地交易低价，收集和整理土地交易资料，测算并确定与土地估价有关的数据。

3. 德国土地估价员

对土地估价员的资格要求是：毕业于土地经济学、建筑学、建筑工程学、测量学或其他相关专业，并已从事实际工作5年以上；如没有受过上述专业高等教育，则必须在土地经济领域从事实际工作达10年以上。

4. 不动产交易价格评估条例

规定了在评估不动产交易底价时，必须以评估基准日的不动产市场情况为准，并规定不动产交易价格的评估方法为比较法、收益还原法和成本法三种。

第三节 国际评估准则

国际评估标准（International Valuation Standards）是由国际评估标准委员会（The International Valuation Standards Committee）制定并颁布的。该委员会1985年成为联合国经济与社会理事会成员。

一、国际评估标准委员会产生背景及其宗旨

国际评估标准委员会起源于欧洲，其产生背景是70年代初期英国发生的不动产危机。由于不动产价格下跌，金融界的资金信贷，尤其是不动产抵押贷款受到极大影响，银行家们普遍面临着客户的违约风险。因此，不动产贬值、不动产估价以及评估规范引起了银行家、会计师、企业家以及政府官员的重视。作为一个老牌的评估专业团体，英国皇家特许测量师学会（成立于1868年），设想通过制定统一的评估标准来规范评估行业，之后，关于不动产评估的标准形成，并提交到欧共体讨论。1977年，欧洲不动产评估小组成立，当时有6个会员国，后来增加到12个国家，还有欧共体以外的国家作为联系会员国，该小组公开出版了一部不动产评估标准，力图适用于全欧洲。其后，随着评估业的发展，为了促进并加强各国评估理论与实践的沟通，1981年，国际资产评估标准委员成立，会员包括英联邦中大部分主要成员国和美国有关组织以及欧洲不动产评估小组的部分成员，第一任主席由英国人担任，总部设在英国伦敦，首届年会在澳大利亚的墨尔本市召开，1995年3月在南非开普敦召开的第14届年会上，决定更换名称为"国际评估标准委员会（简称IVSC）"。1999年年会在北京举行。

IVSC正力图建设成为一个全球性的动产和不动产评估行业自律性机构。其宗旨是创建

全球统一的评估标准，满足国际市场的需要；研究各国、各地区评估标准的差异，促进各国各地区的评估标准与国际评估标准更趋于一致，积极为发展中国家推广和实施国际评估标准提供服务，完善国际评估标准。该委员会与国际会计标准委员会、国际会计联盟，国际审计事务委员会和国际证券组织有密切联系，正积极参与国际会计标准委员会对会计标准的修订活动。会计标准是国际统一的。九十年代初，国际评估标准委员会与国际会计标准委员会建立了联系，国际会计标准委员会的目的是统一全球范围内的会计标准，这些标准包括美国FASB的会计标准，国际评估标准委员会是具有很多技术机构的国际会计标准委员会咨询集团的成员之一。国际评估标准委员会对国际会计标准的修订参与非常积极，所讨论的问题包括操作性租赁、金融性租赁、偶然性租赁，并要对这些租赁评估进一步分类。目前，国际评估标准委员会与国际会计标准委员会在一定程度上还存在分歧，例如国际会计标准委员会所使用的公平价值概念，已越来越多地被市场净值所替代。

目前，已有50多个国家和地区的评估协会或行业组织成为该委员会的会员。

二、国际评估准则的内容体系

国际评估准则（International Valuation Standards）是由国际评估准则委员会（International Valuation Standards Committee）制定的，截止到1999年底，国际评估准则委员会成员国近50个，该委员会目前的常务理事国为澳大利亚、加拿大、中国、法国、马来西亚、荷兰、新西兰、英国、美国等。国际评估准则委员会1985年第一次公布《国际评估准则》，经过多次修订，1999年7月推出最新版本，共有4个准则、3个应用与执行指南，并于1998年12月公布了第一个意见指南。国际评估准则侧重于不动产评估领域，也涉及一部分动产评估，但该准则特别注重与国际会计准则的关系。

国际评估准则共分5个部分。

① 介绍。这部分是《国际评估准则》的前言，回顾、总结了评估业在国际上的发展历程，介绍国际评估准则委员会的宗旨、工作情况以及会员的责任和义务并介绍了《国际评估准则》的组织体系及准则格式。

② 评估基本概念和原则。这部分可以称之为总则，是国际评估准则委员会为避免误解和误导而对构成评估及评估准则基础的法律、经济等基础性概念、理论进行的总结和归纳。虽然国际评估准则委员会强调在《国际评估准则》中对构成评估方法和实践的知识体系进行讨论是不适宜的，但为了有利于各专业领域的理解，减少语言障碍造成的困难，仍在该部分中提供了作为评估专业和准则基础的基本法律、经济概念体系的说明，理解这些基本概念和原则对于理解评估以及运用评估准则是十分重要的。

③ 准则共4个。准则①、准则②分别是关于市场价值和非市场价值的评估，所谓市场价值评估就是在满足市场价值定义中所描述的条件下对资产进行的价值评估，所谓非市场价值评估就是指在市场价值定义中的条件未满足的情况下进行的价值评估，这两个准则构成了《国际评估准则》的基础。重点围绕市场价值定义，阐明了评估师只有在符合规定条件下进行的评估才是市场价值评估。市场价值概念是《国际评估准则》中最重要的概念，与会计中的公平价值概念既有联系也有区别，目前这两个概念之间的关系已成为国际会计准则委员和国际评估准则委员会的研讨重点。准则③关于为以财务报告和相关会计事项为目的的评估，以国际评估准则①和准则②为基础。国际评估准则④是关于贷款担保、抵押和债券的评估，提供特殊运用的准则并将其运用与国际评估准则③的内容予以区分。

④ 应用指南。是关于评估业务中经常发生的以及评估服务使用者提出的与准则应用有关的事项。应用与执行指南（APG）就特定评估情况以及评估准则如何运用于具体情况提供有关指南。国际评估准则委员会根据经济活动中和评估专业领域内提出的要求，不断对应用与执行指南进行修订。

⑤ 解释性意见。国际评估准则委员会为了就所收到的关于准则或其运用方向的问题作出更快的和非正式性的答复，制定关于准则的解释性意见。这些意见通常不是由委员会通过，但属于重要的解释可以用于一般性披露和解释目的，或者作为制定应用与执行指南或准则之前的一种过渡手段。目前仅制定了一个解释性意见，即关于国际会计准则委员会取消现行用途市场价值概念的意见。

三、国际评估准则的职业道德

国际评估准则不仅规范评估技术，而且，在国际评估准则的具体阐述上中，经常涉及评估职业道德和执业能力。

【思考题】

1. 什么是不动产估价制度？
2. 我国内地、香港和台湾的不动产估价制度各有什么特点？
3. 英国、美国、德国的不动产估价制度各有什么特点？
4. 国际评估准则的具体内容是什么？

【本章小结】

本章介绍了我国大陆、香港和台湾的不动产估价制度，以及国外典型国家的不动产估价制度，如英国、美国和德国的不动产估价制度。还详细介绍了国际评估准则的内容。

第十二章
不动产估价程序

【学习目标】

通过本章的学习,应该了解不动产估价程序的含义、作用和具体内容,特别是其中的受理估价委托、拟定估价作业方案、搜集估价所需材料、实地查勘估价对象、判断估价对象价值、撰写估价报告和估价资料归档等工作。

第一节 不动产估价程序概述

一、不动产估价程序的含义

为了保质、按时完成一个不动产估价项目,估价机构和估价师应不断地总结和梳理出完成一个估价项目所需要做的各项工作及开展这些工作的先后次序,即要形成一套科学、严谨、完整的估价程序。因此,不动产估价程序是指保质、按时完成一个不动产估价项目所需要做的各项工作及其进行的先后次序。换言之,就是又好又快地完成一个不动产估价项目,从头到尾需要做哪些工作,其中哪些工作应当先做,哪些工作可以后做。

不动产估价的基本程序包含以下几部分:①获取估价业务;②受理估价委托;③制定估价作业方案;④搜集估价所需资料;⑤实地查勘估价对象;⑥分析估价对象价值;⑦测算估价对象价值;⑧判断估价对象价值;⑨撰写估价报告;⑩内部审核估价报告;⑪交付估价报告;⑫估价资料归档。被征收房屋价值评估,还需要公示初步评估结果并进行现场说明解释。

在实际估价中,上述估价程序中的各个工作步骤之间不是割裂的,可以有某些交叉(如搜集估价所需资料可在受理估价委托时要求委托人提供,在实地查勘估价对象时可进一步补充搜集有关资料),有时甚至需要一定的反复,但不得随意简化和省略。

二、不动产估价程序的作用

按照科学、严谨、完整的估价程序按部就班地开展估价工作,可以使不动产估价工作具有计划性并规范化、精细化,避免顾此失彼、疏忽遗漏或者重复浪费,从而可以保障估价工作质量,最大限度地提高估价工作效率。

履行必要的估价程序是完成不动产估价项目的基本要求，是不动产估价报告有效的前提，也是估价机构和估价师防范估价风险、有效保护自身合法权益的重要手段。

完成任何估价项目，估价机构和估价师都不得随意简化和省略必要的工作步骤和工作内容。对于不是有意高估或低估的，可以说"过程"比"结果"更重要，因为如果"过程"做到位了，"结果"一般不会出错。对于因估价结果异议引起的估价鉴定，一个重要方面是检查估价机构和估价师是否履行了必要的估价程序来开展估价工作，即在履行估价程序方面是否有简化、省略等疏漏。例如，在进行估价过程中是否与委托人进行了充分沟通，认真细致地了解其真实的估价需要；是否要求了委托人如实提供其知悉的估价所需资料，并对委托人提供的估价所依据的资料进行了审慎检查；是否努力搜集了估价所需资料；注册房地产估价师是否对估价对象进行了认真的实地查勘；是否采用了适用的估价方法对估价对象价值进行了仔细测算。因此，任何一个估价项目至少要在估价程序上经得起检查。

概括起来，估价程序的作用主要体现在以下4个方面：①规范估价行为；②保障估价质量；③提高估价效率；④防范估价风险。

第二节 获取估价业务

获取估价业务是指获取不动产估价业务，这是不动产估价的先决条件。在市场经济条件下，不断获取足够多的和大的估价业务，保证估价业务的来源，它对房地产估价机构的生存和发展是非常重要的。但是，不能为了获取不动产估价业务而迎合客户的不合理要求，更不能以非法的或不正当的方法和手段获取不动产估价业务。

一、估价业务来源渠道

从事不动产估价，首先要有不动产估价业务。不动产估价业务来源可归纳为主动争取和被动接受两大渠道。

（1）主动争取

所谓主动争取是指估价机构或机构工作人员走出去，到不动产市场上承揽估价业务。随着我国不动产市场的快速发展和房地产估价制度的实施，不动产估价机构的发展也很迅速，已拥有了一定数量的市场性估价机构，不动产估价市场的竞争正在加大并将趋于激烈。因此，主动争取是估价机构最重要的估价业务来源。

主动争取是走出去力争为估价需求者提供估价服务，如积极向潜在的估价需求者宣传估价的必要性和作用，将其潜在的估价需要变为现实的估价需求；密切关注商业银行、人民法院和房屋征收部门等发布的遴选入围估价机构、估价项目招标、委托评估等信息，积极申请加入入围估价机构名单，参加估价项目投标，报名参加委托评估等。这在估价机构多、竞争激烈的情况下，通常是估价业务的主要来源。但需要指出的是，争取估价业务应通过提高估价技术水平和服务质量，提升估价机构的知名度和品牌，作恰当的宣传等方式进行，而不得采取不正当竞争手段，如迎合委托人的高估或低估要求（如向委托人暗示甚至承诺可以评估出其期望的价值等），给予回扣或利诱（如房屋征收估价中采用被征收人投票方式选定估价机构的，为获得被征收人的投票，向被征收人发送礼品等），恶意压低估价服务收费，进行虚假宣传，贬低其他估价机构或估价师等。另外，如前所述，估价需求者不一定是房屋所有权人、土地使用权人，因此在争取估价业务时可拓宽思路。

不动产估价业务来源渠道还可按照委托人（客户）的类型、不同的估价目的或估价对象等角度划分。

（2）被动接受

与主动争取估价业务不同，被动接受是指坐等委托估价者找上门，委托估价机构对指定的房地产进行估价。它是一种不动产估价业务的获取途径，与主动争取估价业务途径一样，在不动产市场发育程度较低和较高的情况下均存在。

估价需求者可能是企业、政府及其有关部门或者其他单位，也可能是个人；可能是房屋所有权人、土地使用权人，也可能是房屋所有权人、土地使用权人以外的债权人、投资者、受让人等。

在不动产市场发育程度较高时，不动产估价机构的发育程度也相应较高，少量估价机构在激烈的竞争中，凭借其优秀的评估质量和优质的服务而逐渐建立起良好的社会信誉。对于这些估价机构，会有许多委托估价者请求他们提供估价服务。在房地产市场发育程度较低的情况下，各种估价机构的设立存在一定程度的可塑性，估价机构间的竞争一般缺乏规则性和有序性，某些机构可能凭借其与管理部门或管理部门的一些工作人员间的特殊关系，容易获取估价业务，存在一定程度的垄断性。

此外，某些类型的不动产价格需专门的或指定的评估机构进行估价。如我国土地使用权出让价格的评估，具有明显的政府行为，一般需指定专门的估价机构。

二、不应承接估价业务的情形

在获取估价业务中，估价机构和估价师通过与估价需求者进行沟通，根据所了解的估价目的、估价对象等情况，从是否超出了本机构的业务范围，是否自己的专业能力能够胜任，是否与自己有利害关系或利益冲突，以及该估价业务的风险程度等方面，衡量是否承接该估价业务。

（一）超出了本机构的业务范围

如果估价业务超出了估价机构的业务范围，就不应承接该估价业务。目前，对不同资质等级的房地产估价机构的业务范围有所限制，这种限制不是根据地域范围而是根据估价目的确定的。

《房地产估价机构管理办法》第二十四条规定："从事房地产估价活动的机构，应当依法取得房地产估价机构资质，并在其资质等级许可范围内从事估价业务。一级资质房地产估价机构可以从事各类房地产估价业务。二级资质房地产估价机构可以从事除公司上市、企业清算以外的房地产估价业务。三级资质房地产估价机构可以从事除公司上市、企业清算、司法鉴定以外的房地产估价业务。暂定期内的三级资质房地产估价机构可以从事除公司上市、企业清算、司法鉴定、城镇房屋拆除、在建工程抵押以外的房地产估价业务。"

（二）自己的专业能力难以胜任

如果估价机构或估价师感到自己的专业知识和经验所限而难以评估得出合理的估价价值，就不应承接相应的估价业务。例如，《房地产抵押估价指导意见》第七条规定："从事房地产抵押估价的房地产估价师，应当具备相关金融专业知识和相应的房地产市场分析能力。"

（三）与自己有利害关系或利益冲突

如果估价机构或估价师与估价需求者或相关当事人有利害关系，或者与估价对象有利益关系，就应回避相应的估价业务。估价机构或估价师如果与估价需求者或相关当事人有利害关系，或者与估价对象有利益关系，就有可能影响其独立、客观、公正地估价。即使在不动产估价过程中估价机构和估价师会"秉公"估价，但其估价结果也会招致怀疑，缺乏公信力。因此，有关法规规定了回避制度，即估价机构不应承接相应的估价业务，估价师应回避相应的估价业务。例如，《房地产估价机构管理办法》第二十六条规定："房地产估价机构及执行房地产估价业务的估价人员与委托人或者估价业务相对人有利害关系的，应当回避。"《城市房屋拆迁估价指导意见》第八条规定："估价机构和估价人员与拆迁当事人有利害关系或者是拆迁当事人，应当回避。"《房地产抵押估价指导意见》第六条规定："房地产估价机构、房地产估价人员与房地产抵押当事人有利害关系或者是房地产抵押当事人的，应当回避。"

（四）估价业务有较大的风险

估价机构和估价师应清楚拟承接的估价业务的风险之所在及其程度。对于不具备相应估价目的之下估价基本条件的，不应承接该估价业务；对于估价需求者或者有关单位和个人要求高估或低估的，要坚守估价职业道德底线，向其说明不能满足高估或低估要求的原因；对于执意甚至利诱要求高估或低估的，应拒绝该估价业务。

第三节　受理估价委托

一、受理估价委托概述

无论是哪一类渠道，估价机构和估价需求者在相互了解、沟通的基础上，如果估价需求者愿意将估价业务交给估价机构，估价机构认为该估价业务不属于不应承接的情形并愿意承接的，则估价师应在深入了解估价需求者真实的估价需要和指定估价的房地产的基础上，明确估价目的、估价时点、估价对象和价值类型等估价基本事项，同时，向估价需求者介绍估价服务的收费标准、收费依据、支付时间、支付方式以及估价报告交付期限等估价其他事项，然后为估价需求者起草好估价委托书，准备好估价委托合同，经与估价需求者协商议定后，由估价需求者出具估价委托书，估价机构与估价需求者签订估价委托合同。在此过程中，估价师还应做好"估价项目来源和接洽情况记录"。总而言之，受理估价委托的一般步骤包括以下几步：①明确估价基本事项和其他事项；②起草估价委托书和估价委托合同；③接受估价委托书及签订估价委托合同。

需要指出的是，估价业务应以估价机构的名义统一受理，统一收取费用；估价师不得以个人名义承揽估价业务，分支机构应以设立该分支机构的估价机构名义承揽估价业务。签订估价委托合同后，未经委托人同意，估价机构不得转让或者变相转让受托的估价业务。

本节其余部分主要是对明确估价基本事项和估价委托书、估价委托合同作详细介绍。

二、明确估价基本事项

不动产估价的核心内容是为了特定目的,对特定不动产在特定时间的特定价值进行分析、测算和判断。因此,在分析、测算和判断特定价值之前,必须弄清特定目的、特定时间、特定不动产和特定价值,即要弄清估价目的、估价时点、估价对象和价值类型。这四者通常称为估价基本事项,其中,估价目的是龙头。在实际估价中,一些估价师寄希望于委托人提出明确的估价目的、估价对象、估价时点和价值类型,甚至抱怨委托人不能明确地提出它们。这种思想是完全错误的。估价基本事项不能明确的责任主要在估价师自己。

(1) 明确估价目的

所谓估价目的,是指为何种需要而估价。估价目的决定了不动产价格类型,也决定了估价的依据,是实施房地产估价的前提条件。受理估价的具体目的主要包括:①市场行为:买卖、租赁、转让、抵押、典当、保险、拍卖等;②企业行为:合资、合作、股份制改造、上市、兼并、破产清算、承包等;③政府行为:农用地征用、土地使用权出让、课税、拆迁补偿、作价收购、土地使用权收回等;④其他:继承、纠纷、赠与及可行性研究、他项权利造成的房地产贬值等。任何一个估价项目都有估价目的,并且只能有一个估价目的。

(2) 明确估价对象

估价对象是由委托人指定,但又不是完全由其决定的。具体地说,估价对象既不能简单地依据委托人的要求来确定,也不能根据估价师的主观愿望来确定,而应是估价师在委托人指定的基础上,根据已明确的估价目的,依据法律法规并征求委托人同意后确定的。因此,在明确估价对象时,估价师首先应该清楚明白,依据有关法律法规,哪些房地产不应作哪些估价目的的估价对象。

在实际估价中,要特别注意估价对象范围的界定,包括实物构成上的范围、权益上的范围、空间上的范围。明确估价对象的内容,包括明确估价对象的实体状况、权益状况和区位状况。

① 物质实体状况　通过询问等方式了解估价对象不动产的物质实体状况。房地产按实体存在形态分析,无非是单纯的土地、土地与建筑物整体、附有建筑物的土地、单纯的建筑物这四种。待估不动产实体具体是那一种,要搞清楚。若是单纯的土地,土地是生地,还是熟地;若是熟地,是"三通一平"地,还是"七通一平"地。若是土地与建筑物整体,是居住用房地产、商业用房地产、工业用房地产,还是其他类型的房地产。若是附有建筑物的土地,该建筑物是将依然存在下去,还是将被拆除。如果估价对象房地产是单纯的建筑物,则需明确该建筑物的含义,如为写字楼是否包括其中配备的设备,如为宾馆是否包括其中的家具等。

② 权益状况　估价人员要向委估方索取描述估价对象不动产基本状况的资料,如坐落位置、面积、用途、建筑结构、产权状况(拥有的是所有权还是使用权,若是使用权,使用年限多长,已使用了多少年,还剩多少年)等。

③ 区位状况　明确估价对象的区位状况,是要弄清估价对象的位置、交通、周围环境和景观、外部配套设施等。值得注意的是,估价对象的用途和实物状况不同,对其区位状况的界定会有所不同。例如,估价对象是整个住宅小区还是其中的一幢住宅楼、一幢住宅楼中的一套住房,对区位状况的界定是不同的,后者的区位状况还应包括楼层和朝向。

(3) 明确估价时点

估价时点从本质上讲既不是由委托人决定的,也不是由估价师决定的,而是由估价目的决定的。具体地说，估价时点是由估价师根据估价目的、在征求委托人同意后确定的。

估价时点是指决定不动产价格的具体时间点。由于同一不动产价格随时间而变化，所评估的不动产价格，必定是某一时点的价格，而并非只是一个纯粹的数字。因此，在进行不动产估价时，必须明确估价时点。否则，在估价过程中，有关参数的选择、调整幅度的确定等将无法进行，其估价也将毫无意义。

估价时点一般采用公历表示，精确到日。估价时点为现在的，一般以估价作业日期内或者估价师实地查勘估价对象期间的某个日期为估价时点，不得早于估价委托书出具日期，不得晚于估价报告出具日期，原则上为完成估价对象实地查勘之日。估价时点为过去的，确定的估价时点应早于估价委托书出具日期。估价时点为未来的，确定的估价时点应晚于估价报告出具日期。

（4）明确价值类型

价值类型与估价时点一样，从本质讲既不是由委托人决定的，也不是由估价师决定的，而是由估价目的决定的。

明确价值类型具体是指明确所要评估的价值具体是哪种类型的价值。如果价值类型不明确，将难以进行估价。因为同一宗房地产在同一估价时点下的不同类型的价值会有所差异，即使是运用相同的估价方法，其中的参数、系数等的取值也可能不同。

大多数估价是评估市场价值，但在某些情况下，需要评估的可能是投资价值、谨慎价值、清算价值、快速变现价值、在用价值。

三、估价委托书和估价委托合同

（一）估价委托书

把估价委托书与估价委托合同分开的原因之一，是将估价委托书作为重要的估价依据，放入未来完成的估价报告附件中。

估价机构在受理估价委托时应要求委托人出具估价委托书。估价委托书表面上看是委托人向估价机构提交的，应由委托人自己撰写，实际中应是估价师在与委托人沟通的基础上，为委托人起草好或者指导委托人在事先制作好的估价委托书文本上填写后，再由委托人向估价机构出具。

估价委托书应载明委托人的名称或者姓名、委托的估价机构的名称、估价目的、估价对象、估价要求以及委托日期等内容。委托估价事项属于重新估价的，应在估价委托书中注明。

（二）估价委托合同

估价机构应与委托人签订书面估价委托合同。估价委托合同是估价机构和委托人之间就估价事宜的相互约定，其作用主要有：①建立受法律保护的委托与受托关系；②明确委托人和估价机构的权利义务；③载明估价的有关事项。

估价委托合同的内容一般包括：①委托人和估价机构的基本情况，如委托人的名称或者姓名和住所，估价机构的名称、资质等级和住所；②负责本估价项目的估价师，包括估价师的姓名和注册号。每个估价项目应至少明确一名能够胜任该项目估价工作的注册房地产估价师担任项目负责人；③本估价项目的估价基本事项，包括估价目的、估价对象、估价时点和价值类型；④委托人应提供的估价所需资料，包括资料的目录和数量，如委托人应向估价机构提供估价对象的权属证明、历史交易价格、运营收入和费用、开发成本以及有关会计报表等资料；⑤估价过程中双方的权利和义务，如估价机构和估价师应保守在估价活动中知悉的委托人的商业秘密，不得泄露委托人的个人隐私；委托人保证所提供的资料是合法、真实、准确和完整的，没有隐匿或虚报的情况，应协助估价师对估价对象进行实地查勘，搜集估价所需资料；⑥估价费用及收取方式；⑦估价报告及其交付，包括交付的估价报告类型、份数以及估价报告交付期限、交付方式等。例如，交付的估价报告是鉴证性报告还是咨询性报告，是仅提供估价结果报告还是既提供估价结果报告又提供估价技术报告。在确定估价报告交付期限时，应保证有足够的时间以保质完成该估价项目，不能"立等可取"；⑧违约责任；⑨解决争议的方法；⑩委托人和估价机构认为需要约定的其他需要。在估价委托合同中还应注明估价委托合同签订日期，即签订估价委托合同的年月日。

第四节　制定估价作业方案

一、估价作业方案的含义和内容

在明确了估价基本事项及确定了估价报告交付日期的基础上，应再次对估价项目进行分析，制定估价作业方案，以保质、按时完成该估价项目。估价作业方案的核心是解决将要做什么、什么时候做、由谁做以及如何去做，是关于保质、按时完成估价项目的未来一系列行动的计划。

估价作业方案的内容主要包括：①拟采用的估价方法和估价技术路线；②拟搜集的估价所需资料及其来源渠道；③预计需要的时间、人力和经费；④估价作业步骤和时间进度安排。

二、制定估价作业方案的思路

（一）拟采用的估价技术路线和估价方法

在明确了估价基本事项后，便可以初步选用估价方法和估价技术路线。初步选用估价方法的目的，是为了使后面的搜集估价所需资料和实地查勘估价对象等工作有的放矢，因为不同的估价方法所需要的资料是不完全相同的。在前面介绍各种估价方法时已说明了它们适用的估价对象，反过来，在制定估价作业方案时应清楚哪种类型的房地产在理论上适用哪些估价方法估价。估价技术路线是评估估价对象价值所应遵循的基本途径，是指导整个估价过程的技术思路。估价技术路线中包含估价方法如何具体运用。

在市场法、收益法、成本法、假设开发法中，只要是估价对象在理论上适用的，都应当初步入选，不得随意取舍。例如，开发完成后价值可以采用市场法或收益法估价的在建工程，理论上应当采用成本法、假设开发法估价；开发完成后价值可以采用市场法或收益法估价的房地产开发用地，理论上应当采用市场法、假设开发法估价；现成的写字楼、公寓，理论上应当采用市场法、收益法、成本法估价；现成的商场、商业门面，理论上应当采用收益法、市场法估价；现成的游乐场、影剧院，理论上应当采用收益法、成本法估价。

不同估价方法之间的关系有以下3种：①可以同时使用，以相互验证，而不能相互替代。因为每个不同的估价方法均是从不同的角度来衡量房地产的价值，同时在估价过程中采用多种估价方法进行估价，可以使估价的结果更加客观合理；②可以相互补充，例如，有些房地产适用成本法估价而不适用市场法估价，如在建工程；有些房地产可能相反，适用市场法估价而不适用成本法估价，如适宜建造别墅、位置和环境很好、尚未开发的生地；③可以相互引用。例如，市场法中的土地使用期限调整可以采用收益法求取；收益法中的租赁收入、成本法中的土地取得成本可以采用市场法求取；假设开发法中的开发完成后价值可以采用市场法、收益法求取。

因此，房地产估价师应当相当地理解、熟知各种估价方法及其综合运用，结合估价对象，正确运用估价方法进行估价。对于同一估价对象，宜选用两种以上（含两种）估价方法进行估价。此外，具有开发或再开发潜力的房地产估价，应当选用假设开发法作为其中的一种估价方法；有条件选用市场法估价的，应当以市场法为主要的估价方法；在无市场依据或市场依据不充分而不宜采用市场法、收益法、假设开发法估价的情况下，可以将成本法作为主要的估价方法；收益性房地产估价，应当选用收益法作为其中的一种估价方法。

还需要指出的是，上述选用两种以上（含两种）估价方法进行估价，是指该两种以上估价方法均是用于直接得出估价对象的价值，而不包括估价方法之间引用的情况。例如，某在建工程采用假设开发法估价，其中的开发完成后价值采用收益法或市场法评估，则此估价项目实际上只采用了假设开发法一种估价方法，而不是采用了市场法、收益法和假设开发法三种估价方法。

（二）拟搜集的估价所需资料及其来源渠道

针对估价对象、估价目的以及拟采用的估价方法等，需要搜集哪些资料及其来源渠道，具体内容参见本章第五节"搜集估价所需资料"。

预计需要的时间、人力和经费

人力、财力和物力是每一个项目必要的资源。对于属于专业服务活动的不动产估价，最为主要的是动用人力。根据估价对象、估价目的、估价时点、估价报告交付日期，便可知估价项目的大小、难易和缓急，从而可以确定需要多少人员、需要什么样的人员以及何时需要等。由于某些房地产估价师擅长某种类型房地产的估价，或者擅长某种估价目的的估价，或者擅长运用某种估价方法进行估价，在估价对象、估价目的等已明确，初步选择了拟采用的估价方法的条件下，还可以确定由哪些房地产估价师参加估价更合适。随着估价对象越来越复杂，估价目的越来越多，以及对估价精度的要求越来越高，房地产估价师应当按照估价对象或估价目的进行适当的专业分工。有时根据估价项目的具体需要，还应当聘请其他领域的专家协助，如建筑师、城市规划师、设备工程师、造价工程师、注册会计师、律师等。将他们的专业工作成果作为估价报告附件，并在"重要专业帮助"中加以说明。

（三）估价作业步骤和时间进度安排

估价作业步骤和时间进度安排，主要是对往后需要开展的各项工作以及所需要的时间、人员、经费等，作出具体安排，以便于控制进度及协调合作，通常最好附以进度表、流程图等，特别是对于那些大型、复杂的估价项目。

拟定估价作业步骤和时间进度，有时单靠文字难以表达清楚，为此可以采用线条图或网络计划技术。线条图也称为横道图、甘特图，是20世纪初出现的进度计划方法。线条图中的进度线（横道）与时间坐标相对应，这种表达方式具有直观、简明、方便的优点。网络计划技术也称为计划协调技术、计划评审技术，是20世纪50年代后期发展起来的一种计划管理的科学方法。这种方法的基本原理是：首先应用网络图形式来表达一项计划中各种工作的先后顺序和相互关系；其次，通过计算找出计划中的关键工作和关键路线；接着通过不断改善网络计划，选择最优方案，并付诸实践；然后在计划执行过程中进行有效的控制和监督，保证最合理地使用人力、物力和财力，多快好省地完成任务。

第五节　搜集估价所需资料

　　常言道："无米难为炊"。如果缺乏估价所需的必要资料（含数据），就难以评估出估价对象的价值。估价所需资料主要包括以下4类：①反映估价对象状况的资料；②估价对象及类似房地产的交易、收益、开发成本等资料；③对估价对象所在地区（子市场）的房地产价格有影响的资料；④对房地产价格有普遍影响的资料。

　　除反映估价对象状况及其历史交易价格、运营收入和费用、开发成本等资料外，估价机构和估价师日常还应留意搜集和积累估价所需资料，建立估价所需的资料库。以便，在估价时更有针对性地搜集估价所需的资料。特别是对于反映估价对象状况及其历史交易价格、运营收入和费用、开发成本等资料，不仅此时要搜集，而且在前面受理估价委托时就应要求委托人尽量提供，在后面实地查勘估价对象时还应进一步搜集。

　　针对本次估价应搜集哪些资料，主要取决于拟采用的估价方法。对收益法而言，主要是搜集收益实例资料；对市场法而言，主要是搜集交易实例资料；对成本法和假设开发法而言，主要是搜集开发成本实例资料。而具体应搜集的内容，在实际估价过程中，要针对估价方法中的计算所需要的数据进行。例如，对房地产开发用地拟采用假设开发法估价，则需要搜集开发成本、与未来开发完成后的不动产相似的不动产过去和现在的市场价格水平及其未来变动趋势等方面的资料；对出租的写字楼拟采用收益法估价，则需要搜集租金水平、出租率或空置率、运营费用等方面的资料。在搜集房地产交易、收益、开发成本等资料时，应考察它们是否受到不正常或人为因素的影响。对于受到这些因素影响的，只有在能够确定其受影响程度并能够进行修正的情况下才可以采用。

　　在估价过程中，对于所有影响不动产价格因素的资料都应尽量搜集。此外，还应搜集不动产供求方面的资料，包括：不同用途、不同档次、不同区域、不同价位等房地产的供求状况，如需求量、供给量、空置量和空置率等。在供给量中应包括：在建的项目、已完成的项目、已审批立项的项目、潜在的竞争项目及预计它们投入市场的时间。

　　搜集估价所需资料的渠道主要有以下几个：①要求委托人提供；②估价师在实地查勘估价对象时获取；③查阅估价机构的资料库；④询问有关知情人士；⑤到政府有关部门和相关专业机构、部门查阅；⑥查阅有关报刊、网站等媒体。

　　虽然要求委托人如实提供其知悉的估价所必要的资料，并对所提供的资料的真实性、合法性和完整性负责，但估价师仍应当对委托人提供的资料进行关注，合理怀疑委托人提供的资料；必要时，应对委托人提供的资料进行核查，对自己搜集的资料也应进行核实。资料搜集之后，应及时进行整理、分类，以便查阅和对资料进行分析。

第六节　实地查勘估价对象

常言道："百闻不如一见"。对于价值与区位密切相关、不可移动、具有独一无二特性的房地产来说，尤为重要。实地查勘估价对象是做好估价的基本前提。因此，任何估价项目，估价师都应对估价对象进行实地查勘。

实地查勘是指负责某个估价项目的估价师亲自到该估价项目的估价对象现场，检查、观察估价对象状况，包括感受估价对象的位置、交通、周围环境和景观、外部配套设施的优劣，对此前获得的估价对象的坐落、四至、面积、土地形状、建筑结构、用途等情况进行核对，观察估价对象的内外部状况（例如，设施设备、装饰装修、维修养护、外观等），拍摄反映估价对象内外部状况以及周围环境和景观或临路状况的照片、影像资料，调查了解估价对象历史使用状况（例如，是否存放过污染物）、周边乃至当地类似房地产的市场行情，并搜集补充估价所需要的其他资料。为了避免在实地查勘时遗漏应当调查了解的内容，在实地查勘之前可以制作好《估价对象实地查勘记录》相关表格。

实地查勘有利于估价师和估价机构对估价对象有更准确的认知，形成一个直观、具体的印象，从而，获取文字、图纸、照片等资料无法或难以表述的细节。另外，现实中存在伪造房地产权属证书、伪造估价对象现场要求估价的情况。这类问题只要通过认真的实地查勘，与被查看房地产内的有关人员和四邻进行交谈，是可以发觉的。

在实地查勘时，一般需要委托人中熟悉情况的人员或被查看不动产的业主陪同，估价师要认真听取陪同人员的介绍，详细询问在估价中需要弄清的问题，并将有关情况和数据认真记录下来，形成《估价对象实地查勘记录》。

许多估价项目的委托人同时是被查看不动产的业主，在这种情况下进行实地查勘通常会较顺利。但是，也有一些估价项目的委托人不是被查看不动产的业主，甚至与被查看不动产的业主有利益冲突，例如在不动产强制拍卖、变卖、抵债估价中委托人是人民法院或债权人，在房屋拆迁估价中委托人是征收人。在这些情况下，估价师一是可以要求委托人与被查看不动产的业主事先做好沟通，二是自己向被查看不动产的业主说明来意和相关情况，争取其理解与配合。

《估价对象实地查勘记录》应包括查看内容、查看结果、查看对象、查看人员和查看日期。估价师在执行实地查勘时，需用照片等方式证明自己进行了实地查勘，并应在《估价对象实地查勘记录》上签名。另外，还应尽量要求委托人协助实地查勘的人员和被查勘房地产的业主在《估价对象实地查勘记录》上签名认可。其中，房屋拆迁估价应按照《城市房屋拆迁估价指导意见》的要求，由实地查勘的注册房地产估价师、征收人、被征收人在《估价对象实地查勘记录》上签名认可。如果被征收人不同意在《估价对象实地查勘记录》上签名的，应当请除委托人和估价机构以外的无利害关系的第三人见证，并在估价报告中作出相应说明。

对于估价对象为已经消失的房地产，虽然不能进行完全意义上的实地查勘，但也应去估价对象原址进行必要的调查了解。

对于运用收益法、市场法、成本法估价所选取的可比实例房地产，应当参照对估价对象进行实地查勘的要求，进行必要的实地查勘。

第七节　分析估价对象价值

通过实地查勘等方式详细地调查估价对象状况以及附近的类似房地产的市场状况之后，应有针对性地描述和分析影响估价对象价值的自身因素和外部因素，特别是其中的有利因素和不利因素，包括描述和分析估价对象的历史背景、周围环境和景观以及类似房地产过去、现在的需求量、供应量、市场价格及其未来总体趋势。在分析估价对象价值时要形成"市场背景分析""估价对象最高最佳利用分析"、抵押估价的"估价对象变现能力分析"及"有关风险提示"等分析结论。

第八节　测算估价对象价值

在前面拟定估价作业方案中已强调，只要是估价对象在理论上适用的估价方法，都应初步入选，不得随意取舍。但每种估价方法除了其适用的估价对象，还有需要具备的条件。有些估价对象因其所在地的不动产市场发育不够成熟等客观原因，可能会限制某些在理论上适用的估价方法的实际运用。因此，在前面已根据估价对象初步选择了估价方法的基础上，再根据搜集到的资料的数量和质量等情况，正式确定采用的估价方法。关于搜集资料的数量和质量，值得指出的是，有的是真正缺乏估价所必要的资料，有的可能是估价机构或估价师没有尽力去搜集。限制估价方法采用的情况不包括后一种情况。对理论上适用的估价方法在正式出具的估价报告中未采用的，应在估价报告中充分说明未采用的理由。

估价方法选定之后就是进行有关测算。如何运用各种估价方法测算估价对象的价值，已在前面介绍各种估价方法时进行了详细叙述，此处不再赘述。总体来说，测算估价对象价值要做到估价方法选用恰当，估价基础数据和技术参数选取准确且有充分的依据或理由，计算公式和计算过程正确无误。

第九节　判断估价对象价值

在判断估价对象价值的过程中，采用不同的估价方法测算出的结果一般是不同的。应在对不同估价方法的测算结果进行比较、检查、确认、分析的基础上判断估价对象的价值，确定最终的估价结果。

当不同的估价方法的测算结果之间有较大的差异时，应寻找导致较大差异的原因，并且努力消除不合理的差异。寻找不同估价方法导致结果有较大差异的原因，可以从以下几方面进行检查：计算过程是否有误；基础数据是否正确；参数选取是否合理；公式选用是否恰当；不同估价方法的估价对象的范围是否一致；选用的估价方法是否适用估价对象和估价目的；是否遵循了估价原则；不动产市场是否为特殊状态。

一般情况下的综合方法（测算无误，结果差异不大时）可选用简单算术平均数和加权算术平均数等方法；选用加权算术平均数时，通常是对最适用于估价对象、占有资料全面准确的估价方法测算的结果给予较大的权重。不得通过随意调整权重来调整估价结果。

当不同估价方法的测算结果无误，而是由于不动产市场为特殊状态导致不同估价方法测算结果差异较大时，不能简单地采取平均的方法综合为一个结果，应视不同的情况，特别是根据估价目的，将其中的一种估价方法的测算结果作为估价结果，或者先排除不合适的估价方法的测算结果，然后将余下的结果综合为一个结果。

在采用数学方法求出一个综合结果的基础上，估价师还应考虑一些不可量化的价格影响因素，同时还可以听取有关专家的意见，对该结果进行适当调整，或者取整，或者认定该结果，从而确定出最终的估价结果。当有调整时，应在估价报告中明确且充分地阐述调整的理由。

估价基本事项中，需要明确价值时点和价值类型。同一估价报告中，这两个因素必须是一致的。

第十节 撰写估价报告

不动产估价过程中，在判断估价对象价值、确定估价结果之后，应当着手撰写估价报告。

一、估价报告的含义

估价报告是各个估价机构出具的关于估价对象价值的专业意见，可视为估价机构提供给委托人的"产品"；是各个估价机构履行估价委托合同、给予委托人关于估价对象价值的正式答复；也是记述估价过程、反映估价成果的文件及关于估价对象价值的分析报告。

二、估价报告的质量

估价报告的质量包括估价结果的准确性和合理性，估价方法选用的全面性和正确性，估价参数选取的准确性和合理性等内在质量，还包括文字表达水平、文本格式及印刷质量等外在质量，两者不可偏废。

三、估价报告的形式

估价报告通常采用书面形式。书面报告主要分为叙述式报告和表格式报告两种格式。成套住宅抵押估价报告一般采用表格式报告。

四、估价报告的组成

一份完整的不动产估价报告，通常由以下8大部分组成：①封面（或者扉页）；②目录；③致估价委托人函；④注册房地产估价师声明；⑤估价假设和限制条件；⑥估价结果报告；

⑦估价技术报告；⑧附件。

（一）封面

封面的内容一般包括：①标题（即估价报告的名称）；②估价项目名称；③委托人（名称或姓名）；④估价机构（名称）；⑤注册房地产估价师（姓名和注册号）；⑥估价作业日期（估价的起止日期，具体是估价委托书出具日期至估价报告出具日期）；⑦估价报告编号。

（二）目录

目录通常按照前后次序列出估价报告各个组成部分的名称及其对应的页码，以便于委托人或估价报告使用者对估价报告的框架和内容有一个总体了解，并容易查找到其感兴趣的内容。

（三）致估价委托人函

致委托人函是估价机构正式将估价报告呈送给委托人的信件。主要是具体说明估价机构接受估价委托人的委托，选派哪些估价师，根据什么估价目的，遵循公认的估价原则，按照严谨的估价程序，运用哪些估价方法，对什么估价对象在什么估价时点的什么价值类型进行了专业分析、测算和判断，估价结果总价和单价分别是多少，以及估价报告使用期限等。

致委托人函一般包括以下内容：①致委托方函致函对象（为委托方的全称）；②致函正文（说明估价对象，即：名称坐落范围规模用途权属；估价目的；价值类型；估价时点；估价结果；估价报告应用有效期）；③致函落款［为估价机构的全称，并加盖估价机构公章，法定代表人（执行合伙人）签名或加盖私章］；④致函日期（为致函的年月日，即估价报告的完成日期或出具日期）。

估价报告使用期限也称为估价报告应用有效期、估价报告有效期，是指自估价报告出具日期起算，使用估价报告不得超过的时间。致估价委托人函中的落款日期即为估价报告出具日期。估价报告使用期限的长短应根据估价目的和预计估价对象的市场价格变化程度来确定，原则上不超过一年。估价报告使用期限表达形式为：自××年××月××日起至××年××月××日止；或者：自××年××月××日起算××年（××月××日）。

（四）注册房地产估价师声明

注册房地产估价师声明是注册房地产估价师对估价报告的合法性、真实性、合理性以及估价的独立、客观、公正性等问题的说明或保证。所有参加估价项目的注册房地产估价师都应当在该声明中签名，但非注册房地产估价师不应在该声明中签名。该声明对签名的注册房地产估价师也可以起着一种警示作用。

（五）估价假设和限制条件

估价假设应针对估价对象状况等估价前提，作出必要、合理且有依据的假定，不得为了规避应尽的检查资料、调查情况等勤勉尽责估价义务或为了高估、低估估价对象的价值或价格而滥用估价假设。估价假设和限制条件应说明下列内容。

① 一般假设，应说明对估价所依据的估价委托人提供的估价对象的权属、面积、用途等资料进行了检查，在无理由怀疑其合法性、真实性、准确性和完整性且未予以核实的情况下，对其合法、真实、准确和完整的合理假定；对房屋安全、环境污染等影响估价对象价值

或价格的重大因素给予了关注，在无理由怀疑估价对象存在安全隐患且无相应的专业机构进行鉴定、检测的情况下，对其安全的合理假定等。

② 未定事项假设，应说明对估价所必需的尚未明确或不够明确的土地用途、容积率等事项所做的合理的、最可能的假定。当估价对象无未定事项时，应无未定事项假设。

③ 背离事实假设，应说明因估价目的的特殊需要、交易条件设定或约定，对估价对象状况所做的与估价对象的实际状况不一致的合理假定。当估价设定的估价对象状况与估价对象的实际状况无不一致时，应无背离事实假设。

④ 不相一致假设，应说明在估价对象的实际用途、登记用途、规划用途等用途之间不一致，或不同权属证明上的权利人之间不一致，估价对象的名称或地址不一致等情况下，对估价所依据的用途或权利人、名称、地址等的合理假定。当估价对象状况之间无不一致时，应无不相一致假设。

⑤ 依据不足假设，应说明在估价委托人无法提供估价所必需的反映估价对象状况的资料及注册房地产估价师进行了尽职调查仍然难以取得该资料的情况下，缺少该资料及对相应的估价对象状况的合理假定。当无依据不足时，应无依据不足假设。

⑥ 估价报告使用限制，应说明估价报告和估价结果的用途、使用者、使用期限等使用范围及在使用估价报告和估价结果时需要注意的其他事项。其中，估价报告使用期限应自估价报告出具之日起计算，根据估价目的和预计估价对象的市场价格变化程度确定，不宜超过一年。

估价假设和限制条件的写作需要注意：① 必须披露对估价结果有重大影响的事项或者因素，并就其对估价结果的影响进行说明；② 估价假设必须具有针对性；③ 估价假设应按照"合法、必要、合理、有依据"进行说明；④ 不能为了高估或低估、规避应尽的勤勉尽责义务等而滥用估价假设。

（六）估价结果报告

估价结果报告通常简明扼要地说明以下事项：① 估价委托人；② 估价机构；③ 估价目的；④ 估价对象；⑤ 估价时点；⑥ 价值类型；⑦ 估价依据；⑧ 估价原则；⑨ 估价方法；⑩ 估价结果；⑪ 其他需要说明的事项；⑫ 估价人员（包括执行估价的注册房地产估价师的姓名、注册号、执行估价内容及签名，协助估价的人员的姓名、相关资格或职称、协助估价内容及签名，帮助估价的专家的姓名、相关资格或职称、帮助估价内容及签名）。

（七）估价技术报告

估价技术报告一般包括以下内容：① 估价对象分析，包括最高最佳利用分析；② 市场背景分析，即估价对象子市场分析；③ 估价方法选用分析；④ 估价的详细测算过程；⑤ 估价结果及其确定理由。估价技术报告一般应提供给委托人，但因知识产权、商业秘密等也可不提供给委托人。如果不提供给委托人的，应事先在估价委托合同中约定。

（八）附件

附件是把可能会打断叙述部分的一些重要资料放入其中，通常包括：① 估价委托书；② 估价对象位置示意图；③ 估价对象内外部状况以及周围环境和景观的图片；④ 估价对象权属证明；⑤ 估价中引用的其他专用文件资料；⑥ 估价机构资质证书复印件、估价机构营业执照复印件；⑦ 注册房地产估价师的注册证书复印件。

第十一节　内部审核估价报告

对估价报告进行内部审核类似于对生产出的产品在出厂之前进行质量检验,是防范估价风险的最后一道防线。内部审核是指房地产估价机构组织内部人员对本机构已完成但尚未向委托方(或相关当事人)提供的房地产估价报告进行的审查、核对,并提出具体的修改意见,以不断完善报告内容,提高报告质量。内部审核已成为不断提高房地产估价师执业水平和提高房地产估价报告质量的最佳途径之一。

为了使估价报告内部审核工作规范化并便于进行审核,可在总结以往估价报告内部审核经验的基础上制作《估价报告内部审核表》。审核人员按照该表对估价报告进行审核,可以统一审核标准,避免审核上的疏漏,保障审核工作质量,提高审核工作效率。审核完成之后,审核人员应在审核表上签名,并注明审核日期。

审核的结论性意见可为下列之一:①可以出具;②作适当修改后出具;③应重新撰写;④应重新估价。对于经审核认为需要修改的估价报告,应当进行修改;对于不合格的估价报告,应当重新撰写,甚至需要重新估价。经修改、重新撰写或者重新估价后撰写的估价报告,还应当再次进行审核。只有经审核合格的估价报告,才可以交付给委托人。估价机构还可以将内部审核意见作为考核估价师执业水平的重要依据。

第十二节　交付估价报告

估价报告经内部审核合格后,应由负责该估价项目的两名及两名以上的注册房地产估价师在《注册房地产估价师声明》等处亲笔签名并注明注册号,由估价机构在《致委托人函》中加盖公章,以估价机构名义出具,并注明致函日期(该日期即为估价报告出具日期)。估价机构的法定代表人或者执行合伙事务的合伙人可在《致委托人函》中签名。参与该估价项目的其他人员和聘请的外部专家可以在估价报告的相关位置上签名。经委托人书面同意,与其他估价机构合作完成的估价项目,应以合作双方的名义共同出具估价报告。

关于估价报告签字、盖章问题,需要注意的是:一份房地产估价报告必须有两名及两名以上的注册房地产估价师亲笔签名和房地产估价机构盖公章。注册房地产估价师的各种印章不能代替其签名;可以仅仅签名不盖章,也可以既签名又盖章。盖公章的房地产估价机构和签名的房地产估价机构的法定代表人或者执行合伙事务的合伙人签字,由房地产估价机构内部管理制度规定,不是房地产估价报告有效的要件。

估价机构出具的估价报告一般应一式三份,两份交委托人收执,一份由本机构存档。

估价报告完成签字、盖章等各项手续后,估价机构应按照有关规定或者与委托人约定的方式,及时向委托人交付估价报告。在交付估价报告时,为避免交接不清引起的麻烦,可由委托人或者其指定的接收人在《估价报告交接单》上签收(接收人签名并填写收到估价报告的日期,即估价报告交付日期)。

在交付估价报告时,估价师可以主动对估价报告中的某些问题特别是估价报告使用建议作口头说明。委托人对估价过程或者估价报告提出询问的，估价师应给予解释和说明。例如，《城市房屋拆迁估价指导意见》第十九条规定："拆迁人或被拆迁人对估价报告有疑问的，可以向估价机构咨询。估价机构应当向其解释拆迁估价的依据、原则、程序、方法、参数选取和估价结果产生的过程。"

第十三节 估价资料归档

向委托人交付了估价报告后，应按照规定及时对估价报告以及在该项估价业务中形成的各种文字、图表、照片、影像等不同形式的资料进行清理，对其中有保存价值的资料进行整理、分类，然后妥善保存起来，即归档。

估价资料归档的目的是建立估价资料库和估价档案，以方便今后的估价及相关管理工作。估计资料归档有助于估价机构和估价师不断提高估价业务水平，有助于行政主管部门和行业组织对估价机构和估价师开展的有关检查和考核，还有助于解决日后可能发生的估价争议等。

估价机构应当建立估价资料的立卷、归档、保管、查阅和销毁等估价档案管理制度，保证估价资料妥善保管、有序存放、方便查阅，严防毁损、失散和泄密。同时，估价师不应将估价资料据为己有或者拒不归档。

归档的估价资料在可能的情况下应当全面、完整，一般包括：①完整的估价报告（一般包括估价结果报告、估价技术报告和附件）；②估价委托书、估价委托合同；③估价项目来源及接洽情况记录；④估价对象实地查勘记录；⑤估价报告内部审核记录；⑥估价中的主要不同意见和估价结果重大修改意见记录；⑦估价报告交接单；⑧估价师和估价机构认为有必要保存的其他估价资料。其中，估价报告、估价委托书、估价委托合同、估价对象实地查勘记录、估计报告内部审核表是必须归档的。估价师对估价结果的不同意见的资料不是必须归档的内容。

估价归档保存期限自估价报告出具日期起算，应当不少于10年。保存期限届满而估价服务的行为尚未结束的，估价档案应当保存到估价服务的行为结束为止。

估价档案的保管人员发生工作变动，应当按照有关规定办理估价档案交接手续。估价机构分立、合并、终止（如解散、撤销、破产等）等，估价档案的保管人员应当会同有关人员和单位编制估价档案移交清册，将估价档案移交指定的单位，并按照有关规定办理估价档案交接手续。其中，估价机构终止的，其估价报告及相关资料应当移交当地建设（房地产）行政主管部门或者其指定的机构。

具备条件的估价机构可建立估价报告后评价制度，对估价报告中涉及的有关参数、测算标准、评估价值等数据进行统计分析，对其中偏离度高的数据应分析原因，以实现估价报告质量的持续改进，增强估价机构的核心竞争力。

【思考题】

1. 简述不动产估价的程序？
2. 如何获取估价业务？
3. 受理估价委托的步骤是什么？

4. 估价作业方案的内容有哪些？

5. 估价所需资料包括哪些？

6. 估价报告由哪几部分组成？

7. 应该归档的估价资料有哪些？

【练习题】

1. 评估某加油站的抵押价值，估价对象的财产范围包括（   ）。
   A. 加油站的特色装修   B. 加油站的特许经营权
   C. 加油站内的车辆   D. 加油站的加油机

2. 估价机构于 2015 年 7 月 1 日出具了某办公楼的抵押估价报告，估价委托人于 2015 年 10 月 1 日获得期限为 20 年的抵押贷款。该估价报告保存至（   ）。
   A. 2025 年 6 月 30 日   B. 2025 年 9 月 30 日
   C. 2035 年 6 月 30 日   D. 2035 年 9 月 30 日

3. 防范估价风险的最后一道防线是（   ）。
   A. 撰写估价报告 B. 审核估价报告   C. 出具估价报告   D. 估价资料归档

4. 下列表述中不正确的是（   ）。
   A. 在实际估价中，不同的估价方法将影响估价结果
   B. 在实际估价中，不同的估价时点将影响估价结果
   C. 在实际估价中，不同的估价目的将影响估价结果
   D. 在实际估价中，不同的估价作业期将影响估价结果

5. 获取房地产估价业务的措施有（   ）。
   A. 突破专业能力限制，接受各种估价要求
   B. 提高服务质量   C. 恰当的宣传
   D. 低收费   E. 最大限度压缩估价作业期

6. 确定估价对象及其范围和内容时，应根据（   ），依据法律法规，并征求委托人同意后综合确定。
   A. 估价原则   B. 估价目的   C. 估价方法   D. 估价程序

7. 某房地产估价机构向委托人甲出具了估价报告，估价作业期为 2005 年 5 月 20 日至 5 月 30 日，估价报告应用有效期为 1 年。2006 年 5 月 20 日，甲利用该估价报告向银行申请办理了 16 年的抵押贷款，则该估价报告的存档期应不少于（   ）年。
   A. 15   B. 16   C. 17   D. 20

8. 估价结果报告通常包括委托人、估价机构、估价对象、估价目的、估价时点、估价依据、估价原则、估价方法、估价结果、其他需要说明的事项、注册房地产估价师及其他参与估价的人员和（   ）。
   A. 价值类型和定义、估价作业日期、估价的假设与限制条件
   B. 价值类型和定义、估价对象分析、致委托人函
   C. 价值类型和定义、估价的假设与限制条件、估价报告应用的限制
   D. 价值类型和定义、估价作业日期、估价报告应用的限制

9. 下列估价事项中，仅根据估价目的来确定的有（   ）。
   A. 估价对象   B. 估价时点
   C. 价值类型   D. 估价方法

E. 估价所需材料

10. 房地产估价报告中专门列出估价的假设和限制条件的目的是（　　）。
    A. 说明估价报告的合法性、真实性   B. 说明估价的独立、客观、公正性
    C. 规避估价风险   D. 保护估价报告使用者
    E. 防止委托人提出高估或低估要求

11. 在估价报告中应包含一份由（　　）的估价师签名、盖章的声明。
    A. 本估价机构所有   B. 所有参加该估价项目
    C. 对该估价项目负第一责任   D. 本估价机构法定代表人

12. 在房地产司法拍卖估价中，将已被查封的房地产作为未被查封的房地产来估价的假设，属于（　　）。
    A. 一般假设   B. 背离事实假设
    C. 不相一致假设   D. 依据不足假设

13. 关于明确估价基本事项的说法，错误的是（　　）。
    A. 估价目的本质上由委托人的估价需要决定
    B. 估价时点由估价目的决定
    C. 估价对象由委托人和估价目的决定
    D. 估价类型由估价师决定

14. 对运用各种估价方法测算估价对象价值的要求不包括（　　）。
    A. 估价方法选用恰当
    B. 估价基础数据和技术参数选取准确，依据或理由充分
    C. 计算公式和计算过程正确无误
    D. 各种估价方法的测算结果一致

15. 关于估价资料归档的说法，错误的是（　　）。
    A. 估价师和相关工作人员不得将估价资料据为己有或者拒不归档
    B. 估价项目来源和接洽情况记录、估价报告、估价委托合同、实地查勘记录、估价报告内部审核记录等应归档
    C. 估价档案自估价报告出具之日起计算满10年的，即可销毁
    D. 估价机构终止的，其估价报告及相关资料应移交当地建设（房地产）行政主管部门或者其指定的机构

16. 关于房地产估价报告签名、盖章的说法，正确的有（　　）。
    A. 注册房地产估价师可以盖个人印章不签名
    B. 注册房地产估价师可以只签名不盖个人印章
    C. 至少有两名注册房地产估价师签名
    D. 法定代表人或执行合伙人必须签名
    E. 房地产估价机构必须加盖公章

17. 明确估价基本事项是实施估价的重要前提，实际估价中不能明确估价事项的责任主要应归属于（　　）。
    A. 估价委托人   B. 估价利害关系人
    C. 承担估价项目的估价师   D. 估价对象的权利人

18. 房屋征收评估中，若被征收人拒绝在估价师对估价对象的实地查勘记录上签字或盖章的，应当由（　　）见证，有关情况应当在评估报告中说明。

A. 房屋征收部门、注册房地产估价师和无利害关系的第三人
B. 与房屋征收部门、注册房地产估价师无利害关系的第三人
C. 公证机关和无利害关系的第三人
D. 人民法院

19. 关于估价资料归档要求的说法，错误的是（　　）。
   A. 估价资料归档的内容应包括估价中形成的有保存价值的各种文字、图表、影像等资料
   B. 记录估价中估价师对估价结果的不同意见的资料应作为必须归档的内容之一
   C. 归档的估价资料应采用纸质文档形式，不得只采用电子文档形式
   D. 对未正式出具估价报告的估价项目及相关资料也应归档，保存期限不得少于1年

20. 在审核房地产估价报告中，发现不同估价方法的测算结果之间有较大差异，其可能的原因有（　　）。
   A. 隐含的估价对象范围不同　　B. 参数选取不合理
   C. 估价作业日期不同　　　　　D. 价值类型选取不合理
   E. 选用的估价方法不切合估价对象

21. 实际估价中，估价对象范围的界定包括（　　）的界定。
   A. 实物构成范围　　　　　　　B. 权益范围
   C. 空间范围　　　　　　　　　D. 时间范围
   E. 影响范围

【答案】

1. D、2. D、3. B、4. D、5. BC、6. B、7. B、8. D、9. BC、10. CD、11. B、12. B、13. D、14. D、15. C、16. BCE、17. C、18. A、19. B、20. ABE、21. ABC

【本章小结】

本章介绍了不动产估价程序的含义、作用和具体内容，特别是较详细介绍其中的受理估价委托、拟定估价作业方案、搜集估价所需资料、实地查看估价对象、判断估价对象价值、撰写估价报告、估价资料归档等工作。

附 录

附录一 房地产估价机构管理办法

(2005年10月12日建设部令第142号发布,根据2013年10月16日住房城乡建设部令第14号修正)

第一章 总 则

第一条 为了规范房地产估价机构行为,维护房地产估价市场秩序,保障房地产估价活动当事人合法权益,根据《中华人民共和国城市房地产管理法》、《中华人民共和国行政许可法》和《国务院对确需保留的行政审批项目设定行政许可的决定》等法律、行政法规,制定本办法。

第二条 在中华人民共和国境内申请房地产估价机构资质,从事房地产估价活动,对房地产估价机构实施监督管理,适用本办法。

第三条 本办法所称房地产估价机构,是指依法设立并取得房地产估价机构资质,从事房地产估价活动的中介服务机构。

本办法所称房地产估价活动,包括土地、建筑物、构筑物、在建工程、以房地产为主的企业整体资产、企业整体资产中的房地产等各类房地产评估,以及因转让、抵押、房屋征收、司法鉴定、课税、公司上市、企业改制、企业清算、资产重组、资产处置等需要进行的房地产评估。

第四条 房地产估价机构从事房地产估价活动,应当坚持独立、客观、公正的原则,执行房地产估价规范和标准。

房地产估价机构依法从事房地产估价活动,不受行政区域、行业限制。任何组织或者个人不得非法干预房地产估价活动和估价结果。

第五条 国务院住房城乡建设主管部门负责全国房地产估价机构的监督管理工作。

省、自治区人民政府住房城乡建设主管部门、直辖市人民政府房地产主管部门负责本行政区域内房地产估价机构的监督管理工作。

市、县人民政府房地产主管部门负责本行政区域内房地产估价机构的监督管理工作。

第六条 房地产估价行业组织应当加强房地产估价行业自律管理。

鼓励房地产估价机构加入房地产估价行业组织。

第七条 国家建立全国统一的房地产估价行业管理信息平台,实现房地产估价机构资质核准、人员注册、信用档案管理等信息关联共享。

第二章 估价机构资质核准

第八条 房地产估价机构资质等级分为一、二、三级。

省、自治区人民政府住房城乡建设主管部门、直辖市人民政府房地产主管部门负责房地产估价机构资质许可。

省、自治区人民政府住房城乡建设主管部门、直辖市人民政府房地产主管部门应当执行国家统一的资质许可条件,加强房地产估价机构资质许可管理,营造公平竞争的市场环境。

国务院住房城乡建设主管部门应当加强对省、自治区人民政府住房城乡建设主管部门、直辖市人民政府房地产主管部门资质许可工作的指导和监督检查,及时纠正资质许可中的违法行为。

第九条 房地产估价机构应当由自然人出资,以有限责任公司或者合伙企业形式设立。

第十条 各资质等级房地产估价机构的条件如下:

（一）一级资质

1. 机构名称有房地产估价或者房地产评估字样；
2. 从事房地产估价活动连续 6 年以上，且取得二级房地产估价机构资质 3 年以上；
3. 有限责任公司的注册资本人民币 200 万元以上，合伙企业的出资额人民币 120 万元以上；
4. 有 15 名以上专职注册房地产估价师；
5. 在申请核定资质等级之日前 3 年平均每年完成估价标的物建筑面积 50 万平方米以上或者土地面积 25 万平方米以上；
6. 定代表人或者执行合伙人是注册后从事房地产估价工作 3 年以上的专职注册房地产估价师；
7. 有限责任公司的股东中有 3 名以上、合伙企业的合伙人中有 2 名以上专职注册房地产估价师，股东或者合伙人中有一半以上是注册后从事房地产估价工作 3 年以上的专职注册房地产估价师；
8. 有限责任公司的股份或者合伙企业的出资额中专职注册房地产估价师的股份或者出资额合计不低于 60%；
9. 有固定的经营服务场所；
10. 估价质量管理、估价档案管理、财务管理等各项企业内部管理制度健全；
11. 随机抽查的 1 份房地产估价报告符合《房地产估价规范》的要求；
12. 在申请核定资质等级之日前 3 年内无本办法第三十三条禁止的行为。

（二）二级资质

1. 机构名称有房地产估价或者房地产评估字样；
2. 取得三级房地产估价机构资质后从事房地产估价活动连续 4 年以上；
3. 有限责任公司的注册资本人民币 100 万元以上，合伙企业的出资额人民币 60 万元以上；
4. 有 8 名以上专职注册房地产估价师；
5. 在申请核定资质等级之日前 3 年平均每年完成估价标的物建筑面积 30 万平方米以上或者土地面积 15 万平方米以上；
6. 法定代表人或者执行合伙人是注册后从事房地产估价工作 3 年以上的专职注册房地产估价师；
7. 有限责任公司的股东中有 3 名以上、合伙企业的合伙人中有 2 名以上专职注册房地产估价师，股东或者合伙人中有一半以上是注册后从事房地产估价工作 3 年以上的专职注册房地产估价师；
8. 有限责任公司的股份或者合伙企业的出资额中专职注册房地产估价师的股份或者出资额合计不低于 60%；
9. 有固定的经营服务场所；
10. 估价质量管理、估价档案管理、财务管理等各项企业内部管理制度健全；
11. 随机抽查的 1 份房地产估价报告符合《房地产估价规范》的要求；
12. 在申请核定资质等级之日前 3 年内无本办法第三十三条禁止的行为。

（三）三级资质

1. 机构名称有房地产估价或者房地产评估字样；
2. 有限责任公司的注册资本人民币 50 万元以上，合伙企业的出资额人民币 30 万元以上；
3. 有 3 名以上专职注册房地产估价师；
4. 在暂定期内完成估价标的物建筑面积 8 万平方米以上或者土地面积 3 万平方米以上；
5. 法定代表人或者执行合伙人是注册后从事房地产估价工作 3 年以上的专职注册房地产估价师；
6. 有限责任公司的股东中有 2 名以上、合伙企业的合伙人中有 2 名以上专职注册房地产估价师，股东或者合伙人中有一半以上是注册后从事房地产估价工作 3 年以上的专职注册房地产估价师；
7. 有限责任公司的股份或者合伙企业的出资额中专职注册房地产估价师的股份或者出资额合计不低于 60%；
8. 有固定的经营服务场所；
9. 估价质量管理、估价档案管理、财务管理等各项企业内部管理制度健全；
10. 随机抽查的 1 份房地产估价报告符合《房地产估价规范》的要求；

11. 在申请核定资质等级之日前3年内无本办法第三十三条禁止的行为。

第十一条 申请核定房地产估价机构资质等级,应当如实向资质许可机关提交下列材料:

(一)房地产估价机构资质等级申请表(一式二份,加盖申报机构公章);

(二)房地产估价机构原资质证书正本复印件、副本原件;

(三)营业执照正、副本复印件(加盖申报机构公章);

(四)出资证明复印件(加盖申报机构公章);

(五)法定代表人或者执行合伙人的任职文件复印件(加盖申报机构公章);

(六)专职注册房地产估价师证明;

(七)固定经营服务场所的证明;

(八)经工商行政管理部门备案的公司章程或者合伙协议复印件(加盖申报机构公章)及有关估价质量管理、估价档案管理、财务管理等企业内部管理制度的文件、申报机构信用档案信息;

(九)随机抽查的在申请核定资质等级之日前3年内申报机构所完成的1份房地产估价报告复印件(一式二份,加盖申报机构公章)。

申请人应当对其提交的申请材料实质内容的真实性负责。

第十二条 新设立的中介服务机构申请房地产估价机构资质的,应当提供第十一条第(一)项、第(三)项至第(八)项材料。

新设立中介服务机构的房地产估价机构资质等级应当核定为三级资质,设1年的暂定期。

第十三条 房地产估价机构资质核准中的房地产估价报告抽查,应当执行全国统一的标准。

第十四条 申请核定房地产估价机构资质的,应当向设区的市人民政府房地产主管部门提出申请,并提交本办法第十一条规定的材料。

设区的市人民政府房地产主管部门应当自受理申请之日起20日内审查完毕,并将初审意见和全部申请材料报省、自治区人民政府住房城乡建设主管部门、直辖市人民政府房地产主管部门。

省、自治区人民政府住房城乡建设主管部门、直辖市人民政府房地产主管部门应当自受理申请材料之日起20日内作出决定。

省、自治区人民政府住房城乡建设主管部门、直辖市人民政府房地产主管部门应当在作出资质许可决定之日起10日内,将准予资质许可的决定报国务院住房城乡建设主管部门备案。

第十五条 房地产估价机构资质证书分为正本和副本,由国务院住房城乡建设主管部门统一印制,正、副本具有同等法律效力。

房地产估价机构遗失资质证书的,应当在公众媒体上声明作废后,申请补办。

第十六条 房地产估价机构资质有效期为3年。

资质有效期届满,房地产估价机构需要继续从事房地产估价活动的,应当在资质有效期届满30日前向资质许可机关提出资质延续申请。资质许可机关应当根据申请作出是否准予延续的决定。准予延续的,有效期延续3年。

在资质有效期内遵守有关房地产估价的法律、法规、规章、技术标准和职业道德的房地产估价机构,经原资质许可机关同意,不再审查,有效期延续3年。

第十七条 房地产估价机构的名称、法定代表人或者执行合伙人、注册资本或者出资额、组织形式、住所等事项发生变更的,应当在工商行政管理部门办理变更手续后30日内,到资质许可机关办理资质证书变更手续。

第十八条 房地产估价机构合并的,合并后存续或者新设立的房地产估价机构可以承继合并前各方中较高的资质等级,但应当符合相应的资质等级条件。

房地产估价机构分立的,只能由分立后的一方房地产估价机构承继原房地产估价机构资质,但应当符合原房地产估价机构资质等级条件。承继原房地产估价机构资质的一方由各方协商确定;其他各方按照新设立的中介服务机构申请房地产估价机构资质。

第十九条 房地产估价机构的工商登记注销后,其资质证书失效。

第三章 分支机构的设立

第二十条 一级资质房地产估价机构可以按照本办法第二十一条的规定设立分支机构。二、三级资质房地产估价机构不得设立分支机构。

分支机构应当以设立该分支机构的房地产估价机构的名义出具估价报告，并加盖该房地产估价机构公章。

第二十一条 分支机构应当具备下列条件：

（一）名称采用"房地产估价机构名称＋分支机构所在地行政区划名＋分公司（分所）"的形式；

（二）分支机构负责人应当是注册后从事房地产估价工作3年以上并无不良执业记录的专职注册房地产估价师；

（三）在分支机构所在地有3名以上专职注册房地产估价师；

（四）有固定的经营服务场所；

估价质量管理、估价档案管理、财务管理等各项内部管理制度健全。

注册于分支机构的专职注册房地产估价师，不计入设立分支机构的房地产估价机构的专职注册房地产估价师人数。

第二十二条 新设立的分支机构，应当自领取分支机构营业执照之日起30日内，到分支机构工商注册所在地的省、自治区人民政府住房城乡建设主管部门、直辖市人民政府房地产主管部门备案。

省、自治区人民政府住房城乡建设主管部门、直辖市人民政府房地产主管部门应当在接受备案后10日内，告知分支机构工商注册所在地的市、县人民政府房地产主管部门，并报国务院住房城乡建设主管部门备案。

第二十三条 分支机构备案，应当提交下列材料：

（一）分支机构的营业执照复印件；

（二）房地产估价机构资质证书正本复印件；

（三）分支机构及设立该分支机构的房地产估价机构负责人的身份证明；

（四）拟在分支机构执业的专职注册房地产估价师注册证书复印件。

第二十四条 分支机构变更名称、负责人、住所等事项或房地产估价机构撤销分支机构，应当在工商行政管理部门办理变更或者注销登记手续后30日内，报原备案机关备案。

第四章 估价管理

第二十五条 从事房地产估价活动的机构，应当依法取得房地产估价机构资质，并在其资质等级许可范围内从事估价业务。

一级资质房地产估价机构可以从事各类房地产估价业务。

二级资质房地产估价机构可以从事除公司上市、企业清算以外的房地产估价业务。

三级资质房地产估价机构可以从事除公司上市、企业清算、司法鉴定以外的房地产估价业务。

暂定期内的三级资质房地产估价机构可以从事除公司上市、企业清算、司法鉴定、房屋征收、在建工程抵押以外的房地产估价业务。

第二十六条 房地产估价业务应当由房地产估价机构统一接受委托，统一收取费用。

房地产估价师不得以个人名义承揽估价业务，分支机构应当以设立该分支机构的房地产估价机构名义承揽估价业务。

第二十七条 房地产估价机构及执行房地产估价业务的估价人员与委托人或者估价业务相对人有利害关系的，应当回避。

第二十八条 房地产估价机构承揽房地产估价业务，应当与委托人签订书面估价委托合同。

估价委托合同应当包括下列内容：

（一）委托人的名称或者姓名和住所；

（二）估价机构的名称和住所；

(三）估价对象；
(四）估价目的；
(五）价值时点；
(六）委托人的协助义务；
(七）估价服务费及其支付方式；
(八）估价报告交付的日期和方式；
(九）违约责任；
(十）解决争议的方法。

第二十九条 房地产估价机构未经委托人书面同意，不得转让受托的估价业务。

经委托人书面同意，房地产估价机构可以与其他房地产估价机构合作完成估价业务，以合作双方的名义共同出具估价报告。

第三十条 委托人及相关当事人应当协助房地产估价机构进行实地查勘，如实向房地产估价机构提供估价所必需的资料，并对其所提供资料的真实性负责。

第三十一条 房地产估价机构和注册房地产估价师因估价需要向房地产主管部门查询房地产交易、登记信息时，房地产主管部门应当提供查询服务，但涉及国和个人隐私的内容除外。

第三十二条 房地产估价报告应当由房地产估价机构出具，加盖房地产估价机构公章，并有至少 2 名专职注册房地产估价师签字。

第三十三条 房地产估价机构不得有下列行为：
(一）涂改、倒卖、出租、出借或者以其他形式非法转让资质证书；
(二）超越资质等级业务范围承接房地产估价业务；
(三）以迎合高估或者低估要求、给予回扣、恶意压低收费等方式进行不正当竞争；
(四）违反房地产估价规范和标准；
(五）出具有虚假记载、误导性陈述或者重大遗漏的估价报告；
(六）擅自设立分支机构；
(七）未经委托人书面同意，擅自转让受托的估价业务；
(八）法律、法规禁止的其他行为。

第三十四条 房地产估价机构应当妥善保管房地产估价报告及相关资料。

房地产估价报告及相关资料的保管期限自估价报告出具之日起不得少于 10 年。保管期限届满而估价服务的行为尚未结束的，应当保管到估价服务的行为结束为止。

第三十五条 除法律、法规另有规定外，未经委托人书面同意，房地产估价机构不得对外提供估价过程中获知的当事人的商业秘密和业务资料。

第三十六条 房地产估价机构应当加强对执业人员的职业道德教育和业务培训，为本机构的房地产估价师参加继续教育提供必要的条件。

第三十七条 县级以上人民政府房地产主管部门应当依照有关法律、法规和本办法的规定，对房地产估价机构和分支机构的设立、估价业务及执行房地产估价规范和标准的情况实施监督检查。

第三十八条 县级以上人民政府房地产主管部门履行监督检查职责时，有权采取下列措施：
(一）要求被检查单位提供房地产估价机构资质证书、房地产估价师注册证书，有关房地产估价业务的文档，有关估价质量管理、估价档案管理、财务管理等企业内部管理制度的文件；
(二）进入被检查单位进行检查，查阅房地产估价报告以及估价委托合同、实地查勘记录等估价相关资料；
(三）纠正违反有关法律、法规和本办法及房地产估价规范和标准的行为。

县级以上人民政府房地产主管部门应当将监督检查的处理结果向社会公布。

第三十九条 县级以上人民政府房地产主管部门进行监督检查时，应当有两名以上监督检查人员参加，并出示执法证件，不得妨碍被检查单位的正常经营活动，不得索取或者收受财物、谋取其他利益。

有关单位和个人对依法进行的监督检查应当协助与配合，不得拒绝或者阻挠。

第四十条 房地产估价机构违法从事房地产估价活动的，违法行为发生地的县级以上地方人民政府房地产主管部门应当依法查处，并将违法事实、处理结果及处理建议及时报告该估价机构资质的许可机关。

第四十一条 有下列情形之一的，资质许可机关或者其上级机关，根据利害关系人的请求或者依据职权，可以撤销房地产估价机构资质：

（一）资质许可机关工作人员滥用职权、玩忽职守作出准予房地产估价机构资质许可的；

（二）超越法定职权作出准予房地产估价机构资质许可的；

（三）违反法定程序作出准予房地产估价机构资质许可的；

（四）对不符合许可条件的申请人作出准予房地产估价机构资质许可的；

（五）依法可以撤销房地产估价机构资质的其他情形。

房地产估价机构以欺骗、贿赂等不正当手段取得房地产估价机构资质的，应当予以撤销。

第四十二条 房地产估价机构取得房地产估价机构资质后，不再符合相应资质条件的，资质许可机关根据利害关系人的请求或者依据职权，可以责令其限期改正；逾期不改的，可以撤回其资质。

第四十三条 有下列情形之一的，资质许可机关应当依法注销房地产估价机构资质：

（一）房地产估价机构资质有效期届满未延续的；

（二）房地产估价机构依法终止的；

（三）房地产估价机构资质被撤销、撤回，或者房地产估价资质证书依法被吊销的；

（四）法律、法规规定的应当注销房地产估价机构资质的其他情形。

第四十四条 资质许可机关或者房地产估价行业组织应当建立房地产估价机构信用档案。

房地产估价机构应当按照要求提供真实、准确、完整的房地产估价信用档案信息。

房地产估价机构信用档案应当包括房地产估价机构的基本情况、业绩、良好行为、不良行为等内容。违法行为、被投诉举报处理、行政处罚等情况应当作为房地产估价机构的不良记录记入其信用档案。

房地产估价机构的不良行为应当作为该机构法定代表人或者执行合伙人的不良行为记入其信用档案。

任何单位和个人有权查阅信用档案。

第五章 法律责任

第四十五条 申请人隐瞒有关情况或者提供虚假材料申请房地产估价机构资质的，资质许可机关不予受理或者不予行政许可，并给予警告，申请人在1年内不得再次申请房地产估价机构资质。

第四十六条 以欺骗、贿赂等不正当手段取得房地产估价机构资质的，由资质许可机关给予警告，并处1万元以上3万元以下的罚款，申请人3年内不得再次申请房地产估价机构资质。

第四十七条 未取得房地产估价机构资质从事房地产估价活动或者超越资质等级承揽估价业务的，出具的估价报告无效，由县级以上地方人民政府房地产主管部门给予警告，责令限期改正，并处1万元以上3万元以下的罚款；造成当事人损失的，依法承担赔偿责任。

第四十八条 违反本办法第十七条规定，房地产估价机构不及时办理资质证书变更手续的，由资质许可机关责令限期办理；逾期不办理的，可处1万元以下的罚款。

第四十九条 有下列行为之一的，由县级以上地方人民政府房地产主管部门给予警告，责令限期改正，并可处1万元以上2万元以下的罚款：

（一）违反本办法第二十条第一款规定设立分支机构的；

（二）违反本办法第二十一条规定设立分支机构的；

（三）违反本办法第二十二条第一款规定，新设立的分支机构不备案的。

第五十条 有下列行为之一的，由县级以上地方人民政府房地产主管部门给予警告，责令限期改正；逾期未改正的，可处5千元以上2万元以下的罚款；给当事人造成损失的，依法承担赔偿责任：

（一）违反本办法第二十六条规定承揽业务的；

（二）违反本办法第二十九条第一款规定，擅自转让受托的估价业务的；

（三）违反本办法第二十条第二款、第二十九条第二款、第三十二条规定出具估价报告的。

第五十一条 违反本办法第二十七条规定，房地产估价机构及其估价人员应当回避未回避的，由县级以上地方人民政府房地产主管部门给予警告，责令限期改正，并可处1万元以下的罚款；给当事人造成损失的，依法承担赔偿责任。

第五十二条 违反本办法第三十一条规定，房地产主管部门拒绝提供房地产交易、登记信息查询服务的，由其上级房地产主管部门责令改正。

第五十三条 房地产估价机构有本办法第三十三条行为之一的，由县级以上地方人民政府房地产主管部门给予警告，责令限期改正，并处1万元以上3万元以下的罚款；给当事人造成损失的，依法承担赔偿责任；构成犯罪的，依法追究刑事责任。

第五十四条 违反本办法第三十五条规定，房地产估价机构擅自对外提供估价过程中获知的当事人的商业秘密和业务资料，给当事人造成损失的，依法承担赔偿责任；构成犯罪的，依法追究刑事责任。

第五十五条 资质许可机关有下列情形之一的，由其上级主管部门或者监察机关责令改正，对直接负责的主管人员和其他直接责任人员依法给予处分；构成犯罪的，依法追究刑事责任。

（一）对不符合法定条件的申请人准予房地产估价机构资质许可或者超越职权作出准予房地产估价机构资质许可决定的；

（二）对符合法定条件的申请人不予房地产估价机构资质许可或者不在法定期限内作出准予房地产估价机构资质许可决定的；

（三）利用职务上的便利，收受他人财物或者其他利益的；

（四）不履行监督管理职责，或者发现违法行为不予查处的。

第六章 附　则

第五十六条 本办法自2005年12月1日起施行。1997年1月9日建设部颁布的《关于房地产价格评估机构资格等级管理的若干规定》（建房［1997］12号）同时废止。

本办法施行前建设部发布的规章的规定与本办法的规定不一致的，以本办法为准。

附录二　城市房屋拆迁估价指导意见

第一条 为规范城市房屋拆迁估价行为，维护拆迁当事人的合法权益，根据《中华人民共和国城市房地产管理法》、《城市房屋拆迁管理条例》的有关规定和国家标准《房地产估价规范》，制定本意见。

第二条 城市规划区内国有土地上房屋拆迁涉及的房地产估价活动，适用本意见。

第三条 本意见所称城市房屋拆迁估价（以下简称拆迁估价），是指为确定被拆迁房屋货币补偿金额，根据被拆迁房屋的区位、用途、建筑面积等因素，对其房地产市场价格进行的评估。

房屋拆迁评估价格为被拆迁房屋的房地产市场价格，不包含搬迁补助费、临时安置补助费和拆迁非住宅房屋造成停产、停业的补偿费，以及被拆迁房屋室内自行装修装饰的补偿金额。搬迁补助费、临时安置补助费和拆迁非住宅房屋造成停产、停业的补偿费，按照省、自治区、直辖市人民政府规定的标准执行。被拆迁房屋室内自行装修装饰的补偿金额，由拆迁人和被拆迁人协商确定；协商不成，可以通过委托评估确定。

第四条 拆迁估价由具有房地产价格评估资格的估价机构（以下简称估价机构）承担，估价报告必须由专职注册房地产估价师签字。

第五条 拆迁估价应当坚持独立、客观、公正、合法的原则。任何组织或者个人不得非法干预拆迁估价活动和估价结果。

第六条 市、县房地产管理部门应当向社会公示一批资质等级高、综合实力强、社会信誉好的估价机构，供拆迁当事人选择。

拆迁估价机构的确定应当公开、透明，采取被拆迁人投票或拆迁当事人抽签等方式。

房屋拆迁许可证确定的同一拆迁范围内的被拆迁房屋，原则上由一家估价机构评估。需要由两家或者两家以上估价机构评估的，估价机构之间应当就拆迁估价的依据、原则、程序、方法、参数选取等进行协调并执行共同的标准。

第七条 拆迁估价机构确定后，一般由拆迁人委托。委托人应当与估价机构签订书面拆迁估价委托合同。

第八条 受托估价机构不得转让、变相转让受托的估价业务。

估价机构和估价人员与拆迁当事人有利害关系或者是拆迁当事人的，应当回避。

拆迁当事人有义务向估价机构如实提供拆迁估价所必需的资料，协助估价机构进行实地查勘。

受托估价机构和估价人员需要查阅被拆迁房屋的房地产权属档案和相关房地产交易信息的，房地产管理部门应当允许查阅。

第十一条 拆迁估价目的统一表述为"为确定被拆迁房屋货币补偿金额而评估其房地产市场价格。"

拆迁估价时点一般为房屋拆迁许可证颁发之日。拆迁规模大、分期分段实施的，以当期（段）房屋拆迁实施之日为估价时点。

拆迁估价的价值标准为公开市场价值，不考虑房屋租赁、抵押、查封等因素的影响。

第十二条 委托拆迁估价的，拆迁当事人应当明确被拆迁房屋的性质（包括用途，下同）和面积。

被拆迁房屋的性质和面积一般以房屋权属证书及权属档案的记载为准；各地对被拆迁房屋的性质和面积认定有特别规定的，从其规定；拆迁人与被拆迁人对被拆迁房屋的性质或者面积协商一致的，可以按照协商结果进行评估。

对被拆迁房屋的性质不能协商一致的，应当向城市规划行政主管部门申请确认。对被拆迁房屋的面积不能协商一致的，可以向依照《房产测绘管理办法》设立的房屋面积鉴定机构申请鉴定；没有设立房屋面积鉴定机构的，可以委托具有房产测绘资格的房产测绘单位测算。

对拆迁中涉及的被拆迁房屋的性质和面积认定的具体问题，由市、县规划行政主管部门和房地产管理部门制定办法予以解决。

第十三条 市、县人民政府或者其授权的部门应当根据当地房地产市场交易价格，至少每年定期公布一次不同区域、不同用途、不同建筑结构的各类房屋的房地产市场价格。

第十四条 拆迁估价应当参照类似房地产的市场交易价格和市、县人民政府或者其授权部门定期公布的房地产市场价格，结合被拆迁房屋的房地产状况进行。

第十五条 拆迁估价人员应当对被拆迁房屋进行实地查勘，做好实地查勘记录，拍摄反映被拆迁房屋外观和内部状况的影像资料。

实地查勘记录由实地查勘的估价人员、拆迁人、被拆迁人签字认可。

因被拆迁人的原因不能对被拆迁房屋进行实地查勘、拍摄影像资料或者被拆迁人不同意在实地查勘记录上签字的，应当由除拆迁人和估价机构以外的无利害关系的第三人见证，并在估价报告中作出相应说明。

第十六条 拆迁估价一般应当采用市场比较法。不具备采用市场比较法条件的，可以采用其他估价方法，并在估价报告中充分说明原因。

第十七条 拆迁评估价格应当以人民币为计价的货币单位，精确到元。

第十八条 估价机构应当将分户的初步估价结果向被拆迁人公示7日，并进行现场说明，听取有关意见。

公示期满后，估价机构应当向委托人提供委托范围内被拆迁房屋的整体估价报告和分户估价报告。委托人应当向被拆迁人转交分户估价报告。

第十九条 拆迁人或被拆迁人对估价报告有疑问的，可以向估价机构咨询。估价机构应当向其解释拆迁估价的依据、原则、程序、方法、参数选取和估价结果产生的过程。

第二十条 拆迁当事人对估价结果有异议的，自收到估价报告之日起5日内，可以向原估价机构书面申请复核估价，也可以另行委托估价机构评估。

第二十一条 拆迁当事人向原估价机构申请复核估价的，该估价机构应当自收到书面复核估价申请之日起5日内给予答复。估价结果改变的，应当重新出具估价报告；估价结果没有改变的，出具书面通知。

拆迁当事人另行委托估价机构评估的，受托估价机构应当在10日内出具估价报告。

第二十二条 拆迁当事人对原估价机构的复核结果有异议或者另行委托估价的结果与原估价结果有差异且协商达不成一致意见的，自收到复核结果或者另行委托估价机构出具的估价报告之日起5日内，可以向被拆迁房屋所在地的房地产价格评估专家委员会（以下简称估价专家委员会）申请技术鉴定。

第二十三条　估价专家委员会应当自收到申请之日起 10 日内，对申请鉴定的估价报告的估价依据、估价技术路线、估价方法选用、参数选取、估价结果确定方式等估价技术问题出具书面鉴定意见。

估价报告不存在技术问题的，应维持估价报告；估价报告存在技术问题的，估价机构应当改正错误，重新出具估价报告。

第二十四条　省、自治区建设行政主管部门和设区城市的市房地产管理部门或者其授权的房地产估价行业自律性组织，应当成立由资深专职注册房地产估价师及房地产、城市规划、法律等方面专家组成的估价专家委员会，对拆迁估价进行技术指导，受理拆迁估价技术鉴定。

第二十五条　受理拆迁估价技术鉴定后，估价专家委员会应当指派 3 人以上（含 3 人）单数成员组成鉴定组，处理拆迁估价技术鉴定事宜。

鉴定组成员与原估价机构、拆迁当事人有利害关系或者是拆迁当事人的，应当回避。

原估价机构应当配合估价专家委员会做好鉴定工作。

第二十六条　估价专家委员会成员、估价机构、估价人员应当回避而未回避的，其鉴定意见或者估价结果无效。

拆迁当事人不如实提供有关资料或者不协助估价机构实地查勘而造成估价失实或者其他后果的，应当承担相应责任。

第二十七条　对有下列行为之一的估价机构和估价人员，依据《城市房地产中介服务管理规定》、《房地产估价师注册管理办法》等规定进行处罚，或记入其信用档案：

（一）出具不实估价报告的；

（二）与拆迁当事人一方串通，损害对方合法权益的；

（三）以回扣等不正当竞争手段获取拆迁估价业务的；

（四）允许他人借用自己名义从事拆迁估价活动或者转让、变相转让受托的拆迁估价业务的；

（五）多次被申请鉴定，经查证，确实存在问题的；

（六）违反国家标准《房地产估价规范》和本意见其他规定的；

（七）法律、法规规定的其他情形。

第二十八条　以产权调换作为房屋拆迁补偿、安置方式的，对所调换房屋的房地产市场价格进行的评估，参照本意见执行。

城市规划区外国有土地上房屋拆迁涉及的房地产估价活动，参照本意见执行。

第二十九条　本意见自 2004 年 1 月 1 日起施行。此前已颁发房屋拆迁许可证的拆迁项目，其拆迁估价不适用本意见。

附录三　《房地产估价基本术语标准》节选 ［条文说明］ GB/T 50899—2013

1　总则

1.0.1　本条是关于制定本标准的目的的规定。制定本标准的目的主要有两个：一是统一和规范房地产估价的术语，包括名称、定义或内涵；二是有利于国内外的交流和合作。

目前我国内地的房地产估价术语，有些是历史流传下来的，有些是从我国台湾地区、香港地区借鉴过来的，有些是从美国、英国、日本等国家翻译过来的，也有些是近十几年来根据房地产估价工作的实际需要创设的。这些术语的名称、定义和内涵不一致，很有必要通过制定本标准予以统一和规范。

1.0.2　本条是关于本标准适用范围的规定，即本标准不仅适用于房地产估价活动，而且适用于房地产估价行业管理（包括行政管理和自律管理），以及房地产估价教学、科研和其他相关领域。

2　通用术语

2.0.1　房地产估价

房地产估价，过去通常称为房地产价格评估，有时也称为房地产评估、房地产价值评估、房地产估值。

房地产评估的含义较宽泛，采用房地产估价不仅内涵明确，而且可以兼顾房地产价值和价格评估，以及房地产租赁价格即租金评估。此外，本条从专业估价角度给房地产估价下定义，特别明确了注册房地产估价师在其中的地位和作用。

2.0.2　房地产估价机构

目前，房地产估价机构资质是行政许可。从事房地产估价活动的单位，应依法取得房地产估价机构资质，并在其资质等级许可范围内从事估价业务。房地产估价机构应由自然人出资，以有限责任公司或合伙企业形式设立；法定代表人或执行合伙事务的合伙人（简称执行合伙人）应是注册后从事房地产估价工作3年以上的注册房地产估价师；资质等级由高到低分为一级、二级、三级。不同资质等级房地产估价机构的业务范围主要根据估价目的划分，不受行政区域、行业限制。房地产估价业务应由房地产估价机构统一接受委托，统一收取费用。房地产估价报告应由房地产估价机构出具，加盖房地产估价机构公章，并有至少2名注册房地产估价师签字。

2.0.3　房地产估价师

执业资格制度是对关系公共利益和人民生命财产安全的关键领域和岗位，实行人员准入控制的一项制度。1993年，借鉴美国等市场经济发达国家和地区的经验，建设部、人事部共同建立了房地产估价师执业资格制度。这是中国最早建立的执业资格制度之一。1994年颁布的《中华人民共和国城市房地产管理法》规定："国家实行房地产价格评估制度。""国家实行房地产价格评估人员资格认证制度。"

1993年，经严格考核，建设部、人事部共同认定了首批140名房地产估价师。1994年又共同认定了第二批206名房地产估价师。

1995年3月22日，建设部、人事部联合发出了《关于印发＜房地产估价师执业资格制度暂行规定＞和＜房地产估价师执业资格考试实施办法＞的通知》（建房［1995］147号）。从1995年开始，房地产估价师执业资格实行全国统一考试制度。房地产估价师执业资格考试为职业准入资格考试，2002年之前原则上每两年举行一次，2002年之后每年举行一次。

2004年8月，根据中央政府与香港特别行政区政府签署的《内地与香港关于建立更紧密经贸关系的安排》（通常称CEPA），内地与香港完成了房地产估价师与产业测量师首批资格互认，香港97名产业测量师取得了内地的房地产估价师资格，内地111名房地产估价师取得了香港的产业测量师资格。此后，根据需要开展资格互认。

依法取得房地产估价师执业资格的途径，有参加全国房地产估价师执业资格考试、资格认定和资格互认。其中，参加全国房地产估价师执业资格考试是常规的和最主要的途径。

2.0.4　注册房地产估价师

注册房地产估价师，过去也称为专职注册房地产估价师。注册房地产估价师必定是房地产估价师，但房地产估价师不一定是注册房地产估价师。目前，房地产估价师执业资格注册是行政许可。取得房地产估价师执业资格的人员，应受聘于一个具有房地产估价机构资质的单位，经注册后方能以注册房地产估价师的名义从事房地产估价活动。注册房地产估价师可以在全国范围内开展与其聘用单位业务范围相符的房地产估价活动；不得以个人名义承揽房地产估价业务，应由其所在的房地产估价机构统一接受委托和收费；每一注册有效期为3年，在每一注册有效期内应达到继续教育要求；注册有效期满需继续执业的，应申请延续注册。

注册房地产估价师应具有房地产估价的扎实的理论知识、丰富的实践经验和良好的职业道德。具有扎实的理论知识和丰富的实践经验，是对估价专业胜任能力的要求；具有良好的职业道德，是对估价行为规范的要求。仅有理论知识而缺乏实践经验，难以得出符合实际的估价结果；仅有实践经验而缺乏理论知识，会只知其然而不知其所以然，难以对价值或价格作出科学深入的分析和解释，更难以举一反三、触类旁通地分析、解决现实中不断出现的新的估价问题。即使理论知识和实践经验都具有，但如果没有良好的职业道德，则估价结果难以客观、公平、合理。

由于房地产估价师执业资格注册和房地产估价机构资质均是行政许可，所以无论是何种估价目的、何种类型的房地产估价活动，包括投资性房地产公允价值计量、用房地产作价出资设立企业、企业改制、资产重组、资产置换、收购资产、出售资产、产权转让、对外投资、合资、合作、租赁、合并、分立、清算、抵债等涉及的房地产估价，只有注册房地产估价师和房地产估价机构才能够从事，不是注册房地产估价师签字和加盖房地产估价机构公章的关于房地产价值或价格的评估报告，不具有法律效力。

2.0.5 估价委托人

估价委托人简称委托人，俗称客户，不一定是估价对象的权利人。委托人可以委托房地产估价机构对自己的房地产进行估价，也可以由于某种需要委托房地产估价机构对他人所有的房地产进行估价。委托人委托估价、取得估价报告的目的可能是给自己使用，如人民法院委托的司法拍卖估价报告是人民法院自己用于确定拍卖保留价；也可能是给特定的第三方使用，如借款人委托的抵押估价报告是借款人提供给贷款人（如商业银行）使用；还可能是给不特定的第三方使用，如上市公司委托的关联交易估价报告是上市公司披露给社会公众使用。不论估价报告是给谁使用，委托人都应如实向房地产估价机构提供其掌握的估价所需资料，如估价对象的权属证明、有关会计报表等，并对其提供的资料的合法性、真实性、准确性和完整性负责；应协助房地产估价机构和注册房地产估价师对估价对象进行实地查勘及搜集估价所需资料；不得非法干预房地产估价机构和注册房地产估价师的估价行为和估价结果。

2.0.6 估价当事人

估价当事人是估价活动的当事人，因此只包括房地产估价机构、注册房地产估价师和估价委托人。

2.0.7 估价利害关系人

估价利害关系人除了估价对象的权利人，还有估价对象的潜在投资者、受让人等。估价委托人不一定是估价利害关系人。例如，在房地产抵押估价中，无论是贷款人还是借款人为估价委托人的，都是估价利害关系人。在房屋征收估价中，估价委托人一般是房屋征收部门，房屋征收部门通常不是估价利害关系人，被征收人是估价利害关系人。在房地产司法拍卖估价中，人民法院是估价委托人，但不是估价利害关系人，被执行人、申请执行人和竞买人是估价利害关系人。

估价职业道德要求房地产估价师和房地产估价机构与估价利害关系人有利害关系的，必须回避其估价业务。

2.0.8 估价项目

估价活动是按估价项目进行的。一个估价项目是一项一次性估价任务。一个估价项目中的估价对象可能是一宗房地产，也可能是多宗房地产，还可能是一宗房地产中的某个部分。

一般来说，估价项目有以下特征：一是明确的目标。每个估价项目都有自己明确的任务目标和估价目的。二是独特的性质。每个估价项目都有自己的特点，不同于其他的估价项目。三是实施的一次性。一个估价项目有明确的开始时间和结束时间，在此之前没有发生过，将来也不会在同样的条件下再次发生。如果针对同一估价对象再次估价，应将其作为另一个估价项目。

2.0.9 估价目的

估价目的取决于估价委托人对估价的实际需要，即估价委托人将要拿未来完成的估价报告做什么用。例如，是为借款人向贷款银行提供抵押房地产价值证明或贷款银行判断抵押房地产价值提供参考依据，还是为房屋征收部门与被征收人确定被征收房屋价值的补偿、税务机关核定某种房地产税收的计税依据、人民法院确定拍卖房地产的保留价、保险公司衡量投保房屋的保险价值、房地产买卖双方协商成交价、政府确定国有建设用地使用权出让底价等提供参考依据。估价委托人一般不会无故花钱委托房地产估价机构估价，肯定是为了某种需要才委托，因此任何估价项目都有估价目的。一个估价项目通常只有一个估价目的。

不同估价目的下的估价结果可能不同，因为估价目的的不同，价值时点、估价对象、价值类型以及估价原则、估价依据等都有可能不同。例如，许多房地产在买卖、抵押之前已出租，买卖、抵押时带有租赁期间未届满的租赁合同（俗称租约），许多法律法规规定保护这种租赁关系，因此，购买者、抵押权人应尊重并履行这些租赁合同的各项条款，即所谓"买卖不破租赁"。如果是为房地产买卖、抵押目的对这类房地产进行估价，就应考虑合同租金与市场租金差异的影响。但如果是为房屋征收目的而估价，则不考虑房屋租赁因素的影响，视为无租约限制的房屋来估价。估价目的也限制了估价报告的用途。针对某种估价目的得出的估价结果，不能盲目地套用于与其不相符的用途。

2.0.10 估价对象

估价对象也称为被估价房地产，当其为租赁权、地役权等房屋所有权和土地使用权以外的房地产权利时，也称为被估价权益。不同估价项目的估价对象范围可能不同。

现实中的房地产估价对象丰富多彩、复杂多样，不仅有房屋、构筑物、土地，而且有已开始开发建设而尚未竣工的房地产，即在建房地产或"在建工程"；还有要求对正在开发建设或计划开发建设而尚未出现的房地产，即未建房地产，如"期房"进行估价；也可能因民事纠纷或理赔等原因，要求对已灭失的房地产，如已被拆除或损毁的房屋进行估价。估价对象还可能不是纯粹的房地产，而含有房地产以外的、作为房地产的一种附属财产的价值，如为某可供直接经营使用的旅馆、商店、餐馆、汽车加油站、高尔夫球场等的交易提供价值参考依据的估价，其评估价值除了包含该旅馆、商店、餐馆、汽车加油站、高尔夫球场等的建筑物及其占用范围内的土地的价值，通常还包含房地产以外的其他财产，如家具、电器、货架、机器设备等的价值，甚至包含特许经营权、商誉、客户基础、员工队伍、债权债务等的价值，即以房地产为主的整体资产价值评估或称为企业价值评估。此外，估价对象还可能是房地产的某个局部，如某幢房屋中的某个楼层，某幢住宅楼中的某套住房；可能是房地产的现在状况与过去状况的差异部分，如在预售商品房的情况下购买人提前装饰装修的部分，在房屋租赁的情况下承租人装饰装修的部分。

2.0.11 价值时点

价值时点，过去通常称为估价时点，有时也称为评估时点、评估基准日、评估期日。估价时点、评估时点、评估基准日、评估期日在字面上都容易让人误解为估价的时间，即估价作业日期，因此称为价值时点更加准确，不会产生歧义。

价值时点不是可以随意确定的，应根据估价目的来确定。价值时点可能是现在、过去或将来的某一特定时间，一般为某一特定日期，并采用公历年、月、日表示。在估价中，确定价值时点应在前，得出评估价值应在后。

2.0.12 价值类型

房地产估价虽然是评估房地产的价值或价格，但因房地产价值和价格的种类较多，每种价值和价格的内涵不同，并且在同一时间，同一房地产的不同种类的价值和价格的大小一般也不相同，所以到了一个具体的估价项目，就不能笼统地讲是评估房地产的价值或价格，而必须明确是评估哪种价值或价格，包括价值或价格的名称、定义或内涵。在一个估价项目中，价值类型不是可以随意确定的，而应根据估价目的来确定。常见的价值类型有市场价值、投资价值、现状价值、抵押价值、快速变现价值等。

2.0.13 估价原则

估价原则是在房地产估价的反复实践和理论探索中，在认识房地产价格形成和变动客观规律的基础上，总结和提炼出的一些简明扼要的进行房地产估价活动应依据的法则或标准。估价原则可以规范注册房地产估价师的估价行为，使不同的注册房地产估价师对房地产估价的基本前提具有一致性，对同一估价对象在同一估价目的、同一价值时点的评估价值趋于相同或近似。

2.0.14 估价程序

房地产估价的基本程序是：受理估价委托，确定估价基本事项，制定估价作业方案，搜集估价所需资料，实地查勘估价对象，选用估价方法进行测算，确定估价结果，撰写估价报告，审核估价报告，交付估价报告，估价资料归档。

通过估价程序可以看到一个估价项目开展的全过程，可以了解一个估价项目中各项估价工作之间的相互关系。履行必要的估价程序，是规范估价行为、保证估价质量、提高估价效率、防范估价风险的重要方面。

2.0.15 估价依据

估价依据主要有以下方面：一是有关法律、法规和政策，包括有关法律、行政法规，最高人民法院和最高人民检察院发布的有关司法解释，估价对象所在地的有关地方性法规，国务院所属部门颁发的有关部门规章和政策，估价对象所在地人民政府颁发的有关地方政府规章和政策。二是有关估价标准，包括房地产估价的国家标准、行业标准、指导意见和估价对象所在地的地方标准等。三是估价委托书、估价委托合同和估价委托人提供的估价所需资料，如估价对象的面积、用途、权属证明等。四是房地产估价机构、注册房地产估价师掌握和搜集的估价所需资料。

在实际估价中，选取估价依据应有针对性，主要是根据估价目的和估价对象来选取。不同的估价目的和估价对象,估价依据有所不同。

2.0.16 估价假设

估价假设必须是针对估价对象状况等估价前提所做的必要的、合理的、有依据的假定。注册房地产估价师和房地产估价机构不得为了高估或低估、规避应尽的审慎检查资料、尽职调查情况等勤勉尽责估价义务而滥用估价假设。

估价假设主要有以下方面:一是一般假设,是指估价项目通常有的、常见的估价假设,包括对估价所依据的估价委托人提供的估价对象的权属、面积、用途等资料进行了审慎检查,在无理由怀疑其合法性、真实性、准确性和完整性且未予以核实的情况下,对其合法、真实、准确和完整的合理假定;对房屋安全、环境污染等影响估价对象价值的重大因素给予了关注,在无理由怀疑估价对象存在安全隐患且无相应的专业机构进行鉴定、检测的情况下,对其安全的合理假定。二是未定事项假设,是指对估价所必需的尚未明确或不够明确的土地用途、容积率等事项所做的合理的、最可能的假定。三是背离事实假设,是指因估价目的的特殊需要、交易条件设定或约定,对估价对象状况所做的与估价对象在价值时点的状况不一致的合理假定。例如,在国有土地上房屋征收评估中,评估被征收房屋的价值不考虑被征收房屋租赁、抵押、查封等因素的影响。在房地产司法拍卖估价中,不考虑拍卖财产上原有的担保物权、其他优先受偿权及查封因素,因为原有的担保物权及其他优先受偿权因拍卖而消灭,查封因拍卖而解除。四是不相一致假设,是指在估价对象的实际用途、房屋登记用途、土地登记用途、规划用途等用途之间不一致,或房屋权属证明、土地权属证明等权属证明上的权利人之间不一致,估价对象的名称不一致等情况下,对估价所依据的用途或权利人、名称等的合理假定。五是依据不足假设,是指在估价委托人无法提供估价所必需的反映估价对象状况的资料以及注册房地产估价师进行了尽职调查仍然难以取得该资料的情况下,对缺少该资料的说明以及对相应的估价对象状况的合理假定。例如,估价时一般应查看估价对象的权属证明原件,但在估价委托人不是估价对象权利人且不能提供估价对象权属证明原件的情况下,注册房地产估价师虽然进行了尽职调查,但也难以取得估价对象的权属证明,此时对缺少估价对象权属证明的说明以及对估价对象权属状况的合理假定。再如,因征收、司法拍卖等强制取得或强制转让房地产,房地产占有人拒绝注册房地产估价师进入估价对象内部进行实地查勘,或估价对象涉及国家秘密,注册房地产估价师不得进入其内部进行实地查勘的,对不掌握估价对象内部状况的说明以及对估价对象内部状况的合理假定。

2.0.17 估价方法

比较法、收益法、成本法、假设开发法是目前常用的四种估价方法,其中比较法、收益法和成本法被认为是三种基本估价方法。每种估价方法都有其适用的估价对象和估价需要具备的条件。它们有时可以同时运用于同一估价对象,如商品住宅、写字楼一般可同时采用比较法、收益法和成本法估价,以相互验证,但不应相互替代。不同的估价方法有时是互补的,如特殊厂房一般不适用比较法估价,但适用成本法估价;待开发的土地一般不适用成本法估价,但适用假设开发法和比较法估价;在建工程一般不适用比较法估价,但适用成本法和假设开发法估价。

2.0.18 估价基础数据

反映估价对象状况的数据包括反映估价对象规模的数据,如土地面积、建筑面积、容积率、使用面积、可出售面积、可出租面积、临街深度、临街宽度、体积、房间数、床位数、座位数等;反映估价对象等级或档次的数据,如土地等级、宾馆的星级、写字楼的等级、装饰装修等级、房屋完损等级等;反映估价对象位置的数据,如与市中心的距离、总楼层数、所在楼层等;反映估价对象年龄和寿命的数据,如土地使用期限、土地已使用年限、建筑物年龄、建筑物经济寿命等。

2.0.19 估价参数

估价参数包括比较法中的各种修正系数、调整系数,收益法中的报酬率、资本化率、收益乘数、空置率、运营费用率、净收益率、净收益变化率,成本法、假设开发法中的利息率、房地产开发利润率,成本法中的建筑物折旧率、残值率,收益法、假设开发法中的折现率等。

2.0.21 估价报告

房地产估价是一种专业服务,其最终成果是估价报告,因此估价报告可视为房地产估价机构和注册房地产估价师的"产品"。估价报告按照不同的分类标准,可分为书面估价报告和口头估价报告,叙述式估报告和表格式估价报告，估价结果报告和估价技术报告，鉴证性估价报告和咨询性估价报告，整体评估报告和分户评估报告，纸质估价报告和电子估价报告等。房地产估价报告一般应采取书面形式，其内容应包含估价报告使用者所需要的信息及与估价报告使用者的知识水平相适应的信息。

2.0.22 批量估价

批量估价主要适用于房地产计税价值评估、房地产抵押贷款后重估。房地产抵押贷款前估价、房屋征收估价不宜采用批量估价。批量估价分为基于比较法的批量估价、基于收益法的批量估价、基于成本法的批量估价。

2.0.23 个案估价

个案估价是相对于批量估价而言的，日常估价活动多为个案估价活动。

2.0.24 类似房地产

由于房地产的位置不可移动，所以没有完全相同的房地产，只有相似的房地产。类似房地产就是与对象房地产相似的房地产。所谓对象房地产，是指作为目标的房地产，在大多数情况下是估价对象，但不限于估价对象，也可以是其他作为目标的房地产。所谓相似，是指应同时在区位、用途、权利性质、档次、规模、建筑结构、新旧程度等方面相同或相近。

3 价格和价值

3.0.1 成交价格

成交价格简称成交价，通常用货币来表示，一般也用货币来支付，但也可能用实物、无形资产或其他经济利益来支付。因此，不能把金额简单地理解为用货币支付的部分。成交价格是已完成的事实，因此卖方的要价、挂牌价、标价，买方的出价等都不是成交价格。成交价格可能是正常的，能反映真实的市场状况；也可能是不正常的，不能反映真实的市场状况。

3.0.2 正常价格

本条所称特殊交易，包括利害关系人之间、对交易对象或市场行情缺乏了解、被迫出售或被迫购买（包括急于出售或急于购买，被强迫出售或被强迫购买）、人为哄抬价格、对交易对象有特殊偏好、相邻房地产合并、受迷信影响等的交易。

3.0.3 市场价格

某种商品的市场价格，通常是该种商品大量成交价格的平均价格，如其平均数或中位数、众数。房地产由于具有独一无二性，没有相同房地产的大量成交价格，所以房地产的市场价格应是以一些类似房地产的成交价格为基础测算的，但不能对这些成交价格直接采用平均的方法进行计算，而是在平均之前要剔除偶然的和不正常的因素造成的价格偏差，并消除房地产之间的状况不同造成的价格差异。

3.0.4 评估价值

评估价值简称评估值、评估价，实质上是对估价对象的某种特定价值或价格的一个估计值。

3.0.5 市场价值

市场价值过去称为公开市场价值（open marke tvalue），是估价中最基本、最重要、最常用的一种价值类型，其主要假设条件有五个：一是适当营销，即估价对象以适当的方式在市场上进行了展示，展示的时间长度可能随着市场状况而变化，但足以使估价对象引起一定数量的潜在买者的注意。二是熟悉情况，即买方和卖方都了解估价对象并熟悉市场行情，买方不是盲目地购买，卖方不是盲目地出售。三是谨慎行事，即买方和卖方都是冷静、理性、谨慎的，没有感情用事。四是不受强迫，即买方和卖方都是出于自发需要进行估价对象交易的，买方不是急于购买（不是非买不可），卖方不是急于出售（不是非卖不可），同时买方不是被迫地从特定的卖方那里购买估价对象，卖方不是被迫地将估价对象卖给特定的买方。五是公平交易，即买方和卖方都是出于自己利益的需要进行估价对象交易的，没有诸如亲友之间、母子公司之间、业主与租户之间等特殊或特别的关系，不是关联交易。

3.0.6 投资价值

投资价值是从某个特定投资者（如某个购买者）的角度来衡量的价值，是根据某个特定投资者的自身情况对房地产所评估的价值。同一房地产对不同的投资者可能有不同的投资价值，因为不同的投资者可能在品牌、开发建设成本、运营费用等方面的优势不同，纳税状况不同，风险偏好不同，对未来房地产市的预期或信心不同。所有这些因素都会影响投资者对该房地产未来收益和风险等的估计，从而影响投资者对该房地产价值的估计。如果所有的投资者都做出相同的假设，也面临相同的环境状况，则投资价值等于市场价值，但这种情况在现实中很少出现。

评估投资价值与评估市场价值的方法通常是相同的，所不同的主要是有关估价参数的取值不同。例如，投资价值和市场价值都可以采用收益法评估，但对未来净收益的预测和选取估价参数的立场不同。如不同的投资者对未来净收益的预测有的可能是乐观的，有的可能是保守的；而评估市场价值时要求对未来净收益的预测是客观的，或者说是折中的。再如折现率，评估市场价值时所采用的应是与该房地产的风险程度相对应的社会一般报酬率（即典型投资者所要求的报酬率），而评估投资价值时所采用的应是某个特定投资者所要求的最低报酬率（也称为最低期望收益率）。这个特定投资者所要求的最低报酬率，可能高于也可能低于与该房地产的风险程度相对应的社会一般报酬率。

3.0.7 现状价值

本条所称某一特定时间，一般是价值时点，但也可能是其他时间，如在回顾性估价和预测性估价中。本条所称实际状况，一般应是依法判定的实际状况，包括用途、规模、档次等。实际状况可能是最高最佳利用状况，也可能不是最高最佳利用状况。当实际状况是最高最佳利用状况时，现状价值等于市场价值。

3.0.8 快速变现价值

快速变现价值实际上是在不符合市场价值形成条件中的"适当营销"下的价值。例如，卖者因某种原因急于出售房地产而要求评估的价值，即为快速变现价值。房地产因难以变现，如果要在短时间内（如销售期短于正常或合理的销售期）将其卖出，则必然要降价。因此，快速变现价值通常低于市场价值。

3.0.9 残余价值

残余价值与通常意义上的"残值"有所不同，残值是估价对象在使用寿命结束时的残余价值。因此，残余价值大于或等于残值，仅在估价对象使用寿命结束时，残余价值等于残值。残余价值一般低于市场价值。例如，某个针对特定品牌进行了特色装饰装修的餐厅，当不再作为该品牌的餐厅继续经营而出售时，则该特色装饰装修不仅不会增加该房地产的价值，而且会降低该房地产的价值，因为该特色装饰装修对该餐厅的后来取得者没有用处。因此，该餐厅的残余价值会低于其市场价值。但在房屋征收情况下，虽然该餐厅也不会继续经营下去，但因要给予公平补偿，所以应假设它继续经营来评估其价值，即在房屋征收的情况下，评估的应是市场价值，而不是残余价值。

3.0.10 抵押价值

抵押价值是假定估价对象在价值时点未设立法定优先受偿权下的价值减去注册房地产估价师知悉的法定优先受偿款后的价值。严格从市场价值的内涵来衡量，未设立法定优先受偿权下的价值不是市场价值，因为它应是遵循谨慎原则评估出的价值，但除此之外的条件与市场价值相同。法定优先受偿款是假定在价值时点实现抵押权时，已存在的且法律、行政法规规定优先于本次抵押贷款受偿的款额，包括已抵押担保的债权数额、发包人拖欠承包人的建设工程价款、其他法定优先受偿款，但不包括实现抵押权的费用和税金。实现抵押权的费用和税金包括为实现抵押权而发生的诉讼费用、估价费用、拍卖费用以及交易税费等。交易税费包括目前的营业税及附加、所得税、土地增值税、印花税等税金。因此，抵押价值既不是经过贷款成数"打折"或扣除拍卖、变卖的费用和税金后的"净值"或"净价格"，也不是不扣除法定优先受偿款的"完全价值"。在为同一抵押权人进行的续贷房地产抵押估价时，续贷对应的已抵押担保的债权数额可不作为法定优先受偿款。

3.0.13 计税价值

计税价值通常是为税务机关核定计税依据提供参考依据而评估的房地产价值或租金。具体的计税价值如何，要视税种而定。

3.0.14 保险价值

保险价值宜以假定在价值时点因保险事故发生而可能遭受损失的房地产的重置成本或重建成本为基础来考虑，如多数情况下房地产的保险价值中不包含土地部分的价值。

3.0.15 完全产权价值

房屋所有权和以出让方式取得的建设用地使用权（简称出让建设用地使用权）是中国目前单位、个人享有的最充分的房地产权利。如果这种权利除受到城乡规划、征收、征税的限制外，没有受到其他房地产权利等的限制，则可称为完全产权。因此，完全产权价值是房屋所有权和出让建设用地使用权在不考虑房地产租赁、抵押、查封等因素影响情况下而评估的价值。不考虑租赁因素的影响是评估无租约限制价值；不考虑抵押、查封因素的影响是评估价值中不扣除已抵押担保的债权数额、发包人拖欠承包人的建设工程价款和其他法定优先受偿款。

3.0.16 无租约限制价值

对于已出租的房地产，在估价时需要区分和弄清是评估无租约限制价值，还是评估出租人权益价值或承租人权益价值。

合同租金与市场租金的差异程度，对无租约限制价值没有影响，但影响着出租人权益价值和承租人权益价值的大小。如果合同租金低于市场租金，则出租人权益价值会小于无租约限制价值，此时承租人权益价值是正值。如果合同租金高于市场租金，则出租人权益价值会大于无租约限制价值，此时承租人权益价值是负值。同一房地产，无租约限制价值、出租人权益价值和承租人权益价值三者之间的关系为：

无租约限制价值＝出租人权益价值＋承租人权益价值

无租约限制价值与完全产权价值有所不同。完全产权价值不仅是不考虑租赁因素影响的价值，还是不考虑抵押、查封等因素影响的价值，并且是房屋所有权和出让建设用地使用权的价值，即"干净"的房屋所有权和"干净"的出让建设用地使用权的价值。

3.0.22 楼面地价

楼面地价等于土地总价除以总建筑面积，或者土地单价除以容积率。容积率是指一定地块内，总建筑面积与建筑用地面积的比值。

4 估价原则

4.0.1 独立、客观、公正原则

所谓"独立"，就是要求注册房地产估价师和房地产估价机构与估价委托人及估价利害关系人没有利害关系，在估价中不受包括估价委托人在内的任何单位和个人的影响，应凭自己的专业知识、经验和职业道德进行估价。所谓"客观"，就是要求注册房地产估价师和房地产估价机构在估价中不带着自己的情感、好恶和偏见，应按照事物的本来面目、实事求是地进行估价。所谓"公正"，就是要求注册房地产估价师和房地产估价机构在估价中不偏袒估价利害关系人中的任何一方，应坚持原则、公平正直地进行估价。

4.0.2 合法原则

本条所称依法，是指不仅要依据有关法律、行政法规、最高人民法院和最高人民检察院发布的有关司法解释，还要依据估价对象所在地的有关地方性法规（民族自治地方应同时依据有关自治条例和单行条例），国务院所属部门颁发的有关部门规章和政策，估价对象所在地人民政府颁发的有关地方政府规章和政策，以及估价对象的不动产登记簿（房屋登记簿、土地登记簿）、权属证书、有关批文和合同等（如规划意见书、国有建设用地使用权出让招标文件、国有建设用地使用权出让合同、房地产转让合同、房屋租赁合同等）。因此，合法原则中所讲的"法"，是广义的"法"。

遵循合法原则并不意味着只有合法的房地产才能成为估价对象，而是指依法判定估价对象是哪种状况的房地产，就应将其作为那种状况的房地产来估价。

4.0.4 替代原则

根据经济学原理，在同一个市场上相同的商品有相同的价格。因为任何理性的买者在购买商品之前都会在市场上搜寻并"货比三家"，然后购买其中效用最大（或质量、性能最好）而价格最低的，即购买"性价比"高或"物美价廉"的。卖者为了使其产品能够卖出，相互之间也会进行价格竞争。市场上买者、卖者的这些行为导致的结果，是在相同的商品之间形成相同的价格。

房地产价格的形成一般也如此，只是由于房地产的独一无二特性，使得完全相同的房地产几乎没有，但在同一个房地产市场上，相似的房地产会有相近的价格。因为在现实房地产交易中，任何理性的买者和卖者，都会将其拟买或拟卖的房地产与市场上相似的房地产进行比较，从而任何理性的买者不会接受比市场上相似的房地产的正常价格过高的价格，任何理性的卖者不会接受比市场上相似的房地产的正常价格过低的价格。这种相似的房地产之间价格相互牵制的结果，是它们的价格相互接近。

4.0.5 最高最佳利用原则

最高最佳利用必须同时满足四个条件：一是法律上允许；二是技术上可能；三是财务上可行；四是价值最大化。实际估价中在选取估价对象的最高最佳利用时，往往容易忽视"法律上允许"这个前提，甚至误以为最高最佳利用原则与合法原则有时是冲突的。实际上，最高最佳利用不是无条件的最高最佳利用，而是在法律、法规、政策以及建设用地使用权出让合同等允许范围内的最高最佳利用。因此，最高最佳利用原则与合法原则的关系是：遵循了合法原则，并不意味着会遵循最高最佳利用原则；而遵循了最高最佳利用原则，则必然符合了合法原则中对估价对象依法利用的要求，但并不意味着符合了合法原则中的其他要求。

5 估价程序

5.0.1 估价委托书

估价委托书一般应载明估价委托人的名称或姓名、委托的房地产估价机构的名称、估价目的、估价对象、估价要求、委托日期等内容。

5.0.2 估价委托合同

估价委托合同一般应载明以下内容：估价委托人和房地产估价机构的基本情况，负责本估价项目的注册房地产估价师，估价目的和估价对象，估价委托人应提供的估价所需资料，估价过程中双方的权利和义务，估价费用及其支付的方式、期限，估价报告及其交付，违约责任，解决争议的方法，其他需要约定的事项。此外，估价委托合同中还应注明其签订日期。

6 估价方法

6.1 比较法

比较法也称为交易实例比较法、市场比较法、市场法，称为比较法较为直观，容易理解。该方法是房地产估价的三种基本方法之一，其本质是以房地产的市场价格为导向求得房地产的价值或价格。由于该方法是利用实际发生、经过市场"检验"的类似房地产的成交价格来求得估价对象的价值或价格，所以它是一种最直接、较直观且有说服力的估价方法，其测算结果易于被人们理解、认可或接受。

6.1.1 建立比较基础

建立比较基础是对各个可比实例的成交价格进行标准化处理，统一其内涵和形式，包括统一财产范围、统一付款方式、统一融资条件、统一税费负担和统一计价单位。

6.1.2 交易情况修正

可比实例的成交价格是实际发生的，可能是正常的，也可能是不正常的。如果可比实例的成交价格是不正常的，就应将它修正为正常的。这种对可比实例成交价格进行的修正，称为交易情况修正。因此，经过交易情况修正后，就将可比实例实际而可能是不正常的成交价格变成了正常价格。

6.1.3 市场状况调整

可比实例的成交价格是在其成交日期的价格，是在成交日期的房地产市场状况下形成的。需要评估的估价对象价值应是在价值时点的价值，应是在价值时点的房地产市场状况下形成的。由于可比实例的成交日期与价值时点不同，房地产市场状况可能发生了变化，即使是同一房地产在这两个时间的价格也会有所不同。因此，应将可比实例在其成交日期的价格调整为在价值时点的价格。这种对可比实例成交价格进行的调整，称为市场状况调整，也称为交易日期调整。经过市场状况调整后，就将可比实例在其成交日期的价格变成了在价值时点的价格。

6.1.4 房地产状况调整

比较法估价需要将可比实例状况与估价对象状况进行比较，如果两者不同，应对可比实例的成交价格进行房地产状况调整，因为房地产自身状况的好坏直接关系到其价值高低。进行房地产状况调整，是将可比实例在其自身状况下的价格调整为在估价对象状况下的价格。因此，经过房地产状况调整后，就将可比实例在其自身状况下的价格变成了在估价对象状况下的价格。

房地产状况调整可分解为区位状况调整、实物状况调整、权益状况调整。在这三种调整中，还应进一步分解为若干因素的调整。由于构成房地产状况的因素多样复杂，房地产状况调整是比较法中的一个难点和关键。但如果可比实例状况与估价对象状况有许多相同之处，则需要进行房地产状况调整的内容就较少，房地产状况调整相应就简单。因此，在实际估价中应尽量选取与估价对象状况相同之处较多的房地产作为可比实例。

6.1.5 金额调整

例如，在楼层调整中，每增高一层加价 100 元/m²，就是一种金额调整。

6.1.6 百分比调整

例如，在楼层调整中，每增高一层加价 1%，就是一种百分比调整。

6.2 收益法

6.2.1 收益法

收益法也称为收益资本化法，是房地产估价的三种基本方法之一，其本质是以房地产的预期收益为导向求得房地产的价值或价格。将未来收益转换为价值，类似于根据利息倒推出本金，称为资本化。

6.2.2 报酬资本化法

根据将未来收益转换为价值的方式不同，或者说资本化类型的不同，收益法分为报酬资本化法和直接资本化法。报酬资本化法是一种折现现金流量分析（discounted cash flow analysis, DCF），即房地产的价值等于其未来各年的净收益的现值之和。

6.2.4 收益乘数法

收益乘数法是一种直接资本化法。

6.2.5 收益期

收益期相当于剩余经济寿命。

6.2.6 持有期

持有期、期间收益和期末转售收益三者是配套使用的。收益期通常较长，一般难以准确预测该期限内各年的净收益，因此，宜采取估计持有期，并预测期间收益和期末转售收益，然后利用它们来测算估价对象的价值。

6.2.7 潜在毛收入

住宅、写字楼、商铺等出租型房地产的潜在毛收入，为潜在毛租金收入加各种其他收入。潜在毛租金收入等于全部可出租面积与最可能的租金水平的乘积。各种其他收入是租赁保证金或押金的利息收入，以及洗衣房、自动售货机、投币电话等的收入。

6.2.8 空置和收租损失

空置的面积没有收入。拖欠租金包括延迟支付租金、少付租金或不付租金。其他方面造成的收入损失包括免租期等。

6.2.9 有效毛收入

计算出租型房地产的有效毛收入，通常是由潜在毛租金收入减去空置和收租损失，再加各种其他收入。

6.2.10 运营费用

运营费用包括房地产税（为房地产持有环节的税收，如目前的房产税、城镇土地使用税）、房屋保险费、物业服务费、维修费、管理费用、水电费等。运营费用是从估价角度出发的，与会计上的成本费用有所不同，通常不包含房地产抵押贷款还本付息额、房地产折旧费、房地产改扩建费用和所得税。

6.2.12 净收益

净收益也称为净运营收益。有时估价对象并不是纯粹的房地产，如评估某个宾馆、汽车加油站、游乐场、高尔夫球场等的整体价值，因此净收益是相对于估价对象财产范围而言的，其中的关键是减去的费用项目数要与估价对象财产范围相匹配。另外，出租型房地产的净收益具体为有效毛收入减去由出租人负担的运营费用。

6.2.13 净收益率

由于有效毛收入减去运营费用等于净收益，所以净收益率与运营费用率之和等于 100%，即：净收益率＝1－运营费用率；或者：运营费用率＝1－净收益率。

6.2.15 期末转售收益

期末转售收益为持有期末的房地产转售价格减去转售成本后的收益。持有期末的房地产转售价格可采用直接资本化法、比较法等方法计算。转售成本为转让方（卖方）应负担的转让费用，如销售费用、销售税费等。

6.2.16 实际收益

实际收益是估价对象在某个具体单位或个人实际经营状况下所取得的收益，与该单位或个人的经营管理水平等相关。

6.2.19 市场租金

市场租金与市场价格的异同之处是，一个为租赁价格，另一个为买卖价格，除此之外，两者的内涵相同。因此，某种房地产的市场租金是以一些类似房地产的实际租金为基础测算的，但不能对这些实际租金直接采用平均的方法进行计算，而是在平均之前要剔除偶然的和不正常的因素造成的租金偏差，并消除房地产之间的状况不同造成的租金差异。

6.3 成本法

6.3.1 成本法

成本法是房地产估价的三种基本方法之一，其本质是以房地产的重新开发建设成本为导向求得房地产的价值或价格。

6.3.2 土地重置成本

重置成本也称为重置价格。重新购置土地的必要支出，包括土地购置价款和相关税费。重新开发土地的必要支出及应得利润，包括待开发土地成本、土地开发成本、管理费用、销售费用、投资利息、销售税费和开发利润。

6.3.3 建筑物重置成本

建筑物重置成本的内涵是在价值时点重新建造与旧建筑物具有相同效用的新建筑物的必要支出及应得利润，它适用于一般的建筑物，或因年代久远、已缺少与旧建筑物相同的建筑材料、建筑构配件和设备，或因建筑技术、工艺改变等使得旧建筑物复原建造有困难的建筑物。

6.3.4 建筑物重建成本

重建成本也称为重建价格。建筑物重建成本的内涵是在价值时点重新建造与旧建筑物完全相同的新建筑物的必要支出及应得利润，它适用于有保护价值的建筑物。

6.3.7～6.3.9 单位比较法、分部分项法和工料测量法是测算建筑物重置成本或重建成本的三种主要方法。

6.3.10 房地产开发利润率

投资利润率是指房地产开发利润与房地产开发投资的百分比。房地产开发投资包括土地成本、建设成本、管理费用、销售费用。

直接成本利润率是指房地产开发利润与房地产开发直接成本的百分比。房地产开发直接成本包括土地成本、建设成本。

成本利润率是指房地产开发利润与房地产开发成本的百分比。房地产开发成本包括土地成本、建设成本、管理费用、销售费用、投资利息。

销售利润率是指房地产开发利润与房地产销售价格的百分比。

税前利润率是指未扣除所得税的房地产开发利润与房地产开发投资或开发成本、销售价格等的百分比。

税后利润率是指扣除所得税后的房地产开发利润与房地产开发投资或开发成本、销售价格等的百分比。

总利润率是指房地产开发利润总额与房地产开发投资或开发成本、销售价格等的百分比。

年利润率是指将总利润率平均到每年的房地产开发利润率。

6.3.11 建筑物折旧

估价上和会计上虽然都使用"折旧"这个词，并且意义上有某种相似之处，但因两者的内涵不同而有本质区别。估价上的折旧注重的是估价对象市场价值的真实减损，科学地说不是"折旧"，而是"减价调整"；会计上的折旧注重的是资产原始价值的分摊、补偿或回收。有时出现这种情况：某些房地产尽管在会计账目上折旧早已提足或快要提足，但估价结果却显示其仍然有较大的现时价值，如保存完好的旧建筑物；而某些房地产尽管在会计账目上折旧尚未提足甚至远未提足，但估价结果却显示其现时价值已所剩无几，如存在严重工程质量问题的新建房屋。

6.3.12 物质折旧

物质折旧也称为物质损耗、有形损耗，引起的原因主要有四种：一是自然经过的老化，即主要是随着时间的流逝，由于自然力作用而引起的，如风吹、日晒、雨淋等引起的建筑物腐朽、生锈、风化、基础沉降等。这种折旧与建筑物的实际年龄正相关，并且要看建筑物所在地的气候和环境条件，如酸雨多的地区，建筑物的老化就快。二是正常使用的磨损，即主要是由于正常使用而引起的，与建筑物的使用性质、使用强度和使用时间正相关。例如，工业用途的建筑物磨损要大于居住用途的建筑物磨损；受腐蚀的工业用途的建筑物磨损，因受到使用过程中产生的有腐蚀作用的废气、废液等的不良影响，要大于不受腐蚀的工业用途的建筑物磨损。三是意外破坏的损毁，即主要是由于突发性的天灾人祸而引起的，包括自然方面的，如地震、水灾、风灾、雷击等；人为方面的，如失火、碰撞等。即使对这些损毁进行了修复，但可能仍然有"内伤"。四是延迟维修的损坏残存，即主要是由于未适时地采取预防、保养措施或维修不够及时而引起的，它造成建筑物不应有的损坏或提前损坏，或已有的损坏仍然存在，如门窗有破损、墙面、地面有裂缝等。

6.3.13 功能折旧

功能折旧也称为无形损耗、精神损耗，如由于科学技术进步、人们消费观念改变而引起的建筑物贬值。

6.3.16 外部折旧

外部折旧也称为经济折旧，但称为外部折旧更恰当，因为造成建筑物价值减损的建筑物以外的不利因素不仅是该类建筑物市场供给过量或需求不足等经济因素。

6.3.20 建筑物有效年龄

建筑物有效年龄可能大于或小于建筑物实际年龄。

6.3.22 建筑物经济寿命

建筑物经济寿命可在建筑物设计使用年限的基础上，根据建筑物的施工、使用、维护和更新改造等状况，以及周围环境、房地产市场状况等进行综合分析判断后确定。

6.4 假设开发法

6.4.1 假设开发法

假设开发法也称为剩余法，是评估房地产开发用地、在建工程等待开发房地产价值或价格的常用方法，其本质与收益法相同，是以房地产的预期收益（具体为开发完成后的价值减去后续开发的必要支出及应得利润后的余额）为导向求得房地产的价值或价格。

6.4.10 开发完成后的价值

采用假设开发法估价时，开发完成后的价值不能采用成本法预测或测算，否则，表面上是采用假设开发法进行估价，实际上是采用成本法进行估价。有人据此认为同一估价对象不能同时采用成本法和假设开发法进行估价。这种观点是不正确的。许多待开发房地产，如住宅、写字楼、商场、饭店等在建工程，不仅可以而且应当同时采用成本法和假设开发法进行估价，只是在采用假设开发法估价时，开发完成后的价值不能采用成本法预测或测算。

6.5 其他估价方法

6.5.1 基准地价修正法

基准地价修正法也称为基准地价系数修正法。有关调整系数有土地市场状况、土地使用期限、容积率、土地开发程度、土地形状等调整系数。宗地是指土地权属界线封闭的地块或空间。

6.5.2 路线价法

路线价法是一种主要用于城镇临街商业用地的批量估价方法。

6.5.3 标准价调整法

标准价调整法是一种批量估价方法，主要适用于存量房交易税收估价和房地产税计税价值评估。

6.5.4 多元回归分析法

多元回归分析法是一种批量估价方法，主要适用于存量房交易税收估价和房地产税计税价值评估。

6.5.5 修复成本法

修复成本法是一种评估房地产价值减损额的方法。

6.5.6 损失资本化法

损失资本化法是一种评估房地产价值减损额的方法。

6.5.7 价差法

价差法是一种评估房地产价值减损额或价值增加额的方法。

7 估价报告

7.0.2 估价技术报告

不同价值类型和不同估价目的的估价技术报告，应记载的内容有所不同。如关于市场价值的估价技术报告，应记载估价对象最高最佳利用分析；房地产抵押估价报告，应记载估价对象变现能力分析与风险提示。

7.0.3 鉴证性估价报告

估价报告可分为鉴证性估价报告和咨询性估价报告。属于鉴证性估价报告的情形主要有两种，一是为估价委托人提供给第三方使用而出具的起价值证明作用的估价报告；二是为估价委托人进行内部管理或接受外部监管而出具的起着价值证明作用的估价报告。

7.0.5 估价师声明

不得将估价师声明的内容与估价假设和限制条件的内容相混淆，更不得把估价师声明变成注册房地产估价师和房地产估价机构的免责声明。

7.0.8 估价报告使用者

本条的依法是广义的，是指依照法律、法规的规定，或按照估价委托合同的约定，估价报告使用限制中的限定。

7.0.9 估价报告使用期限

估价报告使用期限也称为估价报告应用有效期，其长短应根据估价目的和预计估价对象的市场价格变化程度来确定，不宜超过一年。估价报告使用期限的表述形式一般为：自××年××月××日起至××年××月××日止；自××年××月××日起计算××年（××个月、××日）。

说明估价报告使用期限的意义在于：超过估价报告使用期限使用估价报告的，相关责任应由估价报告使用者承担；在估价报告使用期限内使用估价报告的，相关责任应由在估价报告上盖章的房地产估价机构和签名的注册房地产估价师承担，但估价报告使用者不当使用的除外。因此，估价报告使用期限不同于估价报告有效期或估价责任期限；如果估价报告超过了其使用期限未被使用的，则估价报告有效期或估价责任期限就是估价报告使用期限；如果估价报告在其使用期限内被使用的，则估价报告有效期或估价责任期限应到估价服务的行为结束为止，即在估价报告上盖章的房地产估价机构和签名的注册房地产估价师要负责到底。

7.0.11 实地查勘期

实地查勘期可以是某一年、月、日，也可以是一段时间。估价对象的实地查勘期的长短，主要取决于由估价对象的规模、复杂程度等决定的实地查勘工作量的大小。

7.0.12 估价作业期

为保证估价工作质量，应有合理的估价作业期，因此估价作业期不应过短。

附录四 房地产抵押估价指导意见

第一条 为了规范房地产抵押估价行为，保证房地产抵押估价质量，维护房地产抵押当事人的合法权益，防范房地产信贷风险，根据《中华人民共和国城市房地产管理法》、《中华人民共和国担保法》以及《房地产估价规范》、《商业银行房地产贷款风险管理指引》，制定本意见。

第二条 本意见适用于各类房地产抵押估价活动。

第三条 本意见所称房地产抵押估价，是指为确定房地产抵押贷款额度提供价值参考依据，对房地产抵押价值进行分析、估算和判定的活动。

第四条 房地产抵押价值为抵押房地产在估价时点的市场价值，等于假定未设立法定优先受偿权利下的市场价值减去房地产估价师知悉的法定优先受偿款。

本意见所称抵押房地产，包括拟抵押房地产和已抵押房地产。

法定优先受偿款是指假定在估价时点实现抵押权时，法律规定优先于本次抵押贷款受偿的款额，包括发包人拖欠承包人的建筑工程价款、已抵押担保的债权数额，以及其他法定优先受偿款。

第五条 房地产抵押估价应当遵守独立、客观、公正、合法、谨慎的原则。

第六条 房地产估价机构、房地产估价人员与房地产抵押当事人有利害关系或者是房地产抵押当事人的，应当回避。

第七条 从事房地产抵押估价的房地产估价师，应当具备相关金融专业知识和相应的房地产市场分析能力。

第八条 委托人应当向房地产估价机构如实提供房地产抵押估价所必需的情况和资料，并对所提供情况和资料的真实性、合法性和完整性负责。

房地产估价师应当勤勉尽责，了解抵押房地产的法定优先受偿权利等情况；必要时，应当对委托人提供的有关情况和资料进行核查。

第九条 房地产抵押估价目的，应当表述为"为确定房地产抵押贷款额度提供参考依据而评估房地产抵押价值"。

第十条 房地产抵押估价时点，原则上为完成估价对象实地查勘之日，但估价委托合同另有约定的除外。

估价时点不是完成实地查勘之日的，应当在"估价的假设和限制条件"中假定估价对象在估价时点的状况与在完成实地查勘之日的状况一致，并在估价报告中提醒估价报告使用者注意。

第十一条 法律、法规规定不得抵押的房地产，不应作为抵押估价对象。

第十二条 房地产抵押估价报告应当全面、详细地界定估价对象的范围和在估价时点的法定用途、实际用途以及区位、实物、权益状况。

第十三条 房地产估价师了解估价对象在估价时点是否存在法定优先受偿权利等情况的，房地产抵押相关当事人应当协助。

法定优先受偿权利等情况的书面查询资料和调查记录，应当作为估价报告的附件。

第十四条 房地产估价师应当对估价对象进行实地查勘，将估价对象现状与相关权属证明材料上记载的内容逐一进行对照，全面、细致地了解估价对象，做好实地查勘记录，拍摄能够反映估价对象外观、内部状况和周围环境、景观的照片。

内外部状况照片应当作为估价报告的附件。由于各种原因不能拍摄内外部状况照片的，应当在估价报告中予以披露。

实地查勘记录应当作为估价档案资料妥善保管。

第十五条 在存在不确定因素的情况下，房地产估价师作出估价相关判断时，应当保持必要的谨慎，充分估计抵押房地产在处置时可能受到的限制、未来可能发生的风险和损失，不高估市场价值，不低估知悉的法定优先受偿款，并在估价报告中作出必要的风险提示。

在运用市场比较法估价时，不应选取成交价格明显高于市场价格的交易实例作为可比实例，并应当对可比实例进行必要的实地查勘。

在运用成本法估价时，不应高估土地取得成本、开发成本、有关费税和利润，不应低估折旧。

在运用收益法估价时，不应高估收入或者低估运营费用，选取的报酬率或者资本化率不应偏低。

在运用假设开发法估价时，不应高估未来开发完成后的价值，不应低估开发成本、有关费税和利润。

房地产估价行业组织已公布报酬率、资本化率、利润率等估价参数值的，应当优先选用；不选用的，应当在估价报告中说明理由。

第十六条 估价对象的土地使用权是以划拨方式取得的，应当选择下列方式之一评估其抵押价值：

直接评估在划拨土地使用权下的市场价值；

评估假设在出让土地使用权下的市场价值，然后扣除划拨土地使用权应缴纳的土地使用权出让金或者相当于土地使用权出让金的价款。

选择上述方式评估抵押价值，均应当在估价报告中注明划拨土地使用权应缴纳的土地使用权出让金或者相当于土地使用权出让金价款的数额。该数额按照当地政府规定的标准测算；当地政府没有规定的，参照类似房地产已缴纳的标准估算。

第十七条 评估在建工程的抵押价值时，在建工程发包人与承包人应当出具在估价时点是否存在拖欠建筑工程价款的书面说明；存在拖欠建筑工程价款的，应当以书面形式提供拖欠的数额。

第十八条 房地产估价师知悉估价对象已设定抵押权的，应当在估价报告中披露已抵押及其担保的债权情况。

第十九条 房地产估价师不得滥用假设和限制条件，应当针对房地产抵押估价业务的具体情况，在估价报告中合理且有依据地明确相关假设和限制条件。

已作为假设和限制条件，对估价结果有重大影响的因素，应当在估价报告中予以披露，并说明其对估价结果可能产生的影响。

第二十条 房地产抵押估价报告应当包含估价的依据、原则、方法、相关数据来源与确定、相关参数选取与运用、主要计算过程等必要信息，使委托人和估价报告使用者了解估价对象的范围，合理理解估价结果。

第二十一条 房地产抵押估价报告应当确定估价对象的抵押价值，并分别说明假定未设立法定优先受偿权利下的市场价值，以及房地产估价师知悉的各项法定优先受偿款。

第二十二条 房地产抵押估价报告应当向估价报告使用者作如下提示：

（一）估价对象状况和房地产市场状况因时间变化对房地产抵押价值可能产生的影响；

（二）在抵押期间可能产生的房地产信贷风险关注点；

（三）合理使用评估价值；

（四）定期或者在房地产市场价格变化较快时对房地产抵押价值进行再评估。

第二十三条 房地产抵押估价应当关注房地产抵押价值未来下跌的风险，对预期可能导致房地产抵押价值下跌的因素予以分析和说明。

在评估续贷房地产的抵押价值时，应当对房地产市场已经发生的变化予以充分考虑和说明。

第二十四条 房地产抵押估价报告应当包括估价对象的变现能力分析。

变现能力是指假定在估价时点实现抵押权时，在没有过多损失的条件下，将抵押房地产转换为现金的可能性。

变现能力分析应当包括抵押房地产的通用性、独立使用性或者可分割转让性，假定在估价时点拍卖或者变卖时最可能实现的价格与评估的市场价值的差异程度，变现的时间长短以及费用、税金的种类、数额和清偿顺序。

第二十五条 在处置房地产时，应当评估房地产的公开市场价值，同时给出快速变现价值意见及其理由。

第二十六条 估价报告应用有效期从估价报告出具之日起计，不得超过一年；房地产估价师预计估价对象的市场价格将有较大变化的，应当缩短估价报告应用有效期。

超过估价报告应用有效期使用估价报告的，相关责任由使用者承担。在估价报告应用有效期内使用估价报告的，相关责任由出具估价报告的估价机构承担，但使用者不当使用的除外。

第二十七条 房地产抵押估价报告的名称，应当为"房地产抵押估价报告"，由房地产估价机构出具，加盖房地产估价机构公章，并有至少二名专职注册房地产估价师签字。

第二十八条 在房地产抵押估价活动中，本意见未作规定的事宜，应当按照《房地产估价规范》执行。

第二十九条 本意见由中国房地产估价师与房地产经纪人学会负责解释。

第三十条 本意见自2006年3月1日起施行。

参 考 文 献

[1] 胡存智．土地估价理论与方法．北京：地质出版社，2006．
[2] 柴强．房地产估价理论与方法．北京：中国物价出版社，2001．
[3] 国土资源部．城镇土地估价规程．2001．
[4] 黄贤金，吴群．不动产估价．北京：中国林业出版社，1998．
[5] 国土资源部土地估价师资格考试委员会．土地估价理论与方法．北京：地质出版社，2000．
[6] 中国房地产估价师学会．房地产估价报告精选2002．北京：中国建筑工业出版社，2002．
[7] 周寅康．房地产估价．南京：东南大学出版社，2005．
[8] 王人己，姚玲珍．房地产估价．上海：上海财经大学出版社，2002．
[9] 林坚，楚建群，邹晓云．城镇土地估价的相关技术标准分析——《城镇土地估价规程》与《房地产估价规范》比较．中国土地科学，2003（5）．
[10] 薛姝．房地产估价．北京：高等教育出版社，2003．
[11] 中国房地产估价师与房地产经纪人学会．房地产估价案例与分析．北京：中国建筑工业出版社，2006．
[12] 卢新海．房地产估价理论与实务．上海：复旦大学出版社，2006．
[13] 赵财福，赵小虹．房地产估价．上海：同济大学出版社，2004．
[14] 叶剑平，曲卫东．不动产估价．北京：中国人民大学出版社，2006．
[15] 陈湘芹，崔东平．房地产估价．北京：化学出版社，2005．
[16] 中国房地产估价师与房地产经纪人学会．房地产估价理论与方法．北京：中国建筑工业出版社，2006．
[17] 艾建国，吴群．不动产估价．北京：中国农业出版社，2005．
[18] 张洪力．房地产估价．北京：机械工业出版社，2009．
[19] 周小萍，毕继业，王军艳．不动产估价．北京：北京师范大学出版社，2008．
[20] 朱道林．不动产估价．北京：北京农业科技出版社，1995．